Plano de Negócios
*Estratégia para Micro
e Pequenas Empresas*

Plano de Negócios
Estratégia para Micro e Pequenas Empresas

3ª Edição

Luiz Arnaldo Biagio
Mestre e Doutorando em Engenharia Mecânica pela
Universidade Estadual de Campinas (Unicamp)

Antonio Batocchio
Mestre em Engenharia Mecânica pela
Universidade de São Paulo (USP)
Doutor e Livre-docente em Engenharia Mecânica pela Unicamp
Pós-doutor pela University of Minnesota (EUA)

Manole

Copyright © 2018 Editora Manole Ltda., por meio de contrato com o autor.

Editora gestora: Sônia Midori Fujiyoshi
Editora responsável: Cristiana Gonzaga S. Corrêa

Projeto gráfico: Verba Agência Editorial
Diagramação: Rafael Zemantauskas
Capa: Rubens Lima
Imagem da capa: Maria Rita Fairbanks Coelho Mendes Biagio. Colméia II –
    acrílico sobre papel artesanal (fibra de bananeira) 80 × 100 cm

---

Dados Internacionais de Catalogação na Publicação (CIP)
(Câmara Brasileira do Livro, SP, Brasil)

Biagio, Luiz Arnaldo
   Plano de negócios : estratégia para micro e
pequenas empresas / Luiz Arnaldo Biagio, Antonio
Batocchio. -- 3. ed. -- Barueri, SP : Manole, 2018.

Bibliografia.
ISBN 978-85-204-5334-6

   1. Administração de empresas 2. Empreendimentos
3. Plano de negócios I. Batocchio, Antonio.
II. Título.

11-05446   CDD-658.4012

Índices para catálogo sistemático:
   1. Plano de negócios: Empreendimentos: Administração de empresas   658.4012

Todos os direitos reservados.
Nenhuma parte deste livro poderá ser reproduzida,
por qualquer processo, sem a permissão expressa dos editores.
É proibida a reprodução por xerox.

A Editora Manole é filiada à ABDR – Associação Brasileira de Direitos Reprográficos.

1ª edição – 2005; Reimpressão – 2006
2ª edição – 2012
3ª edição – 2018

Editora Manole Ltda.
Av. Ceci, 672 – Tamboré
06460-120 – Barueri – SP – Brasil
Tel.: (11) 4196-6000 – Fax: (11) 4196-6021
www.manole.com.br
info@manole.com.br

Impresso no Brasil
Printed in Brazil

Durante o processo de edição desta obra, foram tomados todos os cuidados para assegurar a publicação de informações precisas e de práticas geralmente aceitas. Do mesmo modo, foram empregados todos os esforços para garantir a autorização das imagens aqui reproduzidas. Caso algum autor sinta-se prejudicado, favor entrar em contato com a editora.

Os autores e os editores eximem-se da responsabilidade por quaisquer erros ou omissões ou por quaisquer consequências decorrentes da aplicação das informações presentes nesta obra. É responsabilidade do profissional, com base em sua experiência e conhecimento, determinar a aplicabilidade das informações em cada situação.

Editora Manole

Sobre os Autores

Ms. Eng. Luiz Arnaldo Biagio
Mestre e doutorando em Engenharia Mecânica pela Unicamp. É Professor de Engenharia de Produção e Coordenador do Curso de Tecnologia em Gestão da Produção Industrial do IFSP - Instituto Federal de São Paulo. Foi Professor de Gestão de Operações e Empreendedorismo na BSP – Business School São Paulo; *Lead Assessor* em processos de Certificação ISO 9000; Gerente do PIT – Programa de Investigação Tecnológica da Agência USP de Inovação; Consultor do PRIME – Programa Primeira Empresa da Fundação Parque Tecnológico da Paraíba/FINEP; e Gerente do Núcleo de Desenvolvimento Empresarial de Itu, uma Incubadora de Empresas de base tradicional, mantida pela FIESP/SEBRAE-SP e Prefeitura da Estância Turística de Itu, onde estudou questões relacionadas ao empreendedorismo e gestão de micro e pequenas empresas, tendo graduado 54 empresas no período de 15 anos.

Prof. Dr. Antonio Batocchio
Mestre em Engenharia Mecânica pela USP. Doutor e Livre-docente em Engenharia Mecânica pela Unicamp. Pós-doutor pela University of Minnesota (EUA). Chefe do Departamento de Engenharia de Fabricação e Professor adjunto da Faculdade

de Engenharia Mecânica da Unicamp. Atua nas seguintes linhas de pesquisa: Planejamento de Processos, Sistemas de Manufatura (manufaturar celular, enxuta e ágil, e empresas virtuais), Gestão da Produção, Modelagem e Simulação, Administração Estratégica, Sistemas de Custeio e Sistemas de Informação, sobre as quais também possui vários artigos publicados no Brasil e no exterior.

Sumário

Apresentação da 1ª Edição .... *xi*
Prefácio à 1ª Edição .... *xiii*
Prefácio à 2ª Edição .... *xix*
Prefácio à 3ª Edição .... *xxi*

Capítulo 1   Introdução *1*
O Plano de Negócios *2*

Capítulo 2   Seções preliminares do Plano de Negócios *9*
Capa *11*
Índice *12*
Sumário executivo *15*

Capítulo 3   Descrição da empresa *19*
Estrutura legal *20*
Equipe gerencial *22*
Localização da empresa *23*

Manutenção de registros..**24**
Seguros...**25**
Segurança..**26**
Modelo para apresentação da descrição da empresa...............................**27**

Capítulo 4   Planejamento Estratégico.. *31*
Mapeamento do processo de negócio..**34**
Declaração de visão..**41**
Declaração de missão..**43**
Cadeia de valores..**48**
Competências essenciais..**54**
Análise ambiental..**56**
Análise do ambiente externo...**64**
Análise do ambiente interno..**76**
A matriz SWOT...**84**
Objetivos e metas..**86**
Formulação e implementação da estratégia..**91**
Controle estratégico...**96**
Redação do planejamento estratégico no plano de negócios..................**97**

Capítulo 5   Produtos e Serviços... *101*
Ciclo de vida do produto...**102**
Estratégia de produto..**104**
Produtos atuais..**106**
Tecnologia...**107**
Pesquisa e desenvolvimento..**110**
Critérios de seleção de produtos...**111**
Modelo para apresentação dos produtos e serviços.................................**111**

Capítulo 6   Análise de Mercado... *113*
Análise do setor de mercado...**113**
Descrição do segmento de mercado..**114**
Análise da concorrência...**120**
Modelo para apresentação da análise de mercado...................................**124**

Capítulo 7 – Plano de *Marketing* ... 127
Produto ... 128
Preço ... 129
    Formação dos preços ... 130
    Políticas de preços ... 131
Distribuição ... 133
Promoção ... 136
Previsão de vendas ... 139
    Comparação com negócios similares ... 144
    Vendas em períodos anteriores ... 144
    Vendas repetidas ... 144
Plano de comunicação ... 149
Press releases ... 149
    Artigos assinados ... 151
    Autopromoção ... 151
    Boletins informativos ... 151
    Site na internet ... 153
    Seminários e workshops ... 154
    Feira de negócios ... 154
    Folhetos ... 155
    Anúncios ... 155
    Mala direta ... 156
Redação do plano de marketing ... 159

Capítulo 8   Plano Operacional ... 161
Estrutura funcional ... 161
Descrição da unidade física ... 167
Produção ... 167
Aquisição ... 174
Custos ... 177
Qualidade ... 182
Sistema de gestão ... 183
Embalagem e transporte ... 184
Serviço pós-venda ... 184
Redação e apresentação do plano operacional ... 185

Capítulo 9   Plano Financeiro 189

Balanço patrimonial 190
Demonstrativo de resultados 194
Fluxo de caixa 199
Histórico financeiro da empresa 203
Demonstrativo de custos e despesas 203
Plano de investimentos 205
   Investimentos pré-operacionais 209
   Investimentos fixos 209
   Capital de giro 209
   Capacitação do pessoal 209
Redação e apresentação do plano financeiro 210

Capítulo 10   Considerações finais 217

Bibliografia 219

Anexos

Anexo 1 Formulário de Informações Preliminares para Elaboração do Plano de Negócios 223
Anexo 2 Diagnóstico de Oportunidades 281
Anexo 3 Diagnóstico de Ameaças 287
Anexo 4 Análise de Desempenho de Forças e Fraquezas 293
Anexo 5 Diagnóstico de Posicionamento Estratégico 297
Anexo 6 Formulário para Análise de Produtos e Serviços 301
Anexo 7 Formulário para Análise do Consumidor 307
Anexo 8 Formulário para Análise da Concorrência 313
Anexo 9 Plano de Negócios para uma Empresa Industrial 315
Anexo 10 Plano de Negócios para uma Empresa Comercial 335
Anexo 11 Plano de Negócios para uma Empresa de Serviços 351
Anexo 12 Plano de Negócios para uma Instituição Sem Fins Lucrativos 369
Anexo 13 Plano de Negócios para uma Empresa de Econegócios 403

Índice Remissivo 441

Para acessar o conteúdo complementar deste livro, entre em
www.manoleeducacao.com.br/conteudo-complementar e faça seu cadastro.

Apresentação da 1ª Edição

O plano de negócios tem se revelado o mais completo e indispensável instrumento de planejamento para as micro e pequenas empresas, tanto nos primeiros momentos de atividade quanto no balizamento dos resultados depois de alguns anos de atuação no mercado. Por outro lado, o plano de negócios tem sido adotado pelas instituições financeiras como um documento de apresentação das empresas para a análise de um financiamento, pois a própria formatação do plano de negócios permite uma avaliação da capacidade de pagamento da empresa, apresenta uma visão clara do conhecimento que a empresa detém do mercado em que está inserida e demonstra os benefícios que os investimentos resultantes do financiamento podem trazer, não apenas para a empresa, mas também à sociedade em geral, principalmente para o grupo social ao qual a empresa pertence.

O professor Luiz Arnaldo Biagio e seu orientador, o professor Dr. Antonio Batocchio, conseguiram elucidar com simplicidade, na dissertação de mestrado que deu origem a este livro, um modelo de elaboração do plano de negócios, com base na experiência acumulada durante vários anos no Núcleo de Desenvolvimento Empresarial de

Itu, uma incubadora de empresas de base tradicional, mantida pela Federação das Indústrias do Estado de São Paulo (Fiesp) por meio da Assessoria para a Micro e Pequena Empresa, em um convênio com o Serviço Brasileiro de Apoio às Micro e Pequenas Empresas do Estado de São Paulo (Sebrae-SP) e a Prefeitura Municipal da Estância Turística de Itu.

Neste livro, encontram-se exemplos de planos de negócios de empresas que obtiveram sucesso nos seus ramos de atividade, sendo que foi um plano de negócios bem estruturado o principal elemento gerador do êxito de cada uma delas, permitindo aos empreendedores perceber antecipadamente as movimentações do mercado e, dessa forma, tomar decisões que conduzissem a empresa a uma situação segura diante das turbulências da economia.

Assim, esta obra é recomendada a todos os empreendedores, quer tenham apenas uma ideia na cabeça, quer tenham o empreendimento em plena atividade, pois planejamento é o único caminho que leva as empresas ao encontro da lucratividade, e o plano de negócios é uma das principais ferramentas do planejamento empresarial.

Ermano Marchetti Moraes
Diretor Titular da Fiesp/DEMPI – 1998/2004

Prefácio à 1ª Edição

As abordagens tradicionais de planejamento estratégico em geral não contemplam as micro e pequenas empresas, praticamente alienadas do processo, uma vez que os pequenos e médios empresários não dispõem de conhecimentos nem de uma equipe de apoio para aplicar os métodos de análise ambiental, especialmente quando se trata de fatores intangíveis, que exigem grande dose de bom senso para a efetiva aplicação. Tais métodos foram desenvolvidos para serem aplicados em grandes ou médias organizações, nas quais podem ser feitas reuniões de *brainstorm*, com a participação de vários executivos especializados em assuntos de interesse estratégico. Assim, para que os conceitos de administração estratégica sejam empregados em todos os tipos de organização e envolvam todas as atividades empresariais, é necessário um método de análise ambiental que entenda a empresa como um todo e não como uma junção de partes isoladas, sobretudo neste início da "era do conhecimento", em que globalização, multifuncionalidade e integração são palavras de ordem. O plano de negócios apresentado neste livro permite que uma ou duas pessoas elaborem uma análise ambiental, transformando análises subjetivas em indicadores numéricos que orientem o pequeno empresário a escolher a melhor decisão estratégica. Como resultado desse trabalho pode-se destacar a criação de um modelo de plano de negócios que pode ser utilizado por empresas de qualquer porte, já que mesmo pessoas sem formação específica na área de administração podem elaborá-lo.

Este livro tem como objetivos principais:

- Atender, como literatura básica, às disciplinas de Empreendedorismo e Gestão de Negócios – que vêm ganhando espaço nos cursos de graduação, principalmente nas áreas de administração, engenharia e computação –, as quais procuram desenvolver no estudante o conceito de gerenciar seu próprio negócio.
- Desenvolver um método para elaborar o plano de negócios que possa ser aplicado nas micro e pequenas empresas, de forma que os fatores de análise intangíveis possam se transformar em orientações no direcionamento do negócio, a partir do ponto de vista de uma ou duas pessoas.

O livro, composto por dez capítulos e onze anexos, divide-se da seguinte forma:

- **Capítulo 1 – Introdução**. Panorama da temática, explicando a importância do plano de negócios para uma empresa, de qualquer porte ou tempo de funcionamento. Nesse capítulo, demonstram-se os objetivos do trabalho e suas justificativas.
- **Capítulo 2 – Seções Preliminares do Plano de Negócios**. Modelos para a elaboração da primeira parte de um plano de negócios, formada por capa, índice e sumário executivo. Nesse capítulo, também se descreve a importância de cada uma dessas partes e o impacto que causam no leitor do plano de negócios.
- **Capítulo 3 – Descrição da Empresa**. Modelos para elaborar uma descrição detalhada da empresa no plano de negócios, que envolvem a estrutura legal de operação da empresa, a equipe

gerencial, a localização, o modo como a empresa registra e mantém suas informações, os tipos de cobertura oferecidos pelas seguradoras contratadas e a maneira como a empresa trata a questão da segurança, tanto das informações quanto da integridade física de seus empregados.
- **Capítulo 4 – Planejamento Estratégico.** Modelos para determinar a visão de futuro da empresa no plano de negócios. Essa visão envolve diretamente o planejamento estratégico da empresa representado pela declaração de visão, pela declaração de missão, pela identificação da cadeia de valores e das competências essenciais da empresa, pela análise ambiental e pela definição das metas e dos objetivos organizacionais. Toda essa composição estratégica é apresentada de maneira simples e pode ser realizada por apenas uma pessoa; portanto, pode ser aplicada a uma pequena empresa nascente.
- **Capítulo 5 – Produtos e Serviços.** Modelos para descrição e análise dos produtos e serviços oferecidos pela empresa no plano de negócios. Essa descrição envolve o ciclo de vida dos produtos e serviços, a estratégia de produto, os produtos atuais, a tecnologia utilizada, a estratégia de pesquisa e desenvolvimento e os critérios de seleção de produtos utilizados pela empresa.
- **Capítulo 6 – Análise de Mercado.** Modelos para a descrição do mercado onde a empresa está inserida. Envolvem as análises do setor de mercado, do segmento de mercado e da concorrência, a relação da empresa com o mercado e com os concorrentes e a maneira como a empresa busca informações sobre o crescimento do mercado.
- **Capítulo 7 – Plano de Marketing.** Modelos para elaborar um plano de marketing dentro do plano de negócios. O plano de marketing envolve as políticas de preços e os mecanismos para a formação dos preços, a forma como os produtos chegam até os clientes, a divulgação dos produtos e as previsões de vendas futuras da empresa.

- **Capítulo 8 – Plano Operacional.** Descreve o modo de funcionamento da empresa, envolvendo a estrutura funcional, a descrição da unidade física, a forma de produção dos produtos, a aquisição de materiais, os custos de produção, as questões sobre a qualidade dos produtos, o sistema de gerenciamento da empresa e o seu relacionamento com o cliente após a venda e a entrega do produto.
- **Capítulo 9 – Plano Financeiro.** Modelos para elaborar e demonstrar os resultados financeiros da empresa no plano de negócios. O plano financeiro abrange o balanço patrimonial da empresa, o demonstrativo de resultados, o fluxo de caixa, a descrição do histórico financeiro, o demonstrativo de custos e despesas e o plano de investimentos.
- **Capítulo 10 – Conclusões.** Conclusões obtidas com esse processo em relação aos objetivos identificados no Capítulo 1.
- **Anexo 1 – Formulário de Informações Preliminares para a Elaboração do Plano de Negócios.** Questionário que compõe o conjunto de informações necessárias para elaborar o plano de negócios da empresa. Dois tipos de questionários são apresentados: um modelo completo, recomendado para empresas já estabelecidas no mercado; e um modelo simplificado, recomendado para empresas nascentes.
- **Anexo 2 – Diagnóstico de Oportunidades.** Formulário composto por 44 questões que abordam a forma como a empresa identifica as oportunidades de negócios. Em função das respostas apresentadas, é possível mensurar o grau de preparação da empresa para identificar as oportunidades de negócios.
- **Anexo 3 – Diagnóstico de Ameaças.** Formulário composto por trinta questões que abordam a forma como a empresa identifica as ameaças ao seu negócio. Em função das respostas apresentadas, é possível mensurar o grau de preparação da empresa para identificar as ameaças ao negócio.
- **Anexo 4 – Análise do Desempenho das Forças e Fraquezas.** Formulário para classificar os fatores das áreas de marketing,

finanças, produção e organização que podem ser considerados como forças ou fraquezas da empresa junto ao mercado.
- **Anexo 5 – Diagnóstico de Posicionamento Estratégico.** Questionário cujas respostas fornecem orientação numérica quanto à escolha da estratégia a ser utilizada pela empresa.
- **Anexo 6 – Formulário para Análise de Produtos e Serviços.** Questionário que compõe o conjunto de informações necessárias para elaborar a análise de produtos e serviços oferecidos pela empresa em comparação aos produtos e serviços similares oferecidos pela concorrência.
- **Anexo 7 – Formulário para Análise do Consumidor.** Planilha para coletar informações sobre o comportamento dos clientes-alvo da empresa.
- **Anexo 8 – Formulário para Análise da Concorrência.** Planilha para coletar informações sobre o comportamento dos concorrentes diretos.
- **Anexo 9 – Plano de Negócios para uma Empresa Industrial.** Apresenta o plano de negócios desenvolvido por uma microempresa do ramo industrial. Em seus primeiros dois anos de existência, a empresa teve apoio do Núcleo de Desenvolvimento Empresarial de Itu e aplicou o modelo de plano de negócios apresentado neste livro, com expressivos resultados positivos, como pode ser observado nos comentários.
- **Anexo 10 – Plano de Negócios para uma Empresa Comercial.** Apresenta o plano de negócios desenvolvido por uma empresa do ramo comercial, cujo objetivo principal era escolher entre duas alternativas de investimento em um mercado de distribuição de materiais termoplásticos.
- **Anexo 11 – Plano de Negócios para uma Empresa de Serviços.** Apresenta o plano de negócios desenvolvido por uma microempresa, da área de consultoria, cujos principais objetivos eram analisar uma oportunidade de negócios e definir a viabilidade da oportunidade identificada.

É importante manter uma sequência lógica que permita a qualquer leitor entender como a empresa é organizada, seus objetivos, seus produtos e serviços, seu mercado, sua estratégia de marketing e sua situação financeira. Assim, um plano de negócios clássico deve conter as seguintes partes: capa, índice, sumário executivo, planejamento estratégico do negócio, descrição da empresa, produtos e serviços, análise de mercado, plano de marketing, plano operacional, plano financeiro e anexos.

No entanto, apesar de todas essas vantagens e de todo esse universo de informações reunidas em um plano de negócios, ele só terá utilidade se for empregado efetivamente pela empresa. Um plano de negócios bem construído pode ajudar o empreendimento a evitar a espiral descendente, que em geral leva ao fracasso. Apesar de todo esse potencial, se o plano de negócios for elaborado somente para preencher solicitações burocráticas, essa ferramenta não passará de um amontoado de informações perdidas.

Prefácio à 2ª Edição

Este livro surgiu inicialmente com o objetivo de preencher uma lacuna existente nos cursos de Empreendedorismo e Gestão de Negócios, onde não havia metodologia de elaboração de Plano de Negócios sistematizada de forma simplificada, que permitisse ao empreendedor iniciante ou ao estudante a utilização desse instrumento de gestão de maneira descomplicada.

Com os objetivos iniciais plenamente atingidos, busca-se, nesta segunda edição, ampliar algumas seções, como o Planejamento Estratégico e o Plano de Marketing.

O Planejamento Estratégico ficou mais completo, contemplando itens cuja relevância foi minimizada na primeira edição. Por outro lado, o Plano de Marketing ganhou um receituário de ações de marketing possíveis de serem implementadas pelas micro e pequenas empresas, sem que esse processo seja dispendioso demais.

O livro foi ampliado também em seus exemplos ou estudos de caso, incorporando-se aos modelos já existentes, uma empresa de Econegócios e uma Organização sem fins lucrativos. Esse tipo de organização foi escolhido em função da atualidade dos temas e pela particularidade nos respectivos planos de negócios, diferenciados no retorno social e no planejamento financeiro. Os Anexos 12 e 13 apresentam esses exemplos, respectivamente.

As demais seções do livro permaneceram inalteradas, bem como a forma de apresentação e o sequenciamento dos capítulos foram respeitados.

Prefácio à 3ª Edição

Este livro surgiu inicialmente com o objetivo de preencher uma lacuna existente nos cursos de Empreendedorismo e Gestão de Negócios, em que não existia metodologia de elaboração de Plano de Negócios sistematizada, de uma forma simplificada que permitisse ao empreendedor iniciante ou ao estudante a utilização deste instrumento de gestão de maneira descomplicada.

Com esses objetivos iniciais plenamente atingidos, a segunda edição ampliou algumas sessões, como o Planejamento Estratégico e o Plano de Marketing. Assim, o Planejamento Estratégico ficou mais completo, contemplando itens cuja relevância foi minimizada na primeira edição, ao passo que o Plano de Marketing ganhou um receituário de ações de marketing possíveis de serem implementadas pelas micro e pequenas empresas, sem que o processo de implementação seja dispendioso demais.

Na segunda edição, o livro foi ampliado também nos seus exemplos ou estudos de caso, incorporando-se aos modelos já existentes uma empresa de econegócios e uma organização sem fins lucrativos. Este tipo de organização foi escolhido em função da atualidade dos temas e pela particularidade nos respectivos planos de negócios, diferenciados no retorno social e no planejamento financeiro.

Nesta terceira edição, o capítulo relativo ao Planejamento Estratégico ganhou um subcapítulo intitulado "Mapeamento do Processo de Negócio", onde 11 (onze) componentes de um negócio são analisados sob a forma de um "Canvas" que permite ao empreendedor a visualização das interações entre os componentes, bem como a compreensão do modelo de negócio sob o qual o Plano de Negócios será elaborado e embasado. Esta metodologia foi escolhida graças à sua disseminação pelos empreendedores de empresas inovadoras e pela facilidade de implementação, o que a identifica com os demais conteúdos do livro.

As demais sessões do livro permaneceram inalteradas, bem como a forma de apresentação e o sequenciamento dos capítulos foram respeitados.

Introdução 1

> *Estar interessado no futuro pode parecer óbvio, porém nem sempre é uma realidade. Existem muitos empresários e executivos que não estão interessados no futuro de suas organizações. Alguns deles são saudosistas do passado, outros só estão preocupados com o imediato. Aqueles que realmente estão preocupados com o futuro trabalham para fazê-lo e se obrigam a agir de forma estratégica.*[1]

Para atender a esses empreendedores preocupados com o futuro de suas organizações, diversas metodologias surgiram com o objetivo de facilitar ou de sistematizar a análise das informações presentes para obter como resultados tendências futuras. A palavra estratégia deixou de frequentar o campo militar e passou para o campo empresarial. Estratégia significa a arte de explorar condições favoráveis com o fim de alcançar objetivos específicos. Por essa definição, pode-se concluir que uma empresa conseguirá construir seu futuro se foi capaz de identificar os melhores caminhos para alcançar seus objetivos.

A busca pelo melhor caminho está relacionada ao comportamento estratégico da organização, que é o processo de interação entre a orga-

---

1 Gaj, L. *Administração estratégica*. São Paulo: Ática, 1987. p.12.

nização e o ambiente em que ela está inserida, envolvendo as mudanças e o dinamismo desse ambiente. Essa interação ambiental é o principal objetivo de estudo da administração estratégica.

Com o advento da administração estratégica, surgiram várias ferramentas para sistematizar o estudo do ambiente, porém a grande maioria delas foi desenvolvida para a elaboração de uma análise estratégica do ambiente, tendo como ponto de partida o mercado, contemplando somente questões relacionadas a ele, como vida do produto, capacidade de penetração no público consumidor e definição dos objetivos da empresa. Não que os resultados dessas análises possam ser desprezados ou mesmo ignorados pela direção empresarial, mas uma empresa não é constituída apenas pelo mercado, e sim por uma série de atividades integradas.

Por outro lado, as metodologias de análise ambiental, principalmente quando se trata de fatores intangíveis, em que se necessita de grande dose de bom senso para a efetiva aplicação, foram desenvolvidas para serem aplicadas em grandes ou médias organizações, nas quais é possível realizar reuniões de *brainstorm* com a participação de vários executivos especializados em determinados assuntos de interesse estratégico. As micro e pequenas empresas acabaram ficando isoladas desse processo, uma vez que, nesse tipo de empresa, as análises são desenvolvidas por uma ou, no máximo, duas pessoas que, em geral, não possuem um perfil especialista sobre todos os assuntos da análise estratégica.

Assim, para que os conceitos da administração estratégica possam ser empregados em todos os tipos de organização e contemplem todas as atividades empresariais, é necessária uma metodologia de análise ambiental que veja a empresa como um todo, e não como partes individualizadas, principalmente neste início da era do conhecimento, em que as palavras de ordem são globalização, multifuncionalidade e integração. O plano de negócios veio para suprir essa lacuna.

O plano de negócios

A primeira pergunta que vem à mente de qualquer pessoa ao tomar contato com essa metodologia é: o que é um plano de negócios? E a primeira resposta é: o plano de negócios é um documento usado para descrever o negócio e serve para que a empresa se apresente diante de fornecedores, investidores, clientes, parceiros, empregados, etc. Contudo, o que está por trás de um plano de negócios é muito mais importante para a estratégia empresarial do que simplesmente a tentativa de convencer um investidor de que o negócio é viável, ou convencer um cliente de que a empresa é organizada, ou, ainda, convencer um fornecedor de que a empresa é sólida.

O plano de negócios é a primeira incursão da empresa em planejamento estratégico e, contrariamente àquilo que muitas pessoas pensam, este não só pode ser feito no contexto da pequena empresa, como também é vital para ela, pois uma pequena empresa raramente dispõe dos recursos que lhe permitiriam se recuperar de eventuais erros.

Toda vez que se pensa em quem lerá um plano de negócios, imagina-se que o plano está sendo elaborado com vistas a atender requisitos na busca de capital. Assim, os representantes das fontes de financiamento seriam os principais interessados no plano de negócios. É bem verdade que a metodologia surgiu a partir da necessidade dessas fontes de financiamento, porém o plano de negócios acabou tornando-se muito mais um instrumento para o balizamento da empresa no mercado que propriamente um documento para a apresentação da empresa e a projeção de seus resultados para os financiadores ou investidores.

Não se deve tampouco pensar que um plano de negócios funciona somente para empresas novas, pois isso não é necessariamente correto. Empresas já em funcionamento necessitam do plano de negócios tanto quanto uma empresa nascente e, com uma frequência crescente, as empresas mais antigas têm sentido a necessidade e estão aplicando essa metodologia.

O ato de escrever um plano de negócios justifica-se pelos benefícios que ele agrega ao empreendimento. O plano de negócios determina uma linha central de atuação da empresa, levando o empreendedor a pensar no futuro do negócio, avaliar os riscos e as oportunidades, clareando as ideias e servindo como um excelente guia na tomada de decisões. Por essas razões, o plano de negócios é considerado uma importante ferramenta de gestão estratégica, apoiando o planejamento e o processo de decisão sobre o futuro da empresa, tendo como base o histórico e a situação atual em relação ao ambiente externo e interno em que a organização está inserida.

O plano de negócios permite avaliar os riscos e identificar soluções; definir os pontos fracos e fortes da empresa em relação aos concorrentes; conhecer as vantagens competitivas da empresa; identificar aquilo que agrega valor para o cliente, ou seja, quais características os clientes procuram nos produtos e serviços e pelas quais estão dispostos a pagar; planejar e implantar uma estratégia de marketing voltada ao cliente--alvo; estabelecer metas de desempenho para a empresa e avaliar investimentos; identificar as necessidades de absorção de novas tecnologias e novos processos de fabricação; e calcular o retorno sobre o capital investido, a lucratividade e a produtividade. Enfim, o plano de negócios é um guia que norteará todas as ações da empresa.

Quando o plano de negócios é elaborado única e exclusivamente para atender aos requisitos das fontes de financiamento, ele deixa de fornecer a sua maior contribuição para a empresa: servir como um plano de voo. Nesse tipo de plano de negócios, procura-se dar muita ênfase aos chamados 4 Cs do crédito: caráter, *cash flow* (fluxo de caixa), colateral (garantias) e contribuição (dos sócios). Isso acontece porque as fontes de financiamento analisam específica e unicamente esses itens. No entanto, esse tipo de atuação compromete o plano de negócios na análise de mercado, na elaboração e na implementação das estratégias, etc., transformando-o em um simples documento contábil ou em um relatório de fatos passados, não tendo uma visão de futuro e de integração da empresa nem servindo, portanto, como uma ferramenta pró--ativa, ou seja, uma ferramenta que contribui para sua atividade, seu funcionamento, sua agilidade, etc. A principal razão que explica o fracasso de um empreendimento é a falta de planejamento adequado. O plano de negócios é uma forma simples de identificar os fatores críticos.

O plano de negócios, pela amplitude de sua utilização, torna-se uma ferramenta extremamente dinâmica, podendo assumir diversas formas estruturais, dependendo da finalidade para a qual foi elaborado. As seções que compõem um plano de negócios são padronizadas para facilitar o entendimento, porém cada uma delas tem um propósito específico, sendo trabalhadas com maior ou menor ênfase, dependendo da finalidade do plano de negócios, do tamanho da empresa ou do tipo de atividade.

Por outro lado, em recente pesquisa elaborada pelo Sebrae/Fipe, intitulada Estudo da Mortalidade das Empresas Paulistas, concluiu-se que, das empresas abertas no Estado de São Paulo, 43% deixaram de existir ou trocaram de atividade durante o 1º ano, com esse percentual aumentando para 54% no 2º ano e 63% no 3º ano. Dentro das incubadoras de empresas, onde os empresários são obrigados a implementar um plano de negócios como requisito básico para a instalação da empresa no projeto, a mortalidade infantil das empresas gira em torno de 15%. É bem verdade que esse sucesso não pode ser atribuído exclusivamente à existência do plano de negócios, uma vez que outros fatores também são decisivos ao empreendimento nascente dentro de uma incubadora, como assessoria em gestão empresarial, rateio dos serviços de apoio, pequeno investimento em infraestrutura, etc.

A Tabela 1 mostra os fatores associados ao sucesso ou à extinção de empresas, resumindo a pesquisa mencionada anteriormente. É importante lembrar que tal pesquisa teve como universo apenas empresas abertas no Estado de São Paulo, podendo não refletir os mesmos resultados de outras regiões do Brasil.

Em resumo, pode-se dizer que existem 5 razões básicas para que uma empresa desenvolva um plano de negócios:

1. Durante a elaboração do plano de negócios, o empreendedor tem uma oportunidade única de olhar para o negócio de maneira objetiva, crítica e imparcial. O plano de negócios ajuda a focalizar as ideias e demonstra a viabilidade do empreendimento.
2. O plano de negócios, tido como um relatório acabado, serve de ferramenta operacional para definir a posição presente e as possibilidades futuras da empresa.
3. O plano de negócios ajuda na administração da empresa, preparando-a para o sucesso. Alguns fatos que podem ter sido mal avaliados ou negligenciados vêm à tona por meio da elaboração do plano de negócios, transformando-se em uma

Tabela 1 Fatores associados ao sucesso ou à extinção de empresas

Fator	Negócios com maiores riscos de extinção	Negócios com maiores possibilidades de sucesso
Experiência prévia	Empreendedor sem experiência no ramo	Empreendedor com experiência no ramo
Tempo de estudo antes de abrir a empresa	Período curto de estudo	Período maior de estudo
Planejamento antes da abertura da empresa	Falta de um planejamento prévio (ou falta de planejamento adequado)	Maior consciência sobre o negócio. Busca por informações sobre aspectos legais, fornecedores e qualificação da mão de obra
Administração do negócio	Descuido com o fluxo de caixa, com o aperfeiçoamento do produto e com o cliente	Administração eficiente do fluxo de caixa e aperfeiçoamento do produto às necessidades do cliente. O empresário ouve o cliente e investe em propaganda e divulgação
Dedicação ao negócio	Parcial	Exclusiva
Uso de assessoria	Não utiliza assessoria externa	Utiliza assessoria externa
Disponibilidade de capital	Falta de capital (capital de giro ou investimento)	Certa disponibilidade
Idade da empresa	Há maior risco no 1º ano de atividade	Empreendimento mais maduro tem menor probabilidade de fechar
Porte da empresa	Estrutura excessivamente pequena	Estrutura maior

Fonte: Sebrae/Fipe.

ferramenta pró-ativa na previsão e na solução de problemas. Por outro lado, o plano de negócios também pode servir como uma ferramenta retrospectiva pela qual se pode avaliar o desempenho da empresa, além de projetar os resultados futuros.

4. O plano de negócios é uma forte ferramenta de comunicação para a empresa. Nele, encontram-se definidos os propósitos da empresa, a estratégia competitiva, as competências essen-

ciais, a administração e o conhecimento do seu pessoal. Assim, o plano de negócios é um excelente guia para a tomada de decisões.
5. O relatório final do plano de negócios pode prover a base para uma proposta de financiamento.

Entretanto, apesar de todas essas vantagens e de todo um universo de informações reunidas em um plano de negócios, este somente será útil se for efetivamente utilizado pela empresa. Um plano de negócios bem construído pode ajudar um empreendimento a evitar a espiral descendente, que geralmente leva ao fracasso. Uma ferramenta com esse potencial não pode ser elaborada somente para preencher solicitações burocráticas, pois, se assim for, não passará de um amontoado de informações perdidas.

Seções Preliminares do Plano de Negócios   2

Não existe um tamanho ideal de um plano de negócios, nem mesmo uma composição ideal. Cada empresa deve procurar aquilo que melhor lhe convenha, dependendo de seus objetivos e da utilização do plano de negócios. É importante manter uma sequência lógica que permita a qualquer leitor entender a empresa, seus objetivos, seus produtos e serviços, seu mercado, sua estratégia de marketing e sua situação financeira.

Se a empresa tiver como objetivo a elaboração de um plano de negócios somente para atender aos requisitos de um investidor de risco, o plano de negócios deverá ser elaborado com mais ênfase no retorno financeiro do investimento, com as devidas explicações sobre as razões que levaram à conclusão de que o retorno do investimento apresentado é desejável pelo investidor.

Se a empresa estiver pensando em estruturar suas operações e, para tanto, necessitar de um documento que balize essa estruturação, o plano de negócios deverá ter como ponto de realce os processos produtivos e a logística da empresa. Por outro lado, se a empresa está procurando formas de introduzir um novo produto no mercado, a ênfase será sobre a análise de mercado e o plano de *marketing*.

Assim, pode-se dizer que um plano de negócios completo deve ser elaborado com a seguinte estrutura básica:

- capa;
- índice;
- sumário executivo;
- descrição da empresa;
- planejamento estratégico;
- produtos e serviços;
- análise de mercado;
- plano de *marketing*;
- plano operacional;
- plano financeiro;
- plano de investimentos;
- plano de melhoria do desempenho;
- anexos.

É evidente que a empresa poderá dispensar uma ou outra parte – por exemplo, o plano de melhoria do desempenho, quando o objetivo do plano de negócios for apenas financeiro, ou o plano de investimentos, quando o objetivo do plano de negócios for apenas operacional –, mas recomenda-se elaborar o plano de negócios completo, que será o documento que balizará a empresa nos próximos anos, e, à medida que surgirem usos específicos, elaborar uma espécie de plano sumarizado, dando destaque às partes específicas mais adequadas aos objetivos do plano de negócios, porém tomando-se por base o modelo completo. As empresas nascentes poderão valer-se de um plano de negócios menos detalhado, mas nem por isso ele deixará de ser completo, isto é, abordando todas as fases do negócio.

Antes da elaboração do plano de negócios, é interessante que seja preenchido o formulário do Anexo 1 – Formulário de informações preliminares para a elaboração do plano de negócios. Tal formulário é apresentado em duas versões, sendo a primeira um modelo completo com informações pormenorizadas, indicado para empresas já estabelecidas e com pelo menos 1 ano de atividade. A segunda versão é um modelo simplificado, indicado para empresas nascentes ou ainda em fase de planejamento.

Capa

"A primeira impressão é a que fica." Esse ditado popular, por si só, já demonstra a importância da capa – a primeira coisa a ser vista por quem recebe o plano de negócios e que, portanto, transmite a primeira imagem da organização. Em geral, a capa é composta das seguintes informações: razão social da empresa, endereço completo, logotipo da empresa, nome da pessoa ou das pessoas que elaboraram o plano, mês e ano de elaboração do plano e número da cópia ou edição.

Apesar de muitas empresas não darem a devida atenção para a logomarca, deve-se pensar que o plano de negócios é um documento que apresenta a empresa para o leitor. Assim, apresentar uma logomarca, por mais simples que ela seja, levará o leitor a imaginar que a empresa pensa em detalhes, demonstrando uma imagem altamente profissional.

As micro e pequenas empresas também devem pensar na questão da logomarca, mesmo que não disponham de muitos recursos para tal empreitada; deverão elaborar uma logomarca mesmo que seja para mudar posteriormente por algo mais trabalhado.

Em geral, a logomarca representa a identidade visual da empresa. Estão representados nesse símbolo as cores da empresa, alguns de seus pontos de vista e seu relacionamento com o ambiente, clientes, empregados, fornecedores e demais segmentos da sociedade, suas aspirações e seus produtos. Algumas empresas, especialmente da área de perfumaria, procuram aguçar o olfato dos clientes introduzindo na logomarca o perfume de suas essências.

A capa pode conter ainda a identificação de uma pessoa para contato, caso o leitor tenha alguma dúvida sobre o plano de negócios. Nesse caso, o mais recomendado é que a pessoa de contato seja quem efetivamente elaborou o plano.

Por outro lado, se forem emitidas diversas cópias do plano de negócios, é importante que cada cópia seja numerada, pois, dessa forma, a empresa estaria se precavendo contra possíveis extravios ou contra a circulação de cópias desatualizadas.

Se a empresa optar por uma encadernação do plano de negócios com o uso de espirais e, nesse caso, utilizar uma capa plástica, que não permite impressões a não ser por processos especiais, recomenda-se que seja utilizada uma folha de plástico transparente. Assim, as informações sugeridas para a capa irão compor uma página de rosto que, pela sua transparência, será visível ao leitor. O Quadro 1 mostra um exemplo de formatação da capa.

Índice

O índice serve para que o leitor veja rapidamente as informações presentes no plano de negócios, facilitando também a localização da seção desejada; assim, o leitor fica mais propenso a ler o plano de negócios com atenção.

O índice pode ser comparado ao esqueleto dos conteúdos reunidos do plano de negócios. Por meio dos títulos e subtítulos, com termos e frases curtas, indica o principal de cada subparte do conteúdo. O índice apresenta a evolução lógica do desenvolvimento do texto.

No contexto acadêmico, essa parte de um projeto, segundo as regras da metodologia científica, é denominada sumário; porém, para o plano de negócios, é conveniente utilizar uma linguagem empresarial e, nesse caso, considera-se a denominação índice mais apropriada.

O plano de negócios pode ser extenso, e a melhor maneira de apresentá-lo é dividindo-o em seções, individualmente numeradas e identificadas no índice, de forma que o leitor possa localizar rapidamente os pontos de interesse específicos.

O Quadro 2 apresenta um exemplo de índice para um plano de negócios. Apesar de o exemplo apresentar o índice em apenas uma página, em razão da supressão propositada de alguns itens, o plano de negócios deve conter o índice completo, mesmo que tenha mais de uma página. O caso do exemplo é apenas figurativo.

Quadro 1   Exemplo de capa para um plano de negócios

Denominação da empresa

Endereço: nome da rua ou avenida e número, bairro e complementos

Cidade, Estado e cep

Número do telefone

PLANO DE NEGÓCIOS

Nome da pessoa que elaborou o plano

Mês/ano

Número da cópia/número da edição

Quadro 2 Exemplo de índice para um plano de negócios

Índice
1 Sumário executivo 1
2 Descrição da empresa 2
2.1 Estrutura legal 3
2.2 Equipe gerencial 4
2.3 Localização da empresa 6
2.4 Manutenção de registros 7
2.5 Seguros 8
2.6 Segurança 8
3 Planejamento estratégico 10
3.1 Declaração de visão e missão 11
3.2 Análise ambiental 12
3.3 Definição dos objetivos e metas 15
4 Produtos e serviços 17
4.1 Produtos atuais 18
4.2 Tecnologia 19
4.3 Pesquisa e desenvolvimento 19
4.4 Alianças estratégicas 19
5 Análise de mercado 20
5.1 Descrição do segmento de mercado 21
5.2 Análise da concorrência 22
6 Plano de marketing 24
6.1 Produto 24
6.2 Preço 25
6.3 Praça 26
6.4 Promoção 26
6.5 Previsão de vendas 28

Sumário executivo

Dependendo do objetivo do plano de negócios ou do público-alvo, deve-se alterar a redação do sumário executivo, pois é por meio dessa seção que os objetivos do plano de negócios serão apresentados ao leitor. Assim, o sumário executivo transforma-se na principal seção do plano de negócios, pois, se ele estiver mal redigido ou não tiver os objetivos do plano de negócios claramente definidos, desmotivará o leitor a prosseguir na leitura. Portanto, deve ser escrito com muita atenção e clareza, sendo revisado várias vezes. Ele deve conter uma síntese das principais informações que constam no plano de negócios.

O sumário executivo deve ser dirigido ao público-alvo e explicitar qual é o objetivo do plano de negócios em relação ao leitor. Obrigatoriamente, o sumário executivo deve ser escrito por último, pois é composto das informações mais relevantes de todas as outras seções. Em um sumário executivo bem elaborado, devem ser encontradas as respostas para as questões da metodologia 6W2H, apresentadas no Quadro 3.

A atenção do leitor deve ser atraída a partir da leitura do sumário executivo, pois, a rigor, será a única seção que o leitor obrigatoriamente lerá. Assim, o sucesso do sumário executivo está intimamente ligado à geração de interesse imediato. Dessa forma, torna-se vital a utilização de uma linguagem empresarial e a transmissão de entusiasmo e importância em relação ao projeto. O leitor terá seu interesse despertado pelo conceito do negócio, pela taxa de retorno ou pela forma como as ideias foram transmitidas.

Um sumário executivo consistente deverá ser sucinto e ocupar apenas uma página, sendo composto de partes, não mais do que 4 ou 5 parágrafos. O Quadro 4 apresenta um modelo de sumário executivo.

Na primeira parte, deve-se fazer uma apresentação geral do negócio, respondendo às questões sobre a localização da empresa, o ramo de atuação, o tempo de existência, quem são seus parceiros estratégicos – mencionar se tiver algum de destacada importância no mercado – e qual é a missão da empresa.

Quadro 3 Exemplos de questões da metodologia 6w2h

O quê? (What?)	O que o plano pretende? O que está sendo apresentado? O que é a empresa? Qual é o produto/serviço da empresa?
Onde? (Where?)	Onde a empresa está localizada? Onde está o mercado/cliente da empresa?
Por quê? (Why?)	Por que a empresa elaborou um plano de negócios? Por que a empresa precisa de recursos?
Como? (How?)	Como a empresa empregará os recursos? Como está a saúde financeira do negócio? Como a empresa está crescendo?
Quanto? (How much?)	De quanto recurso a empresa necessita? Quanto será o retorno do investimento?
Quando? (When?)	Quando o negócio foi criado? Quando a empresa precisará de recursos? Quando ocorrerá o retorno sobre os recursos?
Quem? (Who?)	Quem realizará as tarefas? Quem elaborou o plano de negócios?
Qual? (Which?)	Qual é o produto/serviço da empresa? Qual é a lucratividade da empresa?

Na segunda parte, descreve-se por que a empresa está elaborando um plano de negócios, quais são os fatores críticos de sucesso e o que está impedindo a empresa de atingir seus objetivos. É evidente que o plano de negócios está à procura de uma solução que propiciará à empresa a consecução de seus objetivos.

Na terceira e última parte do sumário executivo, deve-se apresentar uma síntese da análise de mercado e das condições financeiras da empresa, ressaltando por que a empresa acredita que terá sucesso quanto aos objetivos do plano de negócios. Se as possibilidades de sucesso forem mensuradas, é importante apresentar as estimativas nesse ponto, pois os leitores, de forma geral, são sensíveis a números.

Cabe ressaltar novamente que o sumário executivo é a seção mais importante do plano de negócios, pois é onde a empresa define o que ela pretende com o documento. Se a empresa pretende um financiamento para alavancar um negócio, isso deve ser esclarecido nesta seção, deixando bem definida a importância necessária, a forma de pagamento, o que será feito com o dinheiro e por que a empresa acredita que deve fazer o investimento.

Quadro 4   Modelo autoexplicativo do sumário executivo

SUMÁRIO EXECUTIVO

(nome da empresa)

A .... (*nome da empresa*) é uma empresa do ramo .... (*comercial, industrial ou de serviços*), fundada em .... (*ano de fundação*). A empresa tem como missão .... (*missão da empresa*).

O empreendimento está localizado na .... (*endereço da empresa*), na cidade de .... (*nome da cidade*) e é gerenciado por .... (*nome do principal executivo*). A empresa possui estreita parceria com .... (*nome do principal parceiro comercial*) e .... (*universidades, institutos, ONG, órgãos governamentais, etc.*), responsável pelo sucesso do empreendimento.

....
....
(*descrever por que a empresa está elaborando o plano de negócios*). ....
....
....
(*descrever quais objetivos a empresa pretende atingir se o plano de negócios for efetivado*).

....
(*descrever o que impede a empresa de atingir seus objetivos*).

O planejamento de marketing e a análise de mercado indicam que ....
....
(*descrever os indicativos de que os objetivos da empresa a conduzirão ao sucesso*) ....
....
(*comparar o que será oferecido pela empresa com o oferecido pela concorrência*) ....
.... (*explicar as vantagens do plano de negócios que a empresa ou a pessoa irá obter se concordar com os fatores relacionados*).

....
(*nome e assinatura do principal executivo da empresa*).

Descrição da Empresa   3

O corpo do plano de negócios começa por uma descrição da empresa, que explicita o nível de organização empresarial do negócio, a história, a constituição jurídica, a situação atual e as projeções futuras, tanto para pesquisa e desenvolvimento quanto para atividades operacionais e financeiras. Devem-se enfatizar as características únicas do produto ou serviço e os benefícios que a empresa pode trazer ao cliente. Questões relativas a como, quando e por que a empresa foi fundada; por que produzir ou comercializar determinados produtos e serviços; qual o perfil de desenvolvimento da empresa nos últimos tempos e qual a projeção futura da empresa devem ser plenamente respondidas.

Assim, nessa seção, serão encontradas as respostas para perguntas como: Qual é o ramo de atividade da empresa? Quem são seus clientes? O que ela oferece aos seus clientes e como? Qual é a sua localização? Qual é a sua área de atuação (regional, nacional ou internacional)? Qual é o atual estágio de desenvolvimento da empresa?, entre outras. Além disso, a seção deve apresentar dados relativos às características da empresa, como nome, tipo de empresa, equipe gerencial, localização, registros utilizados, tipos de seguros contratados e serviços de segurança.

É muito importante ter em mente que um investidor de risco costuma analisar detalhadamente esta seção, pois nela estarão os indicativos de que o negócio foi planejado com cuidado antes da efetiva implantação. A pesquisa Estudo da Mortalidade das Empresas Paulistas, elaborada pelo Sebrae/Fipe, indica que uma das principais razões do encerramento prematuro de empresas é a falta de planejamento prévio.

Para elaborar essa seção do plano de negócios, recomenda-se o preenchimento do "Formulário de informações preliminares para a elaboração do plano de negócios", apresentado no Anexo 1. Empresas nascentes podem usar o modelo simplificado.

Estrutura legal

É recomendável que a descrição dê ênfase à estrutura legal da empresa. Nessa parte, deve-se especificar a forma jurídica da empresa (capital por cotas limitadas, sociedade anônima, sociedade civil, etc.). Dois pontos merecem destaque quanto à tributação: o tipo de forma jurídica e o ramo de atividade da empresa. Isso porque a tributação incide de forma diferenciada para cada tipo de constituição jurídica e sobre o ramo de atividade, que depende ainda de legislação municipal. Deve-se elaborar, por fim, o contrato social da empresa, em que devem constar a participação societária, a forma jurídica e o ramo de atividade da empresa, bem como a denominação, o nome fantasia e, principalmente, a quantidade de dinheiro (capital social) que será empregada no empreendimento. Esse capital pode ser dividido em duas partes: capital integralizado e capital a integralizar.

A definição do capital social tem algumas implicações. Se o valor for muito alto, a Receita Federal exigirá justificativas sobre a origem do dinheiro dos sócios, podendo resultar em uma tributação desnecessária. Por outro lado, um capital social muito baixo prejudica a obtenção de linhas de crédito com o sistema financeiro; afinal, é sobre o valor do capital social que os sócios da empresa têm responsabilidade.

Para que a empresa seja constituída oficialmente, o contrato social deve ser registrado na Junta Comercial, o que lhe permite requerer o Cadastro Nacional de Pessoa Jurídica (CNPJ). De posse do CNPJ, a empresa deve buscar o registro na Prefeitura Municipal (Inscrição Municipal), onde receberá a respectiva licença de funcionamento. Empresas industriais ou comerciais dependem ainda de outra fase, que é a busca da Inscrição Estadual. Empresas do ramo industrial devem procurar a legalização do empreendimento na Companhia Estadual de Tratamento de Esgotos e Saneamento Básico (Cetesb). Alguns municípios exigem que as empresas tenham as instalações aprovadas pelo Corpo de Bombeiros e estejam de acordo com a legislação de zoneamento urbano do Município.

Para empresas já constituídas, podem-se incluir, em um dos anexos do plano de negócios, uma cópia do contrato social da empresa, uma cópia do cartão do CNPJ, bem como um pequeno quadro com os tributos incidentes sobre a operação do negócio.

No caso de sociedade, tornam-se importantes algumas notas explicativas sobre a razão pela qual os sócios foram escolhidos, a contribuição de cada um na empresa e se as habilidades individuais são complementares e beneficiam a empresa. Devem-se descrever também os acordos para a saída de sócios da empresa, a admissão de novos sócios, a dissolução da empresa, as formas acordadas de distribuição dos lucros e a responsabilidade sobre as perdas, além de requisitos para eventuais aportes de capital.

Nesse ponto, cabem algumas considerações sobre o processo de abertura de uma empresa, a começar pela escolha do contador. O profissional que prestará o serviço de contabilidade não poderá ser escolhido pelo preço, mas, sim, pela qualidade dos serviços prestados.

Deve-se dedicar especial atenção ao ramo de atividade e ao seu enquadramento dentro das classificações fiscais municipais, pois, em muitas cidades, ramos de atividades semelhantes pagam diferentes taxas e tributos.

Algumas atividades industriais são isentas de licença de funcionamento da Cetesb, como confecção, por exemplo; porém, outras atividades similares não possuem o mesmo benefício, como tecelagem.

Nem sempre optar pela tributação Simples é um bom negócio para a empresa, principalmente nos casos de empresas industriais cujos produtos podem ser matéria-prima para outras indústrias. Nesses casos, o cliente perderá o benefício do crédito do ICMS e do IPI e a empresa perderá a vantagem de operar com preços menores em função de menor tributação.

Empresas que operam em regime de lucro presumido não necessitam de lançamentos contábeis, mas de relatórios para a tomada de decisão e para justificativas na solicitação de financiamentos. Firmas individuais não necessitam de contrato social, mas a responsabilidade do proprietário é ilimitada, isto é, todos os seus bens particulares podem ser utilizados para satisfazer os credores nos casos de fracasso do empreendimento.

Um advogado especializado em tributação e em abertura de empresas pode orientar sobre a elaboração do contrato social, principalmente quando a empresa envolve diversos sócios. Esse serviço gera um gasto adicional, mas evita problemas futuros. Optar por um contrato social padrão, como os encontrados em papelarias, pode incorrer em economias, mas não conterá as peculiaridades de cada empresa, o que pode refletir em gastos adicionais no futuro.

Outro serviço que pode ser contratado são os registros de marcas e patentes. Há empresas especializadas para executar o processo de busca e registro da marca. É possível realizar esse trabalho pelo site do Instituto Nacional de Propriedade Industrial (INPI); porém, o tempo perdido nesse processo não compensará o gasto com a contratação de pessoal especializado nessa atividade, que conhece todos os problemas e as soluções da burocracia documentária.

Finalmente, uma relação de confiança e cordialidade entre a empresa e o prestador de serviços de contabilidade é fundamental. No entanto, o empresário deve estar ciente de que ele é o verdadeiro dono do negócio e quem responderá por ele.

Equipe gerencial

Pode-se dizer que o futuro de uma empresa está fundamentado na capacidade e na habilidade dos seus gerentes, no tempo que eles dedicam ao negócio e na demanda do mercado. Nas empresas nascentes, normalmente os donos fazem quase tudo; porém, à medida que a empresa cresce, vai sendo segmentada e áreas especializadas acabam necessitando de especialistas para gerenciá-las.

Se o leitor do plano de negócios for um investidor de risco, ele irá perguntar como fazer para sair do negócio depois de algum tempo; se for um representante de uma fonte de financiamento, ele irá verificar se a equipe gerencial está apta a utilizar bem o dinheiro da sua instituição, permitindo que os compromissos de pagamento sejam cumpridos. Portanto, a capacidade de gerenciamento dos líderes da empresa deve estar clara no plano de negócios.

Dessa forma, uma cópia do currículo dos líderes da empresa deve ser incluída na seção de anexos, além de um organograma demonstrando a relação hierárquica da empresa. As combinações de habilidades nas áreas técnica e gerencial dos líderes da empresa precisam estar claramente demonstradas, bem como o relacionamento de cada um dos líderes com as áreas-chave da empresa, envolvidas com os objetivos e as metas. Recomenda-se a apresentação resumida de uma matriz de responsabilidades funcionais de cada executivo, com a atribuição das responsabilidades pelas metas específicas.

Investir em equipes gerenciais, e não em ideias ou produtos, tem sido a palavra de ordem entre os capitalistas de risco nos últimos anos. Isso comprova que o sucesso final de um negócio depende muito de uma equipe de gerenciamento eficaz.

Localização da empresa

A localização do empreendimento assume especial importância, dependendo do ramo de atividade, das fontes de fornecimento de materiais, da disponibilidade de mão-de-obra e da proximidade com clientes ou institutos de pesquisas científicas. Dessa forma, é necessário reservar um espaço para descrever as razões pelas quais a empresa optou por uma localização específica.

Se o negócio for uma venda de varejo, atendendo à compra por impulso, é melhor que a localização esteja próxima ao público consumidor. Uma pizzaria não pode ficar escondida, assim como um ateliê de alta costura não pode estar instalado em um bairro de baixa renda.

Já uma fábrica de parafuso não precisa estar localizada no centro da cidade. Faz-se necessário, portanto, descrever o bairro onde está situada a empresa e o motivo pelo qual esse local foi escolhido.

Se a localização for uma questão de marketing, ou seja, se a escolha do local foi determinada pelo mercado-alvo, a descrição deve apresentar os pontos genéricos, deixando os detalhes no plano de marketing. Se a decisão estiver ligada à fabricação, com o despacho das mercadorias sendo executado por empresa transportadora, e a localização não estiver diretamente ligada ao mercado-alvo, podem-se discutir detalhadamente nessa seção as razões que levaram à escolha desse local.

Há casos em que o cliente ou o fornecedor é quem define a localização da empresa: nos casos de manufatura operando em produção *just-in-time* ou de disponibilidade de matéria-prima. Esses casos também devem ser apresentados nessa seção.

A escolha do ponto não deve levar em consideração somente o preço do aluguel. Preços baixos geralmente refletem pouca demanda ou pontos decadentes.

Cada razão apresentada deve estar fundamentada com a descrição física do local. Outros locais possíveis podem ser listados para explicar a razão da escolha. A seção de anexos pode incluir cópias de fotografias, *layout* ou desenhos do local, cópia do contrato de aluguel, se for o caso, ou cópia da escritura do imóvel, caso a empresa seja proprietária da sede.

Quando o imóvel é alugado, as informações dos valores mensais despendidos com o aluguel serão transferidas para a planilha de fluxo de caixa e para a planilha de projeção dos custos mensais. No caso de imóvel próprio, o valor da propriedade deve ser transferido para a folha de balanço atual e projetado.

Manutenção de registros

O plano de negócios deve indicar o sistema contábil utilizado e o porquê dessa escolha, além de apresentar a parte da contabilidade feita internamente, o responsável pela manutenção dos registros, se a empresa utiliza contador externo e, em caso positivo, quem da empresa é responsável pela avaliação do serviço contábil e quais são os critérios de avaliação utilizados. É necessário demonstrar que, além de cuidar da contabilidade, a empresa tem maneiras de analisar o próprio desempenho, a partir dos dados que coleta e do uso que faz desses dados para tornar-se mais lucrativa.

Dentro de um sistema de registro formalmente estabelecido, torna-se importante deixar claro a forma como a empresa arquiva seus registros e o tempo de arquivamento destes. Na elaboração de um sistema de registros, devem-se levar em conta as questões legais, de segurança e as relativas às necessidades dos clientes e consumidores.

Além de servir como histórico da empresa, os registros são importantes para a auditoria, pois são considerados uma evidência objetiva para a comprovação de ocorrências. Por outro lado, um sistema de rastreamento de documentações e registros em todas as áreas do negócio serve como base para a implantação de sistemas da qualidade ISO 9000 ou ISO 14000.

Enfim, um sistema de registros formalmente estabelecido aumenta a credibilidade da empresa junto aos clientes, pois quaisquer informações solicitadas sobre os produtos ou serviços serão prontamente atendidas.

Seguros

Qualquer tipo de negócio deve contar com o apoio de uma seguradora, com contratos que envolvam todos os ativos da empresa, e devem ser considerados os tipos de cobertura mais apropriados ao negócio. Ou seja, se o negócio for uma empresa de transporte, o seguro deve considerar o uso dos veículos; se a empresa for proprietária do imóvel, o seguro deve avaliar o uso que lhe é dado. O tipo de cobertura que a empresa possui deve ser explicado claramente, bem como o motivo dessa escolha, o período da cobertura e o agente segurador.

É importante salientar que a preocupação com os próprios ativos indica ao analisador do plano de negócios que a empresa está preparada para enfrentar quaisquer tipos de sinistros que eventualmente venham a ocorrer, transmitindo uma imagem positiva quanto à estabilidade do empreendimento.

Principalmente os micro e pequenos empresários devem levar em conta que a sua empresa é tratada como um projeto de vida, e não como um instrumento para a consecução de objetivos profissionais. Dessa forma, a proteção do patrimônio da empresa por meio de uma apólice de seguro, por mais cara que possa parecer, ainda é muito mais barata que ver seu sonho destruído em alguns instantes. Convém lembrar, ainda, que as apólices de seguro contra incêndio ou contra ocorrências naturais têm custos relativamente baixos.

Segurança

O plano de negócios vende uma imagem da empresa e, nesse caso, pela sua relevância, o assunto segurança é parte do documento. Antecipar-se aos problemas de segurança que possam ocorrer em áreas sujeitas a riscos demonstra uma atitude diligente.

Segundo a Câmara do Comércio dos Estados Unidos, mais de 30% dos fracassos de um negócio devem-se à desonestidade dos empregados. Isso não inclui apenas desvio de mercadorias, mas também de informações. Em razão disso, a empresa precisa demonstrar como está preparada para enfrentar a desonestidade das pessoas e dos clientes, incluindo, nesse item, o furto de informações e mercadorias. É importante demonstrar a preocupação da empresa com a segurança de suas pesquisas, o desenvolvimento de novos produtos e os segredos de seus processos, sejam os protegidos por patente, sejam os de propriedade intelectual da empresa que não estão registrados, principalmente se a empresa atuar em um mercado de base tecnológica, em que a difusão de um segredo pode causar prejuízos enormes à companhia.

A empresa deve descrever os produtos e processos que estão devidamente patenteados, as marcas que estão registradas e assim por diante. A carteira de clientes também deve ser alvo de proteção, e a descrição de como a empresa faz isso precisa ficar evidente.

Por outro lado, os acidentes de trabalho também trazem pesadas baixas ao fluxo financeiro das empresas, em função dos dias perdidos com afastamento de empregados, da baixa motivação de funcionários em postos de trabalho de alto risco e das indenizações pagas por conta de invalidez decorrente de acidentes. Por isso, a empresa deve descrever como trata a segurança física dos empregados, no caso de atividades que expõem os colaboradores a situações de risco inerentes ao trabalho. Os programas de proteção e segurança e os profissionais qualificados para gerenciar tais programas precisam ser demonstrados.

Dentro das descrições dos programas de proteção e segurança dos empregados, é importante levar em consideração não apenas as questões legais, mas também aquelas relativas às melhores práticas, pois, em determinados casos, não existe legislação aplicável; porém, a empresa está sendo penalizada pela baixa motivação da equipe de trabalho.

Modelo para apresentação da descrição da empresa

Os Quadros 1A e B apresentam um exemplo de descrição da empresa. Após o preenchimento do Anexo 1 – Formulário de informações preliminares para a elaboração do plano de negócios, esses quadros podem servir como um excelente guia na elaboração dessa seção do plano de negócios. Deve-se tomar o devido cuidado para não se prender exclusivamente às informações pertinentes ao modelo, pois essa seção deve moldar-se às características da empresa que está elaborando o plano de negócios.

Quadro 1A   Modelo autoexplicativo da descrição da empresa

1. Descrição da Empresa

A .... *(razão social da empresa)* é uma empresa do ramo .... *(comercial, industrial ou de serviços)*, fundada em .... *(ano de fundação)*. A empresa tem como nome de fantasia .... *(nome de fantasia da empresa)* e comercializa as marcas .... *(marcas comercializadas pela empresa)*. O empreendimento está localizado em .... *(endereço da empresa)*, na cidade de .... *(nome da cidade)*.

A .... *(razão social da empresa)* é uma .... *(tipo de constituição legal da empresa)*, sendo constituída desta forma em razão de .... *(motivo da escolha da forma jurídica)*.

A empresa foi fundada a partir da ideia de seus sócios fundadores .... *(nome dos sócios fundadores da empresa)*, com o propósito de .... *(descrever o porquê da empresa ter sido montada)*, encontrando-se atualmente em .... *(estágio de desenvolvimento da empresa)*.

Alguns fatos ganham destaque especial na história do empreendimento, tais como: .... *(descrição dos principais eventos com as respectivas datas da ocorrência)*.

A empresa é gerenciada por: .... *(nome das pessoas-chave, cargos ocupados, profissão e tempo de experiência na função)*.

A empresa está localizada na .... *(região de localização da empresa)*, local escolhido em função de .... *(razão pela qual o local de instalação da empresa foi escolhido)*, dentre outras localizações também analisadas, como segue: .... *(outras localizações analisadas e preteridas)*. O local conta com as seguintes facilidades: .... *(serviços disponíveis nas proximidades do local)* e está plenamente aprovado pelos seguintes órgãos de fiscalização: .... *(nome dos órgãos de fiscalização que aprovaram as instalações)*.

Quadro 1B Modelo autoexplicativo da descrição da empresa

A empresa utiliza assessoria contábil da ....
(nome do escritório que presta serviço de contabilidade), cujos trabalhos são acompanhados por meio de ....
(sistema de acompanhamento dos serviços contábeis). Os documentos são identificados por meio de .... *(sistema de codificação utilizado)* e arquivados por .... *(sistema de arquivamento utilizado)* durante um prazo de .... anos.

Semanalmente, todos os pedidos de compra recebidos dos clientes são analisados por .... *(sistema de análise efetuado)*, e as ocorrências são registradas no .... *(documento de registro das ocorrências)* e comunicadas aos clientes para as devidas providências.

As mercadorias recebidas também são analisadas de acordo com .... *(procedimento utilizado para a averiguação)*, sendo as mercadorias em desacordo devolvidas ao fornecedor, acompanhadas de relatório especificando as razões da devolução.

A empresa mantém relacionamento com a ....
(nome da companhia de seguros), que dá cobertura contra ....
(tipo de cobertura contratada pelo seguro) nos seguintes bens pertencentes ao patrimônio da empresa: .... *(tipo de bens segurados: máquinas, prédios, etc.)*.

A empresa mantém registrados no INPI os seguintes produtos e processos: .... *(nome dos produtos e processos patenteados)*, além da marca .... *(nome da marca registrada)*.
A carteira de clientes também é protegida por meio de ....
.... *(descrição do sistema de proteção da carteira de clientes)*.

A empresa adota a metodologia do programa ....
(programa de segurança no trabalho utilizado) sob coordenação de Sr(a). ....
.... *(nome, formação e experiência do profissional responsável pelo programa de segurança)*, tendo conseguido os seguintes resultados: ....
(descrição dos principais resultados do programa de segurança no trabalho).

Planejamento Estratégico 4

Ao longo dos anos muitas técnicas foram desenvolvidas dentro do chamado planejamento estratégico, sempre com o objetivo de formar a base de sustentação da administração estratégica. Tais técnicas ou ferramentas permitem uma aproximação mais segura do sucesso na decisão e sua aplicação, individualmente ou em conjunto, levando a organização a elaborar um portfólio equilibrado, dentro de um ambiente mutante, permitindo o desenvolvimento de ações preventivas perante os riscos ocultos e ciladas estratégicas, garantindo a sobrevivência e a rentabilidade da organização em um futuro de médio e longo prazo. Afinal, se uma empresa conseguir prever, com razoável possibilidade de sucesso, o seu desempenho para os próximos 5 ou 10 anos, certamente ela terá uma vantagem competitiva enorme perante seus concorrentes. As principais dessas ferramentas são: matriz BCG, matriz de sinergia, matriz de produtos e mercados, análise de portfólio, matriz SWOT, matriz SPACE, análise de postura, matriz de vulnerabilidade, análise de coerência estratégica e matriz de carteira multifator.

Dentro desse panorama, uma dualidade precisa ser esclarecida: planejamento estratégico *vs.* administração estratégica. A primeira ideia é que ambas representam a mesma coisa, porém, uma rápida análise da

Tabela 1 deixará claro que são complementares, ou seja, é praticamente impossível a implantação da administração estratégica sem a utilização do planejamento estratégico, ao mesmo tempo em que o objetivo maior do planejamento estratégico deve estar aliado à implantação da administração estratégica.

Pela Tabela 1, fica evidenciado que a administração estratégica propõe um novo comportamento empresarial, logo, trata-se de um processo de mudança cultural e que não pode ser implementado de forma repentina, demorando alguns anos para ser absorvida pela organização. Por outro lado, o planejamento estratégico é composto de técnicas que auxiliam as organizações na interpretação da realidade ambiental, fomentando uma base para a mudança cultural e a absorção da administração estratégica.

O planejamento estratégico é uma metodologia de posicionamento da empresa frente ao seu mercado, assim, dentro de um plano de negócios, é a seção em que estão definidos os caminhos que a empresa irá seguir, o posicionamento atual, os objetivos e as metas do negócio, os valores da empresa, sua visão e missão, devendo servir de alicerce para a implantação de todas as ações da organização. O planejamento estratégico do negócio pode ser dividido conforme mostra a Figura 1.

Um plano estratégico é um esforço para evitar que o negócio seja prejudicado caso ocorra uma mudança nas condições ambientais. Assim,

Tabela 1   Relações entre planejamento estratégico e administração estratégica

Planejamento estratégico	Administração estratégica
Estabelece uma postura em relação ao ambiente	Acresce capacitação estratégica
Lida com fatos, ideias e probabilidades	Acresce aspirações em pessoas com mudanças rápidas na organização
Termina com um plano estratégico	Termina com um novo comportamento
Sistema de planejamento	Sistema de ação
Cartesiano	Comportamental

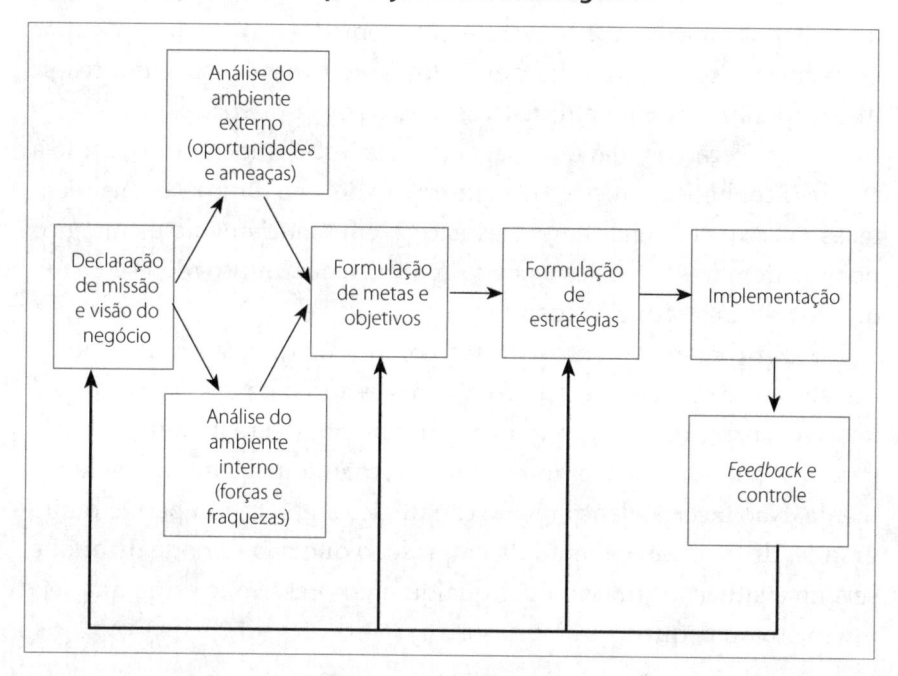

Figura 1 O processo do planejamento estratégico

```
                    ┌─────────────┐
                    │  Análise do │
                    │   ambiente  │
                    │    externo  │
                    │(oportunidades│
                    │  e ameaças) │
                    └─────────────┘
                           │
  ┌───────────┐    ┌─────────────┐   ┌─────────────┐   ┌──────────────┐
  │Declaração │    │ Formulação  │   │ Formulação  │   │              │
  │de missão  │───▶│ de metas e  │──▶│     de      │──▶│Implementação │
  │e visão do │    │  objetivos  │   │ estratégias │   │              │
  │  negócio  │    └─────────────┘   └─────────────┘   └──────────────┘
  └───────────┘           ▲                                   │
                          │                                   ▼
                    ┌─────────────┐                    ┌──────────────┐
                    │  Análise do │                    │              │
                    │   ambiente  │                    │  Feedback e  │
                    │   interno   │                    │   controle   │
                    │  (forças e  │                    │              │
                    │  fraquezas) │                    └──────────────┘
                    └─────────────┘
```

Fonte: Kotler, P. *Administração de marketing – análise, planejamento, implementação e controle*. 5.ed. São Paulo: Atlas, 1998.

trata-se de elaborar uma análise das oportunidades e ameaças vindas tanto de fatores internos à organização, quanto de fatores externos. Por outro lado, devem-se identificar também quais os pontos fortes e os pontos fracos da empresa em relação ao negócio. Esta análise, efetuada de forma sistemática, permite que a empresa tenha um direcionamento do futuro do mercado, elaborando as metas e os objetivos da empresa que atendam às variâncias do mercado.

Um plano estratégico bem elaborado da empresa deve ser composto de: visão, missão, cadeia de valores, competências essenciais, análise das oportunidades e ameaças, análise dos pontos fortes e fracos, definição dos objetivos, definição das metas, formulação das estratégias, implementação das estratégias, controle e retorno das informações.

A grande vantagem de um plano estratégico é a sua pró-atividade, ou seja, por meio do plano estratégico a empresa consegue antecipar problemas e, se não conseguir evitá-los, pelo menos conseguirá reagir mais rapidamente e ter alternativas para as consequências.

Nesta seção do plano de negócios, deve-se demonstrar o quanto a empresa conhece a si mesma e o que espera dela no futuro. Normalmente, as micro e pequenas empresas não fazem planejamento estratégico por julgarem muito teórico e pouco aplicável, porém isso representa um desvio administrativo irreparável.

Fazer o planejamento estratégico, mesmo que não inteiramente correto, deve ser considerado como um desafio para a empresa, pois é possível corrigir os pontos que eventualmente tiverem alguma divergência, à medida que a empresa for se tornando mais íntima da ferramenta. Não fazer o planejamento estratégico significa um perigo muito grande, de desaparecimento da empresa, o que não se pode dizer que seja uma situação almejada por qualquer empresário, mesmo que seja um micro ou pequeno empresário.

Mapeamento do processo de negócio

Antes de dar início ao planejamento estratégico em si, é preciso fazer um exercício para entender como funciona o processo de negócio em que a empresa está inserida ou ainda definir o modelo de negócio.

Entender o processo de negócio pode dar ao empreendimento uma enorme vantagem competitiva, que permitirá à empresa se antecipar aos concorrentes e evitar que estes consigam alcançá-la, por mais que possam tentar.

Por outro lado, a definição do modelo de negócio dá à empresa uma vantagem na luta pelos padrões e, desde a invenção da lâmpada elétrica por Thomas Edson, o mundo dos negócios descobriu que o controle dos padrões é vital para o domínio dos mercados. A luta pelos padrões mostrou seus efeitos com a "corrente contínua *vs.* corrente alternada, no caso da energia elétrica; do Betamax *vs.* VHS, no caso da fabricação de vídeos-cassete; do NTSC *vs.* PAL-M, no caso da televisão a cores, etc. Mais recentemente, as áreas de TI e de telefonia móvel tornaram-se o palco das recentes lutas por padrões, como sistema operacional Windows da Microsoft *vs.* sistema operacional Mac-OS da Apple; Android, da Google *vs.* Windows Phone, da Microsoft; navegador Explorer, da Microsoft *vs.* navegador Google Chrome, da Google, etc.

O modelo de negócio descreve a lógica de criação, produção, entrega e captura de valor por parte de uma empresa, lembrando que um modelo de negócio deve ser expresso por meio dos 11 componentes básicos que cobrem as quatro áreas principais de um negócio: mercado, oferta, infraestrutura e viabilidade financeira.

Além da definição do modelo de negócios, a montagem de um mapa do negócio (Canvas) significa procurar respostas para as seguintes questões:

- quais são os meus clientes potenciais?
- qual o tamanho do mercado?
- o mercado está em crescimento, estável ou estagnado?
- quem são os meus concorrentes?
- quais são os meus diferenciais?
- de quanto dinheiro eu preciso?

Quando não se avalia uma série de questões relacionadas ao negócio, corre-se o risco de formar uma visão equivocada das coisas, ou melhor, se as respostas para as questões já enumeradas não forem encontradas, a oportunidade de negócio simplesmente não existe.

A busca por respostas na velocidade que o mercado exige leva a empresa, necessariamente, até a formulação de um mapa do negócio (Canvas), onde é possível analisar separadamente os 11 componentes básicos e a interação entre eles. São classificados como componentes básicos:

1. Segmentos de clientes: os clientes são o foco central de qualquer empresa. Para encantá-los, a empresa precisa classificá-los em grupos distintos formados por clientes que tenham interesses, necessidades, comportamentos e outros atributos comuns.

2. Proposta de valor: descreve o que a empresa oferece para seus clientes, configurado como um pacote de produtos e serviços, que levam um segmento específico de clientes a atribuir valor à oferta.
3. Canais: este componente descreve como uma empresa faz para que seus segmentos de clientes saibam da existência da proposta de valor, como ela se comunica com seus clientes e como faz para que a proposta de valor seja entregue aos seus segmentos de clientes.
4. Relacionamento com os clientes: os clientes se dividem em dois grandes grupos clientes corporativos (empresas e organizações) e consumidores (pessoas físicas). Ambos compram por necessidade e, neste caso, procuram a melhor relação custo/benefício. Contudo, os consumidores compram também pelo desejo de posse e, neste caso, a compra é realizada por impulso. Assim, é preciso que a empresa saiba qual é a melhor forma de trocar informações com os clientes identificando a maneira mais eficiente para cada caso específico. Existem várias alternativas de comunicação com o cliente:
    - assistência pessoal: baseado no contato pessoal. O cliente se comunica com um representante de vendas para obter orientação durante o processo de compra. O processo de comunicação é feito via palavra, gestos e, no jargão popular, "olho no olho";
    - assistência dedicada: a empresa determina e capacita um representante específico para um cliente específico. Neste caso, a relação é mais profunda e íntima e desenvolve-se por um longo período, chegando mesmo ao nível de cumplicidade;
    - *self-service*: não existe nenhum relacionamento direto com o cliente. A ideia é expor os produtos e deixar o cliente fazer suas escolhas. É necessário que sejam fornecidos todos os meios para que os clientes se sirvam;
    - serviços automatizados: é a aplicação de alta tecnologia na relação com o cliente, caracterizando um tipo mais

sofisticado de autoatendimento com processos automatizados. O cliente tem a impressão de ter um atendimento personalizado, mas isso não passa da simulação de uma relação pessoal;
- comunidades: é o uso das redes sociais e da internet para a formação e a manutenção de grupos de clientes "on-line", onde as pessoas trocam conhecimentos e ajudam a empresa a compreender melhor o comportamento dos clientes para servi-los melhor;
- cocriação: neste caso, o cliente participa diretamente da criação de valor para o produto que ele próprio irá consumir. O desenvolvimento da proposta de valor é realizado a quatro mãos, em uma relação entre cliente-vendedor que vai além dos conceitos tradicionais.

5. Fontes de receita: normalmente se ouvem expressões do tipo "o cliente é o rei" ou "o cliente é o coração do negócio". Se isso for verdadeiro, as fontes de receitas são os súditos do rei ou a rede de artérias que abastecem o coração. São exemplos de fontes de receitas:
 - venda de recursos: é a receita proveniente das transações comerciais, sendo o resultado da venda de produtos e serviços;
 - taxa de uso: é a receita gerada pelo uso de um determinado produto ou serviço, por exemplo, os contratos de arrendamento de máquinas de impressão de documentos. Quanto mais documentos forem impressos, mais o cliente paga;
 - taxa de assinatura: é a receita gerada pela venda do acesso contínuo a um serviço, por exemplo, os canais de TV por assinatura;
 - empréstimos/aluguéis/*leasing*: é a receita gerada pelo direito temporário de acesso a um recurso em particular, por um período fixo, em troca de um valor fixo. Para quem aluga, isso traz a vantagem de rendas recorrentes;
 - licenciamento: é a receita gerada pela permissão dada aos clientes para utilizar propriedade intelectual protegida

por patentes, em troca de valores fixos ou variáveis conforme o uso;
- taxa de corretagem: é a receita gerada pela intermediação em atividades comerciais executadas entre terceiros;
- anúncios: é a receita gerada pela divulgação ou anúncio de determinado produto, serviço ou marca.

6. Relações com a sociedade: é a forma como a empresa se posiciona junto à sociedade como um todo, demonstrando respeito e apoio às questões ambientais, éticas, culturais, governamentais, sociais, etc.
7. Recursos principais: é tudo aquilo que permite que uma empresa desenvolva e comercialize sua proposta de valor, obtenha receita oriunda dos clientes como resultado da operação.
8. Atividades-chave: são as ações mais importantes que uma empresa deve executar para operar com sucesso. As atividades-chave se diferenciam dependendo do tipo de modelo de negócio.
9. Parcerias principais: as empresas formam parcerias ou alianças para otimizar seus modelos, desenvolver novos produtos, reduzir riscos ou adquirir recursos. Essa forma de operação vem se tornando uma peça fundamental em muitos modelos de negócios.
10. Estrutura de custos: o desenvolvimento e a oferta de uma proposta de valor, bem como a manutenção do relacionamento com o cliente e a própria geração de receita, são atividades que geram despesas e custos. Não é possível produzir um determinado produto sem adquirir matéria-prima e insumos, sem contratar mão de obra para realizar o trabalho de transformação e sem recolher impostos. Deve-se ter cuidado porque alguns modelos de negócios possuem custos mais elevados que outros.
11. Concorrentes: é a forma como a empresa monitora seus concorrentes diretos e indiretos, observando seus passos e suas reações diante das oscilações do mercado, além de sua postura quanto aos anseios da sociedade e seus investimentos em pesquisa e desenvolvimento de produtos.

Com os 11 componentes identificados, resta entender como é o inter-relacionamento entre eles e, desta forma, torna-se imperioso montar o "Canvas" – mapa do negócio que permita uma análise mais detalhada. É aconselhável não utilizar versões digitais do "Canvas", e sim fazer um painel para gestão à vista, em que os 11 componentes estarão representados.

À medida que as ideias forem surgindo, são anotadas em *post-it* e fixadas no respectivo box, que representa um componente específico identificado com a ideia apresentada. É importante, mas não obrigatório, que o preenchimento do "Canvas" seja realizado em equipe, como se fosse uma sessão de *brainstorming*. Isso torna o resultado robusto e mais rico. A Figura 2 apresenta um "Canvas" com seus componentes pronto para ser preenchido com os devidos *post-its*.

O "Canvas" é dividido em três partes distintas, apresentando, ao centro, a proposta de valor com os demais componentes levitando no seu entorno, demonstrando que a proposta de valor é o coração do modelo de negócio. A segunda parte é formada pelos componentes à esquerda, representando as atividades em que a empresa necessita ser eficiente para ser competitiva. Por fim, a terceira parte é formada pelos componentes à direita, representando as atividades da empresa que, se bem desempenhadas, se transformam em valor.

A empresa precisa ser eficiente nos contratos com as suas parcerias principais, na gestão da sua estrutura de custos, na realização das suas atividades-chave, no monitoramento de seus concorrentes e na gestão dos seus recursos principais. Por outro lado, a empresa precisa estabe-

Figura 2 Mapa do negócio (Canvas)

Parcerias principais	Atividades-chave	Proposta de valor	Relacionamento com clientes	Segmento de clientes
	Recursos principais		Canais de distribuição	
Concorrentes	Estrutura de custos		Fontes de receitas	Relação com a sociedade

lecer redes de relacionamentos com seus clientes para obter deles opiniões e sugestões sobre como melhorar seus produtos e serviços, precisa desenvolver canais de distribuição eficazes para que sua proposta de valor chegue aos seus clientes no tempo, na qualidade e nas quantidades solicitadas, precisa segmentar seus clientes de forma a melhor atender suas expectativas e anseios, deve estar integrada à sociedade de modo que esta reconheça as suas ações e precisa gerenciar suas receitas de tal forma a conseguir sustentabilidade financeira a longo prazo.

O "Canvas" torna claras as interações entre os 11 componentes e aponta os caminhos para que a empresa faça da eficiência uma geradora de valor. Essa é a verdadeira razão para se fazer um mapa do modelo de negócio.

A empresa HP – Hewllett Packard desenvolveu seu modelo de negócio, conhecido como "Isca & Anzol", cuja essência é comercializar a impressora por preços bastante acessíveis e fidelizar o cliente com uma qualidade incontestável, porém prendendo o cliente na aquisição dos cartuchos de tinta de impressão, comercializados com alta margem de lucro. A Figura 3 apresenta o "Canvas" da HP e seu modelo estratégico "Isca & Anzol".

Figura 3   Exemplo de mapa do negócio (Canvas) da HP

Parcerias principais	Atividades-chave	Proposta de valor	Relacionamento com clientes	Segmento de clientes
Manufatureiras	Fabricação de cápsulas / P & D	Confiabilidade	Call-center	Empresas
	Recursos principais	Qualidade em impressão	Canais de distribuição	Consumidores
	Engenheiros / Marca		Canais de distribuição / Lojas de varejo	
Concorrentes	Estrutura de custos	Fontes de receitas		Relação com a sociedade
Epson / Canon / Xerox	Fabricação / Publicidade / Logística	Venda de impressoras (baixa margem) / Venda de cartuchos (alta margem)		Patrocínio Eventos culturais / Atendimento da legislação

Eficiência → ... ← Valor

Uma vez que o "Canvas" esteja concluído, a empresa terá subsídios para embasar o planejamento estratégico e direcionar a implementação de ações para a geração de valor. Desenvolver o "Canvas" é uma atividade imprescindível para uma empresa, porém não é necessário introduzi-lo em um plano de negócios. O "Canvas" tem como função principal servir de guia para a elaboração do plano de negócios, afinal, com este mapa, uma empresa poderá descobrir novas formas de fazer negócios com um produto existente ou então entender que um novo produto somente fará sucesso se for introduzido em um novo modelo de negócio.

Declaração de visão

O início de um planejamento estratégico está ligado à elaboração da declaração de visão da empresa, que são as intenções e a direção que a empresa pretende seguir. A visão projeta uma ideia de como a empresa será dentro de 10 ou 20 anos.

A declaração de visão de uma empresa deve refletir as aspirações e as crenças da organização. Se for estabelecida uma comparação hipotética, é claro entre uma pessoa e uma empresa, a declaração de visão da empresa corresponderia aos traços éticos de personalidade e caráter da pessoa.

A declaração de visão espelha a relação organização/sociedade e, para que ela cumpra seu papel, é fundamental que seja elaborada e promovida pela alta gerência da empresa, porém, se a elaboração contar com a participação de todos os níveis da empresa, terá garantido maior credibilidade à declaração.

A declaração de visão não estabelece ou expressa fins quantitativos, mas provê motivação, orientação, imagem e filosofia, que guiam a empresa. Além disso, aponta um caminho para o futuro, faz a empresa querer chegar lá e deve representar as maiores esperanças e sonhos da empresa.

Exemplo de declaração de visão: "*Nosso negócio é preservar e melhorar a vida humana. Todas as nossas ações devem ser avaliadas com base em nosso sucesso em lograr esse objetivo.*" (Merck, Inc)

Uma forma bastante simples de se exercitar a criação da visão da empresa, mesmo que seja uma micro ou pequena empresa, é apresentada no Quadro 1. Após a elaboração do exercício, a releitura do texto levará à identificação de frases, dentro do texto, que irão compor a visão da empresa.

Quadro 1   Modelo de técnica para a elaboração da visão

Visualizando o futuro: o que queremos criar?

Estamos vivendo o ano de 2017. A sua empresa está consolidada e é reconhecida como um "*Case* de Sucesso" no meio empresarial, e é uma referência para o mercado. Você, como presidente da empresa, foi convidado a escrever um artigo de 15 linhas sobre o sucesso da empresa para uma revista econômica de grande circulação, com o objetivo de compartilhar com os leitores o surpreendente processo de evolução em relação ao início dos trabalhos há 10 anos. Libere sua imaginação, não fique preso às restrições atuais. Preocupe-se mais com o "o quê" se construiu do que com "como" foi construído. Procure ser radical. Busque um "salto quantitativo", e não uma evolução linear. Procure destacar os benefícios que sua empresa gerou para a sociedade, e não os benefícios que ela gerou para si própria ou para seus acionistas.

Título do artigo: _____

Texto: _____

Declaração de missão

Na sequência, é importante elaborar a missão da empresa, ou seja, declarar a razão de ser da empresa, o seu propósito e o que ela faz. A declaração de missão deve captar o propósito da empresa e traçar um quadro atraente dela. A declaração de missão diz respeito ao relacionamento da empresa com seus clientes, fornecedores e colaboradores. Se o enunciado da visão apresenta uma imagem do que se aspira ser no futuro, o enunciado da missão indica como a empresa fará negócios para realizar a visão.

A declaração de missão deve destacar as atividades da empresa, incluindo os mercados que ela serve, as áreas geográficas em que atua e os produtos e serviços que oferece. Deve, ainda, enfatizar as atividades que a empresa desempenha e que a diferenciam de todas as outras empresas do mercado, deve incluir as principais conquistas que prevê para os próximos anos e transmitir o que a empresa quer dizer de forma clara, concisa e interessante.

Deve-se tomar cuidado especial para não se obter uma missão genérica demais. Se a missão tentar ser muitas coisas ao mesmo tempo, ela fatalmente não abrangerá nada especificamente e perderá seu poder de aglutinação da organização em torno de seu propósito maior.

Exemplo de declaração de missão: "*Oferecer qualquer serviço financeiro em qualquer país, onde for possível fazê-lo de forma legal e rentável.*" (Citibank).

A principal função da missão é manter todos os integrantes da empresa unidos em torno de um único ideal, atuando como força motivadora e propósito final de todas as pessoas que trabalham para o êxito da organização. A missão deve refletir os maiores propósitos da empresa e será utilizada como princípio norteador na definição das estratégias de negócio a serem adotadas.

O Quadro 2 representa um modelo para a criação da missão organizacional, adaptado de um exercício para a formulação do propósito de vida pessoal, elaborado por Tom Peters.

É evidente que a frase precisará ser trabalhada em termos de concordância, e é claro também que, em alguns casos, ela não representará

Quadro 2 Modelo para a criação da visão organizacional

Exercício para formulação de propósito

1º estágio

1. Fazer uma lista de talentos, habilidades, qualidades ou características que diferenciam a empresa da concorrência. Listar pelo menos 10 itens, escrevendo rapidamente e sem racionalizar em demasia. Se a empresa ainda não existe e está na parte inicial do planejamento, o empreendedor deve fazer este exercício supondo a existência da empresa.
2. Em seguida, assinalar ou sublinhar de 3 a 5 dentre esses itens, ou seja, aqueles que são mais importantes ou significativos para a empresa no momento.
3. Finalmente, escolher e circular o mais importante de todos.

2º estágio

1. Fazer uma lista das diferentes coisas que a empresa faz que acrescentam valor notável, mensurável e distinto, ou seja, quais as coisas que a empresa mais gosta de fazer ou talvez o que a empresa gostaria de estar fazendo. Listar pelo menos 10 itens, repetindo as mesmas orientações já descritas no item 1 do primeiro estágio.
2. Em seguida, escolher e assinalar os 3 itens que mais se destacam, ou os mais significativos, ou, ainda, aqueles que são mais valorizados.
3. Escolher e circular o mais importante de todos.

3º estágio

1. Observar a lista a seguir e escolher 10 itens que representam os valores essenciais ou as atitudes que se esperaria que fizessem parte de um mundo que a empresa estaria ajudando a criar e onde idealmente a empresa estaria inserida.

Afeto	Estabilidade	Privacidade	Ajuda à sociedade	Promoção
Ajuda as pessoas	Honestidade	Pureza	Amizade	Estética
Qualidade	Amor	Ética	Relacionamentos	Artes
Excelência	Realização	Assertividade	Excitação	Reconhecimento
Austeridade	*Expertise*	Autenticidade	Fama	Religião
Autorrespeito	Família	Reputação	Aventura	Ganhos financeiros
Respeito	Carinho	Harmonia	Responsabilidade	Competência
Honestidade	Riqueza	Competição	Independência	Segurança

(continua)

Quadro 2 Modelo para a criação da visão organizacional *(continuação)*

Comunidade	Influência	Conhecimento	Integridade	Serenidade
Consciência ecológica	Lealdade	Sofisticação	Cooperação	Liberdade
Status	Crescimento	Liderança	Criatividade	Democracia
Mérito	Desafios	Mudanças	Natureza	Trabalho em equipe
Eficácia	Poder	Variedade	Eficiência	Posição de mercado
Verdade	Prazer	Envolvimento	Ordem	Desenvolvimento

2. Em seguida, assinalar ou sublinhar de 3 a 5 destes itens, ou seja, aqueles considerados mais importantes e significativos para a empresa.
3. Escolher e circular o mais importante de todos.

Escrever uma frase preenchendo as lacunas abaixo:

A NOSSA MISSÃO É EXPRESSAR (OU APLICAR) *(preencher com a palavra escolhida no estágio 1)* POR MEIO DE *(preencher com 1 ou 2 itens escolhidos no estágio 2)* PARA MANIFESTAR (OU CRIAR) *(preencher com 1 ou 2 itens escolhidos no estágio 3)*.

a totalidade real dos propósitos da organização, mas é preferível ter alguma coisa para começar e realizar ajustes à medida que a consciência organizacional for amadurecendo, pois, segundo o filósofo Sêneca: "Para um navio que não sabe para que porto vai, qualquer vento lhe será favorável". Essa situação indica uma posição de perigo para a empresa, pois notadamente ela estará sem rumo e sem nenhum posicionamento estratégico e, pior, sem nenhuma base para a tomada de decisão.

Uma das funções da missão, como já descrito anteriormente, é o estabelecimento de princípios norteadores que serão utilizados como balizadores das escolhas estratégicas. No entanto, alguns desses princípios jamais aparecem explícitos em nenhuma missão. A Tabela 2 apresenta alguns tipos de princípios norteadores que dificilmente aparecem explícitos nas declarações de missão. A Tabela 2 apresenta, ainda, uma sugestão para a classificação da oportunidade frente ao princípio norteador e a devida pontuação referente à classificação.

Os princípios norteadores dizem respeito às questões que indicam se um negócio é atrativo ou não economicamente, para um determinado empreendedor. Às vezes, a oportunidade de negócio pode trazer um rápido retorno do investimento, porém o empreendedor desconhece o ramo de atuação e, dessa forma, suas probabilidades de sucesso serão reduzidas; outras vezes, a lucratividade do negócio é alta, porém o capital exigido para investimentos iniciais fica além das possibilidades do empreendedor, e assim por diante.

Nesse caso, os princípios norteadores servem como referência para a análise das novas oportunidades de negócios, respondendo a algumas perguntas que vêm à mente do empreendedor quando este se defronta com uma oportunidade, como: qual será a lucratividade deste ramo de negócio? Será que disponho de capital suficiente para enfrentar este desafio? De quais conhecimentos gerenciais ou técnicos necessito para levar adiante este empreendimento? Será que terei que desenvolver novos clientes ou poderei agregar esta oportunidade ao meu negócio já existente? Entre outras.

Tabela 2   Exemplo de tabela de pontuação para princípios norteadores

Princípio norteador	Característica	Pontos
1. Retorno do investimento (o tempo de retorno do investimento é um fator de atratividade muito forte, ou seja, oportunidades que apresentarem menor tempo para retorno do investimento serão mais atraentes)	Rápido (menos que 3 anos) Normal (de 3 a 5 anos) Lento (de 5 a 8 anos) Desprezível (maior que 8 anos)	3 2 1 0
2. Lucratividade (um negócio será mais atrativo à medida que consiga gerar maiores lucros)	Alta (mais que 40% a.a.) Atraente (de 20 a 40% a.a.) Normal (de 10 a 20% a.a.) Baixa (menor que 10% a.a.)	3 2 1 0
3. Capital inicial (um negócio será mais atrativo à medida que demande maior volume de recursos financeiros para investimentos)	Excelente (100% dos sócios) Bom (de 80 a 100%) Médio (de 50 a 80%) Ruim (menor que 50%)	3 2 1 0

(continua)

Tabela 2   Exemplo de tabela de pontuação para princípios norteadores *(continuação)*

Princípio norteador	Característica	Pontos
4. Conhecimentos gerenciais (um negócio será mais atrativo à medida que a empresa domine as técnicas específicas de gerenciamento. Para empresas nascentes, considera-se a experiência do empreendedor)	Grande Médio Pouco Nenhum	3 2 1 0
5. Dependência de terceiros (um negócio será mais atrativo à medida que sua dependência de terceiros – fornecedores, bancos, empregados, governos, etc. – seja minimizada)	Nenhuma Pequena Média Grande	3 2 1 0
6. Conhecimento técnico (um negócio será mais atrativo à medida que a empresa domine tecnicamente o produto ou serviço. Para as empresas nascentes, considera-se a experiência do empreendedor)	Grande Médio Pouco Nulo	3 2 1 0
7. Relação com os atuais clientes – indústria, governo, comércio, atacadista, comércio varejista ou público em geral (um negócio será mais atrativo à medida que não tenha que alterar a clientela costumeira)	Grande Média Pequena Nenhuma	3 2 1 0
8. Relação com a cadeia de valores (um negócio será mais atrativo quanto maior for a relação com a cadeia de valores existente. Para novas empresas, considerar a cadeia de valores projetada)	Grande Média Pequena Nenhuma	3 2 1 0
9. Relação com as competências essenciais (um negócio será mais atrativo à medida que a empresa não precise desenvolver ou adquirir novas competências essenciais. Para empresas nascentes, considerar as competências essenciais esperadas)	Grande Média Pequena Nenhuma	3 2 1 0
10. Dependência tecnológica (um negócio será mais atrativo à medida que utilize novas tecnologias e conhecimentos de forma intensiva)	Grande Média Pequena Nenhuma	3 2 1 0

Cadeia de valores

Uma empresa terá ou não sucesso em função do valor que os seus clientes atribuírem aos seus produtos. Valor é o que os clientes estão dispostos a desembolsar em termos monetários para adquirir determinado produto, e valor superior é ofertar produtos com o mesmo benefício para o cliente, a preços mais baixos que a concorrência ou o fornecimento de produtos com benefícios singulares de tal forma que possam compensar um preço mais alto.

Para obter a "vantagem competitiva", ou seja, estar à frente dos concorrentes, uma empresa precisa escolher um dos seguintes caminhos: ou a empresa busca a liderança em custos, oferecendo preços mais baixos que os da concorrência por benefícios equivalentes, ou a empresa oferece produtos diferenciados de tal forma que os clientes aceitam pagar mais caro por benefícios singulares.

Não é possível compreender a vantagem competitiva por meio da observação da empresa como um todo. A vantagem competitiva origina-se a partir do processo de operação da empresa. Um processo é uma sequência de atividades organizadas e medidas cujo objetivo é obter um produto para um determinado público-alvo.

Administrar uma empresa pelo ponto de vista do processo significa adotar um alinhamento com o cliente considerando seu mesmo ponto de vista. É pelos processos que uma organização produz valor para seus clientes.

Enquanto a estrutura hierárquica é, tipicamente, uma visão fragmentada e estanque das responsabilidades e das relações de operação, a estrutura de processos é uma visão dinâmica da forma pela qual uma organização produz valor. Assim, identificar a cadeia de valores da empresa passa a ser fundamental em uma visão de processo.

Segundo Michael E. Porter, qualquer organização desenvolve 8 atividades primárias básicas:

1. Logística interna: compreende todas as atividades associadas à disponibilização dos materiais para a empresa, englobando o relacionamento da empresa com seus fornecedores, excetuan-

do-se as operações comerciais (compras). Assim, recebimento, estocagem, manuseio interno, controle de estoques, programação de retiradas, devolução de materiais não conformes, distribuição interna dos materiais e armazenamento fazem parte desta atividade primária.

2. Operações: compreende as atividades associadas à transformação dos insumos em produtos, como fabricação, montagem, manutenção, testes em processo, embalagem, impressão, etc.
3. Logística externa: são as atividades associadas ao relacionamento direto da empresa com seus clientes, excetuando-se as ações comerciais (vendas). Assim, coleta, armazenamento de produto acabado, distribuição física dos produtos, entrega, manuseio dos produtos na expedição, programação de entregas e processamento de pedidos fazem parte desta atividade primária.
4. Marketing e vendas: é o conjunto de atividades associadas ao despertar no cliente a necessidade de ter o produto, e identificar um meio pelo qual esse cliente possa adquirir o produto. Propaganda, promoção, força de vendas, orçamento (cotação), seleção de canais de vendas, relações com os canais de vendas e fixação de preços são parte dessa atividade.
5. Serviço: refere-se à função de compra dos insumos empregados na empresa, e não aos próprios insumos diretamente. Estão classificadas dentro deste item as atividades de qualificação de novos fornecedores, aquisição de grupos diferentes de insumos e supervisão contínua dos fornecedores.
6. Desenvolvimento de tecnologia: pode apoiar qualquer das numerosas tecnologias dentro da atividade de valor, que podem incluir desde o projeto de componentes, projeto de características, testes de campo, engenharia de processo e seleção de tecnologia, passando pela tecnologia de telecomunicações e automação do escritório, chegando até a pesquisa básica, projeto do produto, pesquisa de meios de comunicação, projeto de equipamentos de processo e procedimentos de atendimento.
7. Gerência de recursos humanos: consiste nas atividades baseadas na relação da empresa com seus empregados, incluindo

recrutamento, contratação, treinamento, desenvolvimento profissional, planos de carreira, cargos e salários benefícios, etc.

8. Infraestrutura da empresa: dentro desse tipo de atividade de apoio, estão incluídas as chamadas "despesas indiretas"; porém, se bem utilizada, pode ser transformada em uma fonte de vantagem competitiva. Estão incluídas nesse item a gerência geral, planejamento, finanças, contabilidade, jurídico, gerência da qualidade, etc.

Para definir a cadeia de valor que uma organização deve adotar, a premissa básica a ser seguida é isolar e separar as atividades se:

a. tiverem economias diferentes;
b. tiverem um alto impacto em potencial de diferenciação;
c. representarem uma proporção significativa ou crescente no custo.

Se, na definição da cadeia de valores, ficar patente a existência de diferenças importantes para a vantagem competitiva entre duas atividades, elas deverão ser separadas ou desagregadas, ao passo que outras atividades que não apresentarem diferenças significativas para a vantagem competitiva, ou que forem geridas por economias parecidas, deverão ser agregadas. A Figura 4 apresenta uma subdivisão esquemática de uma cadeia de valores genérica.

Entretanto, essa forma tradicional de dividir as atividades da empresa em primárias e de apoio e formar a cadeia de valores a partir dessa divisão encontra oposição. Os sistemas tradicionais de medição focalizam os processos de entrega de produtos e serviços atuais aos clientes atuais. Tentam controlar e melhorar as operações existentes que representam a onda curta da criação de valores. Essa onda curta da criação de valor começa com o recebimento do pedido de um cliente existente, relativo a um produto existente, e termina com a entrega do produto ao cliente.

O processo de inovação, o principal apoio da criação de valor, é para a grande maioria das empresas uma medida de desempenho fi-

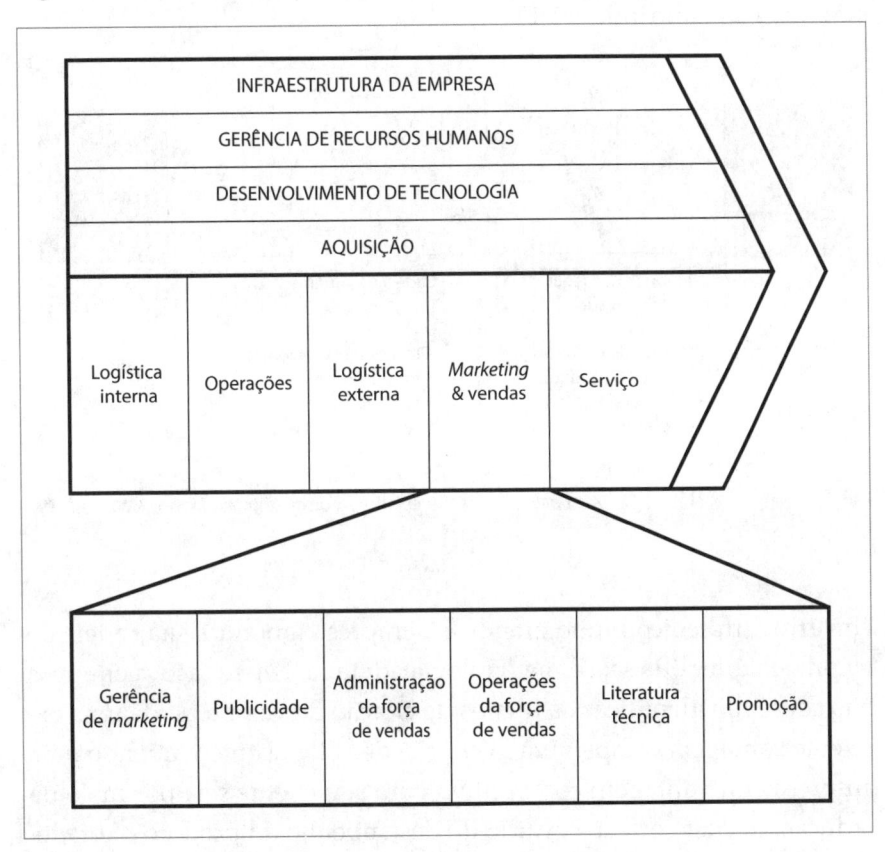

Figura 4 Subdivisão de uma cadeia de valores genérica

INFRAESTRUTURA DA EMPRESA					
GERÊNCIA DE RECURSOS HUMANOS					
DESENVOLVIMENTO DE TECNOLOGIA					
AQUISIÇÃO					
Logística interna	Operações	Logística externa	*Marketing* & vendas	Serviço	

Gerência de *marketing*	Publicidade	Administração da força de vendas	Operações da força de vendas	Literatura técnica	Promoção

Fonte: Porter, M. E. *Vantagem competitiva*. Rio de Janeiro: Campus, 1990.

nanceiro mais poderosa do que o ciclo operacional de curto prazo. A Figura 5 apresenta um modelo de cadeia de valor apoiada nos princípios explicitados no conceito anterior.

A opção entre as duas metodologias apresentadas será uma questão de observação do mercado, ou seja, se a empresa estiver atuando em um mercado altamente competitivo e em constante mudança, será mais interessante elaborar uma cadeia de valor em que a inovação tenha lugar de destaque, ao passo que, se a empresa estiver atuando em um mercado estável, com ciclo de vida dos produtos mais longos, poderá elaborar uma cadeia de valor mais tradicional.

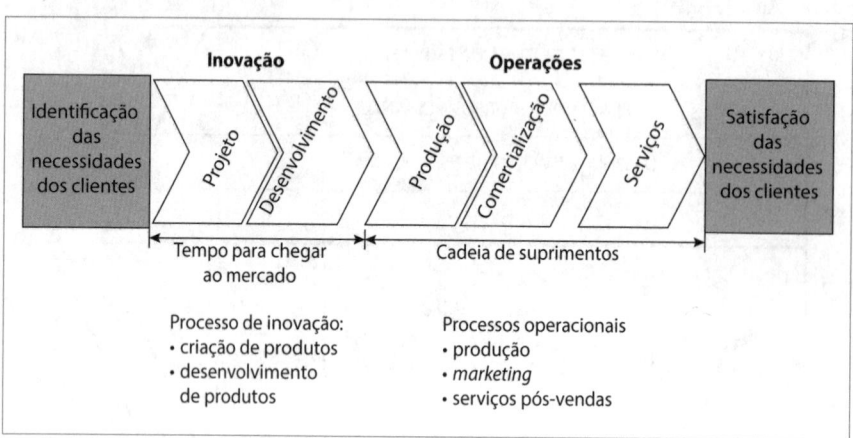

Figura 5 Perspectiva da cadeia de valores dos processos internos para empresas do ramo industrial

```
                Inovação                        Operações
┌─────────────┐ ┌──────┬──────────────┐ ┌──────────┬──────────────┐ ┌─────────┐ ┌─────────────┐
│Identificação│ │      │              │ │          │              │ │         │ │ Satisfação  │
│     das     │ │Projeto│Desenvolvimento│ │Produção │Comercialização│ │Serviços│ │    das      │
│necessidades │ │      │              │ │          │              │ │         │ │necessidades │
│dos clientes │ │      │              │ │          │              │ │         │ │dos clientes │
└─────────────┘ └──────┴──────────────┘ └──────────┴──────────────┘ └─────────┘ └─────────────┘
                 ←Tempo para chegar→     ←──Cadeia de suprimentos──→
                     ao mercado

                Processo de inovação:          Processos operacionais
                • criação de produtos          • produção
                • desenvolvimento              • marketing
                  de produtos                  • serviços pós-vendas
```

Fonte: Kaplan, R. S. & Norton, D. P. *A estratégia em ação – balanced scorecard*. Rio de Janeiro: Campus, 1997.

Um erro estratégico muito grande é a empresa ignorar a sua cadeia de valor, qualquer que seja a metodologia adotada. Nesse caso, a empresa não consegue identificar os pontos de criação de valor e perde uma excelente vantagem competitiva. A criação de valor acontece quando uma empresa cria vantagem competitiva para seu cliente seja por meio da redução do custo ou da elevação do desempenho do produto ofertado.

Entender a cadeia de valor da empresa significa identificar os pontos em que a empresa cria valor para seus clientes, ou seja, identificar quais os pontos do processo que os clientes fazem questão de pagar mais para ter o benefício. Assim, uma empresa que conhece sua cadeia de valores obtém a decantada "vantagem competitiva", pois certamente estará muito mais preparada que os concorrentes para oferecer ao cliente o benefício que ele realmente está disposto a pagar.

A criação de valores de uma empresa é um processo complexo de análise, do qual as micro e as pequenas empresas acabam mantendo-se distantes. No entanto, pode-se escolher um dos modelos apresentados nas Figuras 6, 7 e 8, classificados por ramo de atividade da empresa, e, a partir de então, processar uma adaptação no modelo quanto às reais necessidades da empresa.

Figura 6 Exemplos de cadeia de valores para empresas de serviços

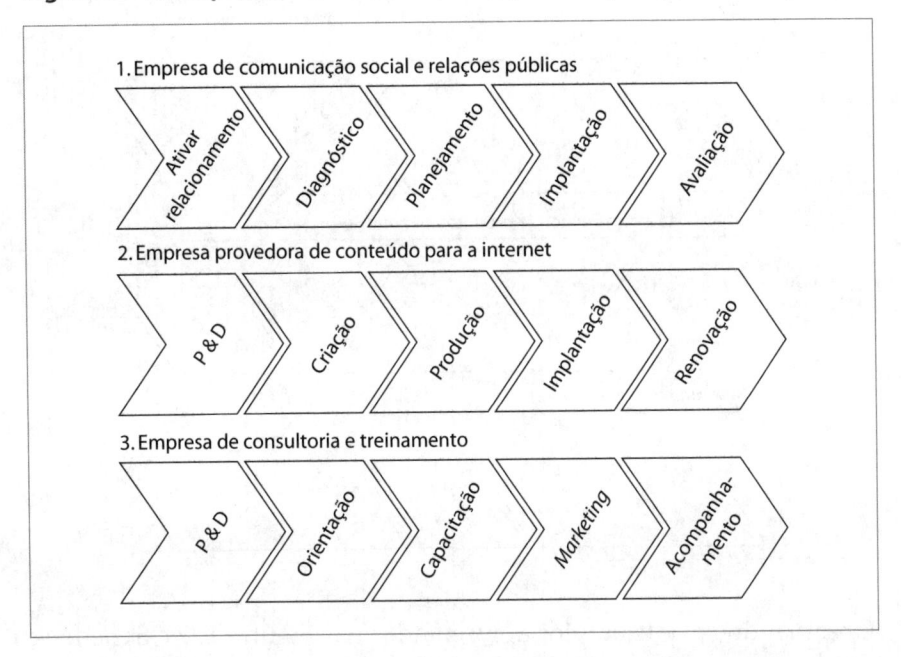

1. Empresa de comunicação social e relações públicas

Ativar relacionamento → Diagnóstico → Planejamento → Implantação → Avaliação

2. Empresa provedora de conteúdo para a internet

P & D → Criação → Produção → Implantação → Renovação

3. Empresa de consultoria e treinamento

P & D → Orientação → Capacitação → Marketing → Acompanhamento

Figura 7 Exemplos de cadeia de valores para empresas industriais

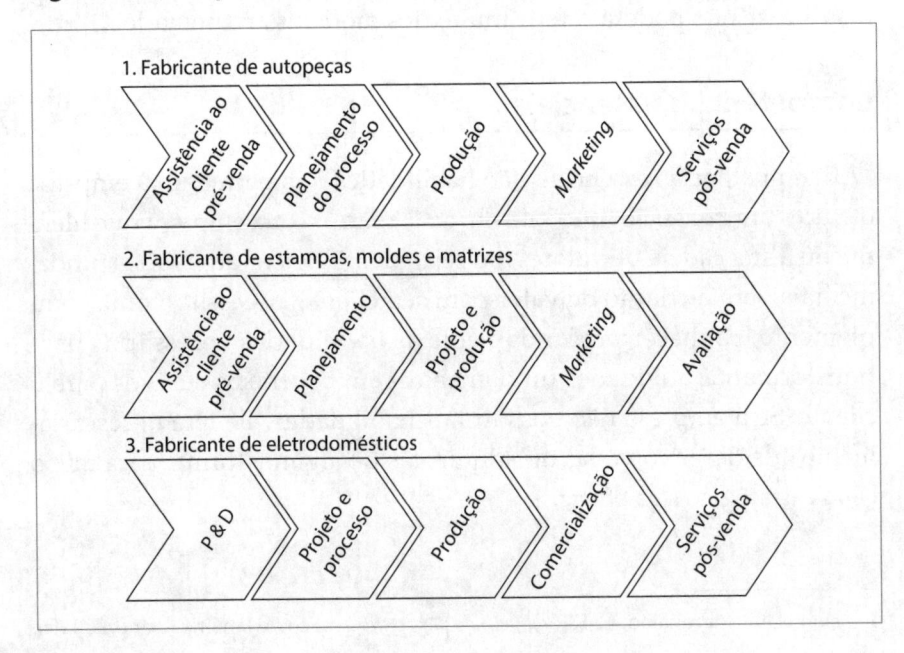

1. Fabricante de autopeças

Assistência ao cliente pré-venda → Planejamento do processo → Produção → Marketing → Serviços pós-venda

2. Fabricante de estampas, moldes e matrizes

Assistência ao cliente pré-venda → Planejamento → Projeto e produção → Marketing → Avaliação

3. Fabricante de eletrodomésticos

P & D → Projeto e processo → Produção → Comercialização → Serviços pós-venda

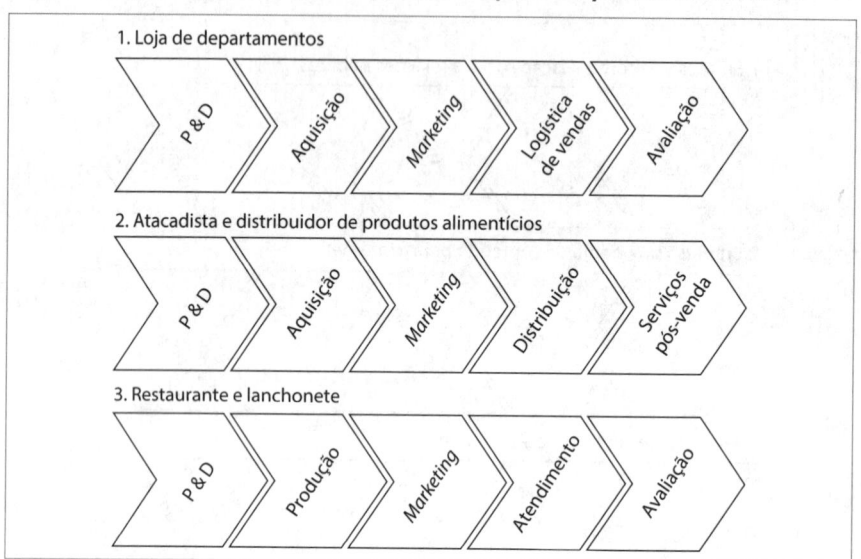

Figura 8   Exemplos de cadeia de valores para empresas comerciais

1. Loja de departamentos

P & D > Aquisição > Marketing > Logística de vendas > Avaliação

2. Atacadista e distribuidor de produtos alimentícios

P & D > Aquisição > Marketing > Distribuição > Serviços pós-venda

3. Restaurante e lanchonete

P & D > Produção > Marketing > Atendimento > Avaliação

Observando-se os exemplos apresentados nas Figuras 6, 7 e 8, pode-se escolher uma cadeia de valores para uma empresa nascente de qualquer ramo de atividade. É evidente que algumas adaptações serão necessárias, mas a base não poderá diferir muito dos modelos apresentados.

Competências essenciais

"As competências essenciais são habilidades que permitem à empresa oferecer um benefício fundamental ao cliente".[1] Uma empresa que identificou a sua cadeia de valores, ou seja, identificou as atividades fundamentais para a criação de valor para seu cliente, necessita, como complemento, conhecer profundamente as habilidades necessárias para transformar as atividades fundamentais em benefícios efetivos para o cliente. Se a empresa não possuir tais habilidades, ela terá necessariamente que desenvolvê-las ou adquiri-las de alguma forma, para que o ciclo estratégico seja eficaz.

---

1   Hamel, G. & Prahalad, C. K. *Competindo para o futuro*. Rio de Janeiro: Campus, 1995.

Por outro lado, muitas vezes, o que impede a empresa de imaginar o futuro, ou seja, de criar uma visão coerente e desafiadora, pois o sentido de desafio é a alavanca que move a empresa em direção ao futuro, não é a falta de imaginação, mas, sim, o fato de que os executivos tendem a ver o futuro através das lentes dos mercados atuais.

Deve-se tomar um especial cuidado para não confundir as competências essenciais com as capacidades. As capacidades são, em alguns casos, pré-requisitos de um negócio. Ser uma empresa certificada ISO 9000 é condição necessária para tornar-se um fornecedor de produtos para exportação. Essa é uma capacidade crucial para a sobrevivência, mas, ao contrário da competência essencial, não confere à empresa certificada qualquer vantagem específica diferencial em relação aos concorrentes do mesmo setor.

As competências essenciais são habilidades, mas existem habilidades que não são consideradas competências essenciais, por não estarem situadas no coração do processo de criação e implementação de novas oportunidades de negócios. A Tabela 3 apresenta os três parâmetros em que uma habilidade precisa se enquadrar para identificar uma competência essencial.

Normalmente, as grandes empresas adotam o *benchmarking* comparando as suas competências essenciais com as de outras empresas. Nesse caso, deve-se tomar um especial cuidado para não ficar preso, durante a análise, aos concorrentes tradicionais, pois outras empresas podem estar vislumbrando oportunidades de negócios na sua área de forma bastante diferente. Para a micro e a pequena empresa, pode-se utilizar um questionário pré-formatado com bastante sucesso, pois, como no caso da elaboração da missão e da visão, se a empresa não puder reunir uma equipe para o *brainstorm*, ela não poderá ficar sem definir suas competências essenciais.

Uma competência essencial é uma habilidade que a empresa possui ou deve possuir de transformar as atividades fundamentais identificadas na cadeia de valores em benefícios para o cliente. Uma empresa pode identificar sua cadeia de valores, mas, se ela não conseguir traduzir isso em benefícios para o cliente, ela não conseguirá nenhuma vantagem competitiva.

Para a maioria das empresas, não é uma tarefa simples identificar suas competências essenciais e, na maior parte das tentativas, o pessoal encarregado desse trabalho acaba identificando algumas capacidades ou algumas habilidades que podem perfeitamente ser copiadas ou imitadas pelos concorrentes, não sendo, assim, as competências essenciais. Em outros casos, o pessoal encarregado do trabalho não consegue identificar nenhuma competência essencial, atribuindo à empresa o rótulo de não oferecer nada diferenciado ao cliente.

Preenchendo-se o Quadro 3, relacionando-se pelo menos 3 itens para cada questão e não mais que 5, pode-se rapidamente identificar uma série de competências essenciais necessárias para uma empresa, de qualquer tamanho, transformar sua cadeia de valores em benefícios para o cliente.

Tabela 3   Os três parâmetros para identificação de uma competência essencial

Parâmetros	Características
Valor percebido pelo cliente	Uma competência essencial precisa dar uma contribuição muito maior que o esperado para o valor percebido pelo cliente, de forma a surpreendê-lo.
Diferenciação entre concorrentes	Para ser qualificada como uma competência essencial, uma habilidade precisa ser competitivamente única. Não existe razão para definir uma competência como essencial se ela estiver por toda a parte ou os concorrentes a copiarem com facilidade.
Capacidade de expansão	As competências essenciais são as portas de entrada para os mercados do futuro. Assim, uma competência será realmente essencial somente se ela permitir que a empresa imagine uma gama de novos produtos ou serviços gerados a partir dela.

Análise ambiental

Qualquer uma das ferramentas ou técnicas do planejamento estratégico, já citadas anteriormente, tem sua atuação baseada na divisão ambiental demonstrada na Figura 9. Conforme explicitado nessa figura, o ambiente em uma organização está dividido em 4 níveis distintos: o ambiente geral, o ambiente intelectual, o ambiente operacional e o ambiente interno. O inter-relacionamento entre esses níveis, bem como os fatores que eles incluem, são pontos importantíssimos de análise para a administração estratégica.

Observando-se a Figura 9, pode-se concluir rapidamente o que significa o ambiente geral, isto é, o primeiro anel da análise ambiental estratégica. O ambiente geral representa o ambiente externo à organização, com componentes que possuem uma ampla gama de atuação e pouca aplicação imediata para as questões administrativas de uma organização. O ambiente geral é formado por componentes que não estão sob controle da organização, porém ignorá-los significa um sério perigo, até mesmo de morte, para a organização no médio prazo. Tais componentes são: componente econômico, social, político, legal e tecnológico (Tabela 4).

Tabela 4 Componentes do ambiente geral

Componentes	Conceitos	Exemplos
Econômico	Indica como os recursos são distribuídos e usados dentro do ambiente	Produto Nacional Bruto (PNB), taxa de inflação, taxa de emprego, balanço de pagamentos, taxa de juros, tributos e receitas dos consumidores
Social	Descreve as características da sociedade onde a organização está inserida	Nível educacional, costumes, crenças, estilo de vida, idade, distribuição geográfica e mobilidade da população
Político	Compreende os elementos relacionados à postura governamental	Tipo de governo, atitudes do governo frente às várias indústrias, esforços para tentar obter aprovação de projetos por grupos interessados, progressos na aprovação de legislação, plataformas de partidos políticos e predisposição dos candidatos a se empenhar no cargo
Legal	Descreve as regras que todos os integrantes da sociedade devem seguir, ou seja, a legislação aprovada	Código de Defesa do Consumidor, legislações alfandegárias, limites de restrição ao crédito, legislações ambientais, trabalhistas e fiscais
Tecnológico	Inclui novos processos de produção de mercadorias e serviços, novos procedimentos e novos equipamentos	Tendência contemporânea para a utilização de robôs para melhorar a produtividade das indústrias, utilização do computador de forma intensiva no processamento de informações

Quadro 3 Questionário para a identificação das competências essenciais

Quais os principais desafios de negócio da empresa para os próximos 2 anos?   _____   _____   _____   _____   Sob o ponto de vista do cliente, que conjunto de habilidades e tecnologias da empresa pode ser considerado como um benefício para ele?   _____   _____   _____   _____   O que a empresa oferece (ou deveria oferecer) ao cliente que pode ser considerado como uma fonte de diferenciação para o cliente?   _____   _____   _____   _____   Que habilidades e tecnologias a empresa possui (ou deveria possuir) que não podem ser encontradas em nenhum outro lugar, e dificilmente poderão ser copiadas?   _____   _____   _____   _____   Que novos conhecimentos a empresa precisa aprender, a partir de agora, para atingir sua missão?   _____   _____   _____   _____

Apesar da organização não possuir qualquer tipo de controle sobre os componentes do ambiente geral, ela deve monitorá-los de alguma forma, para evitar possíveis surpresas. Em geral, encontram-se indicadores de tendências sobre a evolução desses componentes em todos os meios de informação, desde jornais, passando pelos livros e pelas revistas científicas, televisão e internet.

Ainda se observando a Figura 9, depara-se com o segundo elo da análise ambiental, denominado ambiente operacional, que é a parte do ambiente externo composta de setores que se relacionam especificamente com a administração da organização, e os efeitos das ações podem ser sentidos imediatamente (Tabela 5). Assim, este ambiente é constituído por componentes que, embora sejam independentes do controle da organização, a sua aplicação pode trazer consequências imediatas no

Tabela 5 Componentes do ambiente operacional

Componentes	Conceitos	Exemplos
Cliente	Reflete as características e o comportamento de quem consome produtos e serviços da organização	Hábitos, idade, religião, etnia, costumes, sexo, padrão de vida, classe social, formação cultural
Concorrência	São as características das empresas que buscam os mesmos recursos	Pontos fracos e pontos fortes dos concorrentes
Mão de obra	Formada pelos fatores que influenciam a disponibilidade de recursos humanos para o trabalho na organização	Nível de conhecimento, treinamento, faixa salarial desejada, idade média
Fornecedor	Inclui as variáveis relacionadas às pessoas ou às empresas que fornecem recursos para a organização operar	Credibilidade do fornecedor, qualidade dos produtos ou serviços oferecidos, confiabilidade nas entregas, preços, termos de crédito, posturas dos vendedores, ética no cumprimento das obrigações
Internacional	Inclui questões que prevalecem nos países estrangeiros com os quais a empresa faz negócios	Leis, práticas políticas, cultura, ambiente econômico, etc.

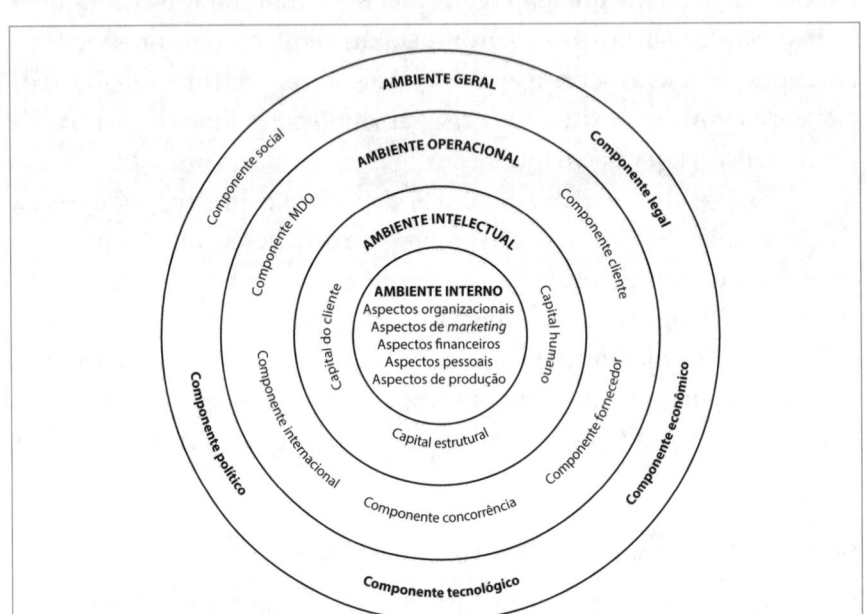

Figura 9 A organização, os níveis de seus ambientes, incluindo o ambiente intelectual e os componentes desses níveis.

desempenho organizacional. Portanto, não basta apenas os monitorar ou seguir a tendência a distância, é necessário que a organização tome ações efetivas para que qualquer alteração dos componentes não represente um problema para a organização e que ela possa tirar a enaltecida vantagem competitiva do fato. Em geral, encontram-se indicadores das tendências desses componentes no relacionamento diário da empresa com seus clientes, fornecedores, força de trabalho disponível na região, concorrentes, etc. Pesquisas de mercado e pesquisas de satisfação dos clientes são ótimos indicadores de tendências para esses componentes.

O terceiro elo da análise ambiental da Figura 9 é chamado de ambiente intelectual. Esse ambiente é composto essencialmente pelo capital intelectual, que é subdividido em três componentes básicos: capital do cliente, capital humano e capital estrutural. O capital intelectual é a soma do conhecimento de todas as pessoas de uma empresa que, quando corretamente administrado, pode proporcionar vantagem competitiva à organização (Tabela 6).

Tabela 6   Componentes do ambiente intelectual

Componentes	Conceitos
Capital do cliente	É o valor da franquia, os relacionamentos contínuos com pessoas e organizações para as quais a empresa vende seus produtos e serviços
Capital humano	É o conhecimento que as pessoas adquirem e levam para casa ao final do expediente
Capital estrutural	Pertence à empresa e se apresenta sob forma de tecnologias, invenções, dados, publicações e processos

O ambiente intelectual é constituído por fatores que estão sob controle da empresa e por fatores que não estão sob controle da empresa, e tem como característica principal a intangibilidade, ou seja, não se pode medir o capital humano com as mesmas regras contábeis pelas quais se mede o capital financeiro, por exemplo.

Antigamente, o recurso controlador e o fator de produção absolutamente decisivo era a terra. Posteriormente, o recurso controlador migrou para a mão de obra e, na segunda metade do século XX, migrou novamente para o capital. A partir do início da década de 1990, o conhecimento foi promovido a recurso controlador. Assim, ignorar o ambiente intelectual é ignorar o futuro da empresa na era do conhecimento. Os indicativos de tendências do ambiente intelectual podem ser encontrados na capacidade de inovação da empresa, na disponibilidade de informações internas, no número de registros de patentes, na disponibilidade de novas tecnologias de informação, etc.

No centro da análise ambiental, de acordo com a Figura 9, está o ambiente interno. Contrariamente ao ambiente externo, neste ambiente ficam localizados os fatores que estão dentro da organização e afetam direta e especificamente as ações da administração da empresa.

Os componentes do ambiente interno (Tabela 7) são constituídos por elementos que estão sob controle da organização, podendo ser considerado o próprio nível de ambiente da organização, pois está inserido nela. Qualquer alteração nesse ambiente tem reflexo imediato e decisivo na organização. Assim, os componentes desse ambiente devem ser

Tabela 7   Componentes do ambiente interno

Aspectos	Exemplo
Organizacionais	Rede de comunicações, estrutura organizacional, registro dos sucessos, hierarquia de objetivos, políticas, procedimentos e regras e habilidade da equipe administrativa
Marketing	Segmentação de mercado, estratégia do produto, estratégia de preço, estratégia de promoção e estratégia de distribuição
Pessoal	Relações trabalhistas, práticas de recrutamento, programas de treinamento, sistema de avaliação de desempenho, sistema de incentivos, rotatividade e absenteísmo
Produção	*Layout* das instalações da fábrica, pesquisa e desenvolvimento, uso de tecnologia, aquisição da matéria-prima, controle de estoques e uso de subcontratação
Financeiros	Liquidez, lucratividade, oportunidade de investimentos, atividades

mantidos sob rigoroso controle, de preferência com a utilização de técnicas estatísticas, pois essas possibilitam a previsão de ações futuras.

A empresa deve conhecer as partes dos ambientes que precisam ser monitoradas para que as metas sejam atingidas. Assim, transforma-se em ponto fundamental acompanhar as forças macroambientais (demográficas, econômicas, tecnológicas, políticas, legais, sociais e culturais) e dos fatores microambientais (consumidores, concorrentes, canais de distribuição, fornecedores, etc.) e identificar os pontos que possam afetar seu desempenho empresarial, ficando pronto para identificar tendências e desenvolvimentos importantes. É claro que, para cada tendência ou desenvolvimento identificado, estarão associadas novas oportunidades e ameaças, que também deverão ser identificadas.

Para que uma análise de ambiente seja completa e possa contemplar todos os aspectos envolvidos, torna-se necessária uma classificação da dinâmica do ambiente. O grau de complexidade e a taxa de mudança de um ambiente normalmente não coexistem em harmonia e são decisivos na análise ambiental. O grau de complexidade é relativo ao número de forças ambientais que influenciam a organização e ao caráter dessas forças, e a taxa de mudança está relacionada à velocidade ou à frequência com que tais fenômenos ocorrem. A relação entre essas características ambientais permite a classificação quanto ao nível de incertezas ambientais em que a organização opera. Assim, organizações que operam em ambientes complexos e com baixa taxa de mudanças devem ser analisadas diferentemente das organizações que operam em ambientes mutantes, porém com pouca complexidade. Utilizando-se a matriz exibida na Figura 10, pode-se identificar o tipo de ambiente em que a empresa opera.

Existem várias ferramentas dentro do planejamento estratégico para realizar a análise ambiental, identificando as oportunidades e as ameaças. A mais comum de todas, e também a base de todas as outras, é a matriz SWOT (do inglês *strenghts, weaknesses, opportunities and threats* forças, fraquezas, oportunidades e ameaças). Por outro lado, o ponto mais crítico para a elaboração do plano de negócios está localizado na micro e na pequena empresa, pois empresas de grande porte possuem uma estrutura administrativa forte e normalmente realizam o planejamento estratégico em grandes grupos de pessoas altamente qualificadas e perfeitamente cientes dos benefícios deste trabalho. Ainda no caso de grandes empresas, é comum a contratação de consultorias especializadas em planejamento estratégico para apoiar o desenvolvimento do trabalho.

Figura 10   Matriz de relacionamento entre o grau de complexidade e a velocidade de mudanças no ambiente

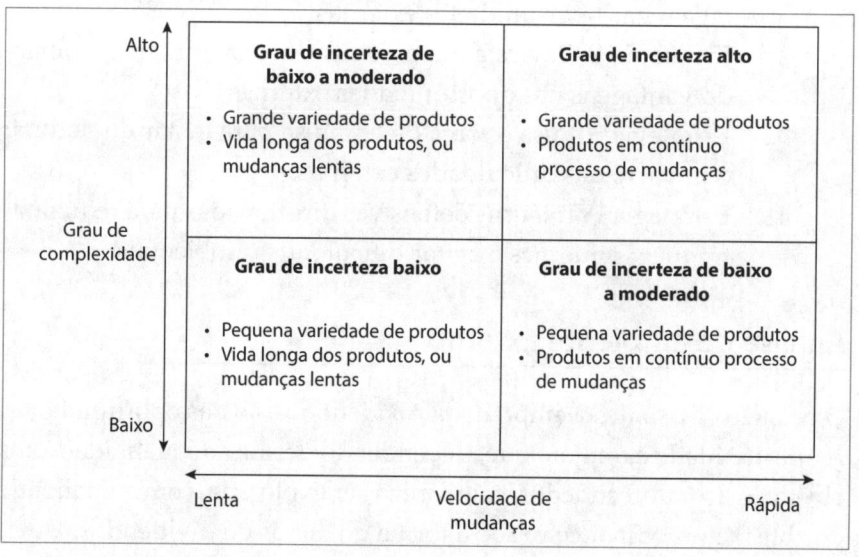

Grau de complexidade	Grau de incerteza de baixo a moderado • Grande variedade de produtos • Vida longa dos produtos, ou mudanças lentas	Grau de incerteza alto • Grande variedade de produtos • Produtos em contínuo processo de mudanças
(Alto → Baixo)	Grau de incerteza baixo • Pequena variedade de produtos • Vida longa dos produtos, ou mudanças lentas	Grau de incerteza de baixo a moderado • Pequena variedade de produtos • Produtos em contínuo processo de mudanças
	Lenta ← Velocidade de mudanças → Rápida	

Já na micro e na pequena empresa, nas quais os recursos são escassos, é praticamente impossível contratar um trabalho de consultoria, e normalmente a estrutura administrativa resume-se a alguns sócios, isso quando a estrutura administrativa não está resumida somente ao proprietário da empresa, que, via de regra, tem um forte espírito empreendedor, porém com pouca formação acadêmica.

Isso, por si só, explica a escolha da matriz SWOT para a realização da análise ambiental, ou seja, a matriz SWOT é de simples aplicabilidade e uma pessoa poderá realizar as análises com auxílio de uma lista de conferência, desobrigando-se, dessa forma, de reunir um grupo de pessoas, o que certamente ficaria mais oneroso para a empresa.

O grande objetivo da análise ambiental é a identificação dos rumos que a empresa deverá seguir e quais os passos para que ela atinja seus objetivos maiores. Para tanto, o resultado da análise ambiental por meio de uma ferramenta qualquer do planejamento estratégico, neste caso, a matriz SWOT, será a definição das metas e objetivos estratégicos da empresa.

Segundo F. R. David, a matriz SWOT é uma importante ferramenta que ajuda os gerentes no desenvolvimento de 4 tipos de estratégias:

1. Estratégia SO: usa a força interna da empresa para tomar vantagem nas oportunidades externas.
2. Estratégia WO: visa a melhorar as fraquezas internas tomando vantagens nas oportunidades externas.
3. Estratégia ST: usa a força da empresa para evitar ou deduzir o impacto das dificuldades externas.
4. Estratégia WT: táticas defensivas direcionadas para reduzir as fraquezas internas e evitar dificuldades ambientais.

Análise do ambiente externo

O primeiro passo desta empreitada é a identificação das oportunidades. A oportunidade é um fato que, dependendo de sua adequabilidade aos objetivos do empreendedor, vale a pena ser explorada, com a finalidade de obter retorno financeiro sob a forma de lucros ou dividendos. É evidente que cada empresa irá identificar oportunidades particulares de cada mercado, e fatores que serão classificados como oportunidades por determinada empresa, atuando em um determinado mercado, poderão ser classificados como ameaças para outras empresas atuando ou não no mesmo mercado.

É importante salientar que oportunidade, neste caso, não é caracterizada por um novo negócio, mas, sim, como uma oportunidade de *marketing*. Assim, o propósito mais importante da análise ambiental passa a ser a detecção de novas oportunidades de *marketing*.

A identificação de oportunidades divide-se em duas fases: percepção e compilação. A percepção é a utilização do bom senso e da experiência de vida do empreendedor para identificar os sinais emitidos pelas oportunidades, submetê-los a uma análise crítica e utilizar a criatividade para transformar a oportunidade em um novo negócio. A compilação é a utilização de um método sistemático para alavancar cada oportunidade identificada pela percepção de tal forma que se possa extrair a máxima eficácia de cada oportunidade analisada.

A técnica mais recomendada para se obter bons resultados na identificação das oportunidades é o *brainstorm*. No entanto, como já explicitado anteriormente, no caso da micro e da pequena empresa, essa técnica torna-se impraticável, pois, em muitos casos, a empresa está limitada a, no máximo, 1 ou 2 sócios-gerentes que fazem praticamente tudo. Alguns autores recomendam que o micro e o pequeno empresário reúnam amigos, outros empresários, familiares, consultores, etc. e formem um grupo de 4 a 6 pessoas para a realização das sessões de *brainstorm*. Essa também é uma alternativa de difícil execução pela disponibilidade de pessoas dispostas a participar e, por outro lado, uma alternativa de poucos resultados pela falta de comprometimento das pessoas participantes da equipe para com os objetivos do projeto.

Assim, o micro e o pequeno empresário podem utilizar como ferramenta para a identificação e a análise das oportunidades o diagnóstico de oportunidades, que nada mais é do que uma lista de conferência com perguntas abrangendo todos os componentes do ambiente geral, do ambiente intelectual, do ambiente operacional e do ambiente interno, levando o analista a refletir sobre as possibilidades de êxito em um determinado evento. Dentro do diagnóstico de oportunidades, está a avaliação sobre o tipo de atividade em que a empresa está atuando, ou seja, existem alguns ramos de atividade em que a competitividade e a inovação tecnológica são mais evidentes que outros. No Anexo II, encontra-se um modelo de lista de conferência para diagnóstico de oportunidades.

Uma vez identificadas as oportunidades por meio do uso do diagnóstico de oportunidades, deve-se processar a checagem com os princípios norteadores, vide Tabela 2, que nada mais são que parâmetros para a tomada de decisão, ou seja, antes da empresa investir em uma oportunidade identificada, ela precisa checar se essa oportunidade, está alinhada com alguns parâmetros diretivos definidos pelo empreendedor ou pela própria empresa. Normalmente, podem-se extrair tais princípios norteadores da missão da empresa, porém existem alguns princípios que não aparecem explícitos na missão, especialmente aqueles ligados às questões financeiras da empresa. Por outro lado, existem também princípios ligados às habilidades ou às competências que a empresa não tem e não irá adquiri-los no curto prazo. É importante desenvolver uma tabela de relevância para os princípios norteadores, apresentados na Tabela 8.

Para a atribuição de pesos aos princípios norteadores, a empresa deve iniciar sempre pelo princípio norteador mais importante, ou seja, aquele que ela dificilmente abriria mão, e atribuir a esse princípio peso 10. Depois, identificar o princípio norteador de menor importância, ou seja, aquele que a empresa abriria mão facilmente, e atribuir a esse princípio peso 1. Em seguida, procurar o segundo princípio mais importante, e atribuir a este peso 8, e assim sucessivamente até que todos os princípios norteadores estejam com seus respectivos pesos.

Por fim, deve-se obter a média ponderada das pontuações obtidas por uma oportunidade frente aos princípios norteadores. Isso é realizado pela somatória dos pontos atribuídos a cada princípio norteador multiplicado pelo peso atribuído ao respectivo princípio norteador, dividindo-se pela somatória dos pesos de todos os princípios norteadores. Uma oportunidade que tiver a pontuação máxima obterá uma média ponderada igual a 3. Se uma oportunidade apresentar uma média ponderada igual a 2,4, isto irá significar que a oportunidade atende a 80% dos princípios norteadores.

Tabela 8 Atribuição de pesos aos princípios norteadores

Princípios norteadores	Pesos
Retorno do investimento	
Lucratividade	
Capital inicial	
Conhecimentos gerenciais	
Dependência de terceiros	
Conhecimentos técnicos	
Relação com os clientes atuais	
Relação com a cadeia de valores	
Relação com as competências essenciais	
Dependência tecnológica	

Matematicamente, expressa-se a média ponderada pela equação a seguir:

$$MP = \frac{\Sigma \, N° \, de \, pontos \times Peso}{\Sigma \, Pesos}$$

As oportunidades identificadas e selecionadas deverão também ser analisadas quanto à probabilidade de sucesso e receber pontuações de acordo com a Tabela 9. Os indicadores de sucesso dizem respeito ao mercado e à forma como a empresa irá se posicionar com a nova oportunidade frente às adversidades ou às facilidades encontradas no mercado.

É importante desenvolver uma tabela de relevância para os indicadores de sucesso, apresentados na Tabela 10. A atribuição dos pesos aos indicadores de sucesso deve seguir os mesmos passos da atribuição de pesos aos princípios norteadores, ou seja, a empresa deve iniciar sempre pelo indicador de sucesso mais importante, na concepção da empresa obviamente, e atribuir a esse indicador peso 1, e assim por diante, até que todos os indicadores de sucesso estejam com seus respectivos pesos. Em seguida, calcular a média ponderada pelos mesmos

Tabela 9 Exemplo de tabela de pontuação para indicadores de sucesso

Indicadores de sucesso	Característica	Pontos
O mercado está em evolução?	Crescendo rapidamente Crescendo moderadamente Estabilizado Em decadência	3 2 1 0
A oportunidade de negócio é pré-madura?	Ainda é uma novidade Poucos conhecem Já conhecida e promissora Já conhecida e estacionada	3 2 1 0
A oportunidade está enquadrada nas tendências mundiais mais recentes (p. ex., inovação tecnológica)?	Perfeitamente enquadrada Parcialmente enquadrada Pouco enquadrada Sem nenhuma relação	3 2 1 0
O negócio tem chance de se encaixar na estrutura dominante do mercado? (a estrutura de mercado é identificada por monopólios, oligopólios, concorrência pura e concorrência diferenciada)	Perfeitamente possível Possível, com restrições Muito difícil Não há chances	3 2 1 0
O negócio tem chance de desenvolver barreiras contra a entrada de novos competidores?	Sim, barreiras fortes Sim, alguma barreira Talvez, com restrições Não há chance	3 2 1 0
Há possibilidades de realização de concorrentes?	Não há possibilidade Poucas chances Média possibilidade Muito alta possibilidade	3 2 1 0
É fácil definir claramente a missão do negócio?	Muito fácil e clara Fácil, mas nebulosa Difícil definir Impossível definir	3 2 1 0
É possível desenvolver vantagens competitivas?	Plenamente possível Relativamente possível Dificilmente Não há possibilidades	3 2 1 0
A empresa terá de alterar algum fator em sua cadeia de valores? Ou desenvolver uma nova cadeia de valores?	Não Alterações insignificantes Parcialmente Sim, alterar totalmente	3 2 1 0

(continua)

Tabela 9   Exemplo de tabela de pontuação para indicadores de sucesso *(continuação)*

Indicadores de sucesso	Característica	Pontos
A empresa terá que desenvolver ou adquirir outras competências essenciais?	Não	3
	Somente pequenos ajustes	2
	Algumas	1
	Sim	0

critérios utilizados no cálculo da média ponderada para os princípios norteadores.

As oportunidades identificadas devem ser classificadas de acordo com a probabilidade de sucesso e com o grau de atratividade, e incluídas em um dos 4 quadrantes da matriz de oportunidades, apresentada na Figura 11. O grau de atratividade das oportunidades de negócios selecionadas deve ser classificado em alto, médio ou baixo. Tal classificação deve ser guiada pela média ponderada obtida junto aos princípios norteadores. As oportunidades de negócio que não atenderem 30% dos

Tabela 10   Atribuição de pesos aos indicadores de sucesso

Indicadores de sucesso	Pesos
O mercado está em evolução?	
A oportunidade de negócio é pré-madura?	
A oportunidade está enquadrada nas tendências mundiais mais recentes?	
O negócio tem chance de se encaixar na estrutura de mercado?	
O negócio tem chances de desenvolver barreiras contra a entrada de novos competidores?	
Há possibilidade de retaliação dos concorrentes?	
É fácil definir claramente a missão do negócio?	
É possível desenvolver vantagens competitivas?	
A empresa terá de alterar algum fator em sua cadeia de valores?	
A empresa terá de desenvolver ou adquirir outras competências essenciais?	

princípios norteadores são classificadas com um grau de atratividade baixo. As oportunidades que atenderem entre 30,01 e 70% dos princípios norteadores são classificadas com um grau de atratividade médio, e as que atenderem mais de 70% dos princípios norteadores serão classificadas com um grau de atratividade alto.

A probabilidade de sucesso das oportunidades de negócios selecionadas também deve ser classificada em alto, médio ou baixo. Tal classificação deve ser guiada pela média ponderada obtida junto aos indicadores de sucesso. As oportunidades de negócios que não atenderem 30% dos indicadores de sucesso são classificadas com uma probabilidade de sucesso baixa. As oportunidades que atenderem entre 30,01 e 70% dos indicadores de sucesso são classificadas com uma probabilidade de sucesso média, e as que atenderem mais de 70% dos indicadores de sucesso são classificadas com uma probabilidade de sucesso alta.

Descartar ou capitalizar uma oportunidade é uma decisão que a equipe deve tomar, porém deve-se levar em conta que oportunidades que atenderem a menos de 30% dos princípios norteadores ou dos indicadores de sucesso terão pouca ou nenhuma chance de sucesso.

Figura 11   Matriz de oportunidades

		Probabilidade de sucesso		
		ALTA	MÉDIA	BAIXA
Grau de atratividade	ALTO	1	2	3
	MÉDIO	4	5	6
	BAIXO	7	8	9

A matriz de oportunidades representada na Figura 11 demonstra a situação de classificação das oportunidades de acordo com a atratividade e a probabilidade de sucesso. No primeiro quadrante da matriz (1), estão inseridas as oportunidades com grande probabilidade de sucesso e com grau de atratividade bastante alto, que deverão ser capitalizadas de imediato.

No nono quadrante da matriz (9), estão inseridas as oportunidades com pouca probabilidade de sucesso e grau de atratividade baixo, que deverão ser descartadas. Nos demais quadrantes, estão as oportunidades de negócios classificadas com probabilidade de sucesso média ou alta, ou com grau de atratividade alto ou médio, que deverão ser monitoradas pela empresa. Isso fará a empresa direcionar seus esforços no sentido de realizar aquelas oportunidades com alta probabilidade de sucesso e com alto grau de atratividade.

Isso, contudo, não descarta as outras oportunidades, que passarão a ser monitoradas, pois o mercado é dinâmico e uma oportunidade com baixo grau de atratividade, porém com uma probabilidade sucesso média ou alta, poderá com o tempo tornar-se mais atrativa.

O próximo passo da análise do ambiente externo é a identificação das ameaças. O procedimento é praticamente o mesmo utilizado para a identificação das oportunidades. Nesse caso, deve-se preencher a Lista de Conferência para Diagnóstico das Ameaças (Anexo III), respondendo às questões apresentadas. Nesse ponto, deve-se calcular o índice de prioridade e risco, e pode-se obter esse índice relacionando-se a ameaça com as faixas de classificação apresentadas nas Tabelas 11, 12 e 13. O produto dos valores obtidos em cada uma das escalas, já descritas, será o índice de prioridade e risco.

Para a classificação das ameaças segundo o índice de prioridade e risco, assume-se que os resultados das avaliações das ameaças obedecem à distribuição normal, em que a região limitada por mais ou menos um desvio-padrão abriga 68,26% das pontuações. Assim sendo, a primeira faixa representa 15,87% da pontuação máxima; a segunda faixa representa os 34,13% subsequentes; a terceira faixa, mais 34,13%, e a última faixa, os 15,87% restantes.

Tabela 11 Escala de relevância relativa aos efeitos de uma ameaça sobre a empresa e ao mercado

Escala de relevância	Grau
Efeito de impacto negativo dos fatores ambientais, não percebido pela empresa	1
Efeito bastante insignificante, percebido pela empresa; entretanto, não percebido pelo mercado	2
Efeito insignificante, que perturba a empresa, mas não a leva a procurar alguma mudança de postura estratégica	3
Efeito bastante insignificante, que perturba a empresa e a faz buscar uma mudança na postura estratégica	4
Efeito menor, inconveniente para empresa; entretanto, não leva o mercado a procurar o produto da concorrência	5
Efeito menor, inconveniente para a empresa, que faz o mercado começar a procurar alternativas, sem, contudo, optar por elas	6
Efeito moderado, que prejudica o desempenho da empresa e leva a uma falha grave ou a uma falha que pode fazer o cliente optar por outro produto	7
Efeito significativo, resultando em falha grave, que, entretanto, não coloca a participação do mercado da empresa em risco e não resulta em custo significativo para o cliente	8
Efeito crítico que provoca a insatisfação do cliente, interrompe o fornecimento do produto, gera custo significativo para o cliente e impõe um leve risco de comprometimento da participação no mercado	9
Perigoso, ameaça a sobrevivência da empresa ou gera um custo significativo ao cliente que coloca em risco a continuidade operacional da organização	10

As ameaças que tiverem um índice de prioridade e risco menor que 159, número este calculado a partir da distribuição normal, e não tiverem classificação igual ou maior que 7 em qualquer das 3 escalas de avaliação, deverão ser desprezadas. As ameaças com índice de prioridade e risco maior ou igual a 160 deverão ser classificadas de acordo com o grau de relevância e a probabilidade de ocorrência e incluídas em um dos 9 quadrantes da matriz de ameaças, apresentada pela Figura 11. É necessário um cuidado especial, pois o índice de prioridade e risco é apenas um indicativo de referência, não devendo ser utilizado como única forma de análise, pois uma ameaça poderá obter um índice menor que 159, ser desprezada e, em uma eventual mudança de mercado, transformar-se em um sério risco para a empresa.

Para a classificação das ameaças segundo a "probabilidade de ocorrência", deve-se utilizar o quadro da Tabela 12, adotando-se a seguinte referência para a classificação:

- ameaças que receberem até grau 3 devem receber a classificação "baixo" quanto à probabilidade de ocorrência na matriz das ameaças;
- ameaças que receberem graduação entre 4 e 7, devem receber classificação "médio";
- ameaças que receberem graduação maior que 7 devem receber a classificação "alto" na mesma matriz.

A classificação das ameaças segundo o "grau de relevância" segue o mesmo raciocínio. Utilizando-se o quadro da Tabela 11, adota-se a seguinte referência para a classificação:

- ameaças que receberem até grau 3 devem ser classificadas com "baixo" quanto ao grau de relevância na matriz das ameaças;
- ameaças que receberem graduações de 4 a 7 devem receber a classificação "médio";
- ameaças que receberem graduação maior que 7 devem receber a classificação "alto" na mesma matriz.

Tabela 12   Escala de ocorrência de uma ameaça ambiental

Escala de ocorrência	Percentual (%)	Grau
Extremamente remota, altamente improvável	Menos de 0,01	1
Remota, improvável	0,011 - 0,2	2
Pequena chance de ocorrência	0,210 - 0,6	3
Pequeno número de ocorrências	0,610 - 2	4
Espera-se um número ocasional de falhas	2,001 - 5	5
Ocorrência moderada	5,001 - 10	6
Ocorrência frequente	10,001 - 15	7
Ocorrência elevada	15,001 - 20	8
Ocorrência muito elevada	20,001 - 25	9
Ocorrência certa	Mais de 25	10

Tabela 13   Escala de detecção de uma ameaça ao negócio da empresa

Escala de detecção	Grau
Sistema de gestão estratégica plenamente desenvolvido, missão e objetivos difundidos por toda a organização, programas amadurecidos de qualidade e confiabilidade, controles de processo no estado da arte	1
Sistema de gestão estratégica em implementação, missão e objetivos difundidos somente na cúpula administrativa, implementação de programas de qualidade e confiabilidade, controles de processos altamente automatizados	2
Sistema de gestão estratégica em desenvolvimento, programas de qualidade totalmente desenvolvidos e implementados, treinamento em andamento e implementação parcial dos programas de confiabilidade, processo automatizado para a maioria das operações	3
Sistema de gestão estratégica não formalizado, monitoramento de alguns indicadores de mercado, programas de qualidade em vigor, conscientização da confiabilidade sem um programa formal, um *mix* de controles de processo automatizados e com intervenção humana	4
Sistema de gestão estratégica inexistente, monitoramento de poucos indicadores de mercado, programas de qualidade desenvolvidos, mas ainda não totalmente implementados, alguns controles de processos automatizados, dependendo da adesão aos procedimentos operacionais	5
Monitoramento de indicadores de mercado inexistentes, implementação dos estágios iniciais do programa de qualidade, poucos controles de processos automatizados, implementação parcial de procedimentos operacionais	6
Descrença nos dados estatísticos, ações implementadas por reação, implementação parcial de métodos de qualidade, planos de inspeção de amostras e auditorias aleatórias, 100% de inspeção	7
Tomada de decisão totalmente dependente do acaso, totalmente dependente da autoinspeção do operador com inspeção periódica do controle da qualidade, métodos da qualidade não implementados, ausência de procedimentos formais	8
Tomada de decisão lenta e geralmente baseada na opinião do principal executivo, totalmente reativo aos problemas identificados durante a fabricação, ausência de programas formais, alguma conscientização da qualidade do produto	9
Tomada de decisão baseada nas características personalísticas e carismáticas do principal executivo, ausência de sistemas implementados, nenhuma conscientização da qualidade, definição inconsistente da qualidade do produto – com base em julgamento individual	10

A classificação das ameaças deve ocorrer de acordo com o grau de relevância e a probabilidade de ocorrência de cada uma, ou seja, deve-se identificar, dentro de um fato considerado como ameaça, qual a possibilidade de que ele efetivamente ocorra e, se ocorrer, como a empresa será afetada. Essa classificação permite que a empresa elabore planos de contingência para lidar com as ameaças antes que elas efetivamente ocorram; planos com ações preventivas; ou durante a ocorrência, planos com ações corretivas. Uma boa forma de lidar com uma ameaça é tentar transformá-la em oportunidade; e essa ação pode ser considerada como a principal característica do empreendedor. É evidente que nem todas as ameaças são focos de oportunidades latentes, assim como nem todas as ameaças merecem planos de contingência. No entanto, mesmo as ameaças pouco prováveis de se efetivarem ou aquelas que não causarão nenhum desconforto mais sério à empresa precisam ser monitoradas constantemente, pois, com o dinamismo do mercado atual, da era do conhecimento, uma ameaça inexpressiva pode se transformar rapidamente em um fator mais preocupante e mais sério.

A matriz de ameaças representada na Figura 11 demonstra a situação de classificação das ameaças de acordo com a probabilidade de ocorrência e o grau de relevância. No primeiro quadrante da matriz (1), estão inseridas as ameaças com grande probabilidade de ocorrência e com grau de relevância bastante alto, que deverão ser eliminadas de imediato. No nono quadrante da matriz (9), estão inseridas as ameaças com pouca probabilidade de ocorrência, e com baixo grau e relevância, que deverão ser desprezadas. Nos demais quadrantes da matriz, estão inseridas as ameaças classificadas com alta ou média probabilidade de ocorrência, ou grau de relevância alto ou médio, para as quais deverão ser elaborados planos de contingências, porém não é necessária a aplicação imediata, devendo a empresa manter monitoramento de tais ameaças. Isso levará a empresa a concentrar seus esforços no sentido de eliminar as ameaças com alta probabilidade de ocorrência e alto grau de relevância, elaborando plano de contingências para enfrentar tais situações adversas, mantendo o monitoramento constante, pois movimentações ambientais poderão modificar o grau de relevância ou a probabilidade de ocorrência de uma determinada ameaça.

Análise do ambiente interno

Antes de estabelecer os objetivos estratégicos, a empresa necessita realizar uma análise do seu ambiente interno, ou seja, tudo aquilo que está sob controle da empresa, os aspectos organizacionais, os aspectos de *marketing*, os aspectos financeiros, os aspectos pessoais e os aspectos de produção.

Se a empresa estiver vislumbrando uma grande oportunidade de negócios, com um grau de atratividade e uma probabilidade de sucesso bastante alta, porém para capitalizar tal oportunidade a empresa necessita de uma forte reputação no mercado e, por circunstâncias diversas, este aspecto representa uma fraqueza importante, a empresa necessitará traçar estratégias que reverterão o quadro, antes de capitalizar a oportunidade de negócio, pois, caso contrário, desperdiçará o negócio.

Assim como ocorreu na análise das ameaças, onde não é necessária a elaboração de um plano de contingência para todas as ameaças, aqui também não é necessário eliminar todas as fraquezas nem identificar todas as forças. O ponto mais importante é a obtenção de informações que permitam decidir se o negócio ficará limitado às oportunidades nas quais a empresa desenvolveu as forças necessárias, ou se a empresa deverá transformar algumas fraquezas em forças para explorar outras oportunidades melhores.

Durante a avaliação das forças e fraquezas, é muito importante elaborar um diagnóstico do relacionamento interdepartamental, principalmente tratando-se de empresas de médio e grande porte, pois, às vezes, uma estrutura departamentalizada não consegue capitalizar as forças da empresa em oportunidades de negócio. Existem diversas metodologias para diagnosticar as relações interdepartamentais, porém identificá-las ou descrevê-las não faz parte do escopo deste livro.

Por outro lado, os pontos fortes somente poderão ser plenamente potencializados se estiverem plenamente alinhados aos fatores críticos de sucesso (FCS) da empresa. Para que a empresa atinja seus objetivos estratégicos, é preciso que tudo corra bem pelo menos com os FCS, ou seja, mesmo que algumas atividades da empresa não estejam caminhando a contento, se o desempenho nos FCS estiver dentro do esperado, a

Figura 12   Matriz de ameaças

		Probabilidade de ocorrência		
		ALTA	MÉDIA	BAIXA
Grau de relevância	ALTO	1	2	3
	MÉDIO	4	5	6
	BAIXO	7	8	9

empresa conseguirá lograr êxito no cumprimento de seus objetivos. Dessa forma, os FCS são habilidades e recursos que a empresa precisa ter para que consiga atingir seus objetivos. Assim, os FCS incluem: novas tecnologias, qualidade no atendimento, serviço pós-venda, localização do empreendimento, condições de pagamento, prazos de entrega, preço do produto, etc. A Tabela 14 apresenta um quadro com exemplos clássicos de FCS.

Existem diversas formas de proceder-se à análise do ambiente interno por meio da determinação das forças e fraquezas. A mais famosa dessas formas de análise, elaborada por Phillip Kotler e apresentada no seu livro *Administração de Marketing*, utiliza-se da lista de conferência apresentada no Anexo IV, denominada "Análise de Desempenho das Forças e Fraquezas", e pode ser considerada um excelente guia para que a empresa realize essa tarefa com relativa dose de sucesso.

A partir da lista de conferência "Análise de Desempenho das Forças e Fraquezas", elaborou-se uma tabela com pontuações para que se possa fazer um diagnóstico numérico das forças e fraquezas da empresa analisada. Para que uma análise subjetiva das forças e fraquezas pudes-

Tabela 14   Sugestões de fatores críticos de sucesso (FCS) por ramo de negócio

Ramo de atividade	Fatores críticos de sucesso
Indústria automobilística	• Economia de combustível do automóvel • Estilo do automóvel • Rede de distribuição eficiente • Rígido controle sobre os custos de manufatura • Qualidade e confiabilidade
Software house	• Produto inovador • Qualidade nas vendas e na literatura do usuário • Serviços de *marketing* mundiais • Facilidade de uso dos produtos
Indústria alimentícia	• Propaganda eficaz • Boa distribuição dos produtos • Inovação no produto • Produtos saudáveis
Empresa de treinamento	• Bons palestrantes • Identificação de tópicos importantes • Divulgação efetiva dos eventos no mercado
Empresa de microeletrônica	• Habilidade de contratar e manter uma boa equipe • Suporte governamental a pesquisa e desenvolvimento • Suporte às equipes de vendas • Identificação de novas necessidades do mercado
Companhia de seguro	• Desenvolvimento de pessoal para gerenciamento de agentes • Propaganda eficaz • Produtividade de operações de escritório • Treinamento e desenvolvimento dos agentes corretores • Inovação na criação de vantagens aos segurados • Agilidade no atendimento

se ser transformada em números, criou-se o indicador de conhecimento interno, que demonstra o quanto a empresa conhece suas forças e fraquezas. Para que o cálculo desse indicador seja efetuado, em primeiro lugar, deve-se atribuir aos fatores de desempenho relacionados na lista de conferência "Análise de Desempenho das Forças e Fraquezas" uma graduação conforme o grau de importância e a escala de desempenho apresentados nas Tabelas 15 e 16, respectivamente.

Tabela 15 Escala do grau de importância de um fator específico na análise do ambiente interno

Grau de importância	Grau
Muito pequeno – fator de análise do ambiente interno que não é percebido pela empresa	1
Pequeno – fator de análise do ambiente interno percebido pela empresa, mas não afeta sua operação	2
Consideravelmente reduzido – fator de análise do ambiente interno percebido pela empresa que, raras vezes, afeta sua operação	3
Reduzido – fator de análise do ambiente interno percebido pela empresa, que, muitas vezes, afeta sua operação, mas não é percebido pelo mercado	4
Levemente reduzido – fator de análise do ambiente interno percebido pela empresa, que, muitas vezes, afeta sua operação e é percebido pelo mercado, porém não provoca reações	5
Médio – fator de análise do ambiente interno que provoca pequenas mudanças na operação da empresa, é percebido pelo mercado e provoca apenas um estado de alerta	6
Levemente ampliado – fator de análise do ambiente interno que provoca mudanças medianas na operação da empresa e apenas reações esporádicas do mercado	7
Ampliado – fator de análise do ambiente interno que provoca fortes mudanças na operação da empresa e pequenas reações do mercado	8
Grande – fator de análise do ambiente interno que provoca mudanças radicais na operação da empresa e reações medianas do mercado	9
Muito grande – fator de análise do ambiente interno que provoca mudanças radicais na operação da empresa e fortes reações do mercado	10

O produto dos valores obtidos tanto na escala do grau de importância quanto na escala de desempenho para cada fator tomado individualmente será o indicador de conhecimento interno (ICI) daquele fator específico. Os fatores que apresentarem um ICI menor que 16 devem ser considerados pontos fracos, e os fatores que apresentarem um ICI maior que 84 devem ser considerados pontos fortes. Tais limites foram calculados a partir da curva de distribuição normal.

Tabela 16   Escala de desempenho de um fator específico na análise do ambiente interno

Escala de desempenho	Grau
Muito fraco – a empresa não tem capacidade de reação diante do fator de análise do ambiente interno, e isso é percebido e muito utilizado pelo mercado que está muito à frente	1
Fraco – a empresa reage esporadicamente diante do fator de análise do ambiente interno, e isso é percebido e muito utilizado pelo mercado que está muito à frente	2
Consideravelmente atenuado – a empresa reage pouco diante do fator de análise do ambiente interno, isso é percebido e muito utilizado pelo mercado que está muito à frente	3
Atenuado – a empresa reage consideravelmente diante do fator de análise do ambiente interno, isso é percebido pelo mercado que está um pouco à frente	4
Levemente atenuado – a empresa reage consideravelmente diante do fator de análise do ambiente interno, isso é percebido pelo mercado, que consegue se manter à frente por algum tempo	5
Levemente forçado – a empresa possui razoável capacidade de reação diante do fator de análise do ambiente interno e o mercado consegue acompanhar com o mesmo desempenho	6
Forçado – a empresa possui razoável capacidade de reação diante do fator de análise do ambiente interno e o mercado consegue acompanhar apenas em alguns pontos	7
Consideravelmente forçado – a empresa possui grande capacidade de reação diante do fator de análise do ambiente interno, e o mercado não consegue acompanhar	8
Forte – a empresa possui enorme capacidade de reação diante do fator de análise do ambiente interno, e o mercado não consegue acompanhar com a mesma intensidade	9
Muito forte – a empresa tem uma capacidade ilimitada de reação diante do fator de análise do ambiente interno, e o mercado apenas assiste sem capacidade de reação	10

O preenchimento da Tabela 17 auxilia a classificação dos fatores de análise do ambiente interno em pontos fortes e pontos fracos. Dependendo do tipo de empresa ou do ramo de atividade, outros fatores de análise do ambiente interno poderão ser acrescentados nessa tabela, e alguns poderão ser suprimidos. A tabela foi elaborada tomando-se por referência os fatores de análise do ambiente interno mais utilizados pelas empresas do ramo industrial.

Finalmente, deve-se tomar um especial cuidado, pois o ICI é apenas um indicativo de referência, não devendo ser utilizado como única forma de análise, pois uma mudança no ambiente interno da empresa poderá transformar um fator com ICI entre 16 e 84 definido segundo os critérios de análise aqui apresentados em uma força ou fraqueza, o que implicará a necessidade de ações por parte da empresa.

Tabela 17   Classificação dos fatores de análise do ambiente interno em forças e fraquezas

Fator de análise	Grau de importância	Grau de desempenho	ICI	Ponto forte	Ponto fraco	Neutro
Reputação da empresa						
Participação no mercado						
Qualidade do produto						
Qualidade do serviço						
Eficácia do preço						
Eficácia da distribuição						
Eficácia da força de vendas						
Eficácia da propaganda						
Eficácia da inovação						
Força da marca						
Formulação de estratégias						

(continua)

Tabela 17 Classificação dos fatores de análise do ambiente interno em forças e fraquezas *(continuação)*

Fator de análise	Grau de importância	Grau de desempenho	ICI	Ponto forte	Ponto fraco	Neutro
Lealdade do cliente						
Diferenciação de produtos						
Cobertura geográfica						
Disponibilidade de capital						
Custo						
Fluxo de caixa						
Estabilidade financeira						
Sistema de controle da produção						
Controle da qualidade						
Pesquisa & Desenvolvimento						
Tecnologia						
Sistemas de informação						
Administração de estoques						
Compras						
Instalações						
Economia de escala						
Capacidade						

(continua)

Tabela 17 Classificação dos fatores de análise do ambiente interno em forças e fraquezas *(continuação)*

Fator de análise	Grau de importância	Grau de desempenho	ICI	Ponto forte	Ponto fraco	Neutro
Habilidade dos empregados						
Habilidade de produção pontual						
Técnica de produção						
Conselho de administração						
Visão de liderança						
Dedicação dos funcionários						
Orientação empreendedora						
Tomada de decisões						
Relações públicas						
Recursos humanos						
Lobbies junto ao governo						
Estrutura organizacional						
Flexibilidade/ responsabilidade						

A matriz SWOT

Uma vez identificados os pontos fortes e os pontos fracos e analisadas as oportunidades e as ameaças, pode-se obter a matriz SWOT (*strengths, weaknesses, opportunities and threats*: forças, fraquezas, oportunidades e ameaças). A matriz SWOT orienta a análise da situação atual do negócio e deve ser refeita regularmente, dependendo da velocidade com que seu ambiente, seu setor e sua própria empresa mudam.

A matriz SWOT adquire importância pela orientação estratégica que ela proporciona. Sua principal característica é proporcionar análise de fatores intangíveis, lembrando-se que a análise de qualquer tipo de negócio deve sempre ser uma composição de fatores tangíveis e intangíveis, sendo os primeiros aqueles que podem ser medidos com números e que tomam por base dados históricos, por exemplo, o ponto de equilíbrio. Os fatores intangíveis são imaginados pelo bom senso, e tomam por base potenciais futuros, por exemplo, o capital intelectual.

Para a elaboração da matriz SWOT, deve-se, em primeiro lugar, separar os pontos fortes identificados na análise do ambiente interno, com auxílio da Tabela 17, em dois grupos: os pontos fortes associados às oportunidades potenciais, também já identificadas na análise do ambiente externo, e os pontos fortes associados às ameaças latentes, também já identificadas na análise do ambiente externo. O mesmo procedimento deve ser adotado em relação aos pontos fracos identificados na análise do ambiente interno, ou seja, devem-se separá-los em dois grupos: os pontos fracos associados às oportunidades potenciais e os pontos fracos associados às ameaças latentes.

Uma vez classificados os quatro grupos, ou seja, os pontos fracos associados às ameaças, os pontos fracos associados às oportunidades, os pontos fortes associados às ameaças e os pontos fortes associados às oportunidades, deve-se construir a matriz com quatro quadrantes e incluir cada grupo em um quadrante específico, conforme indicado pela Figura 13.

Ao analisar a matriz SWOT, identificam-se as principais orientações estratégicas da empresa. Apesar do uso de valores ponderados durante a análise das oportunidades e das ameaças ou dos pontos fortes e fracos da empresa, grande parte das conclusões extraídas da matriz SWOT

Figura 13 Matriz SWOT

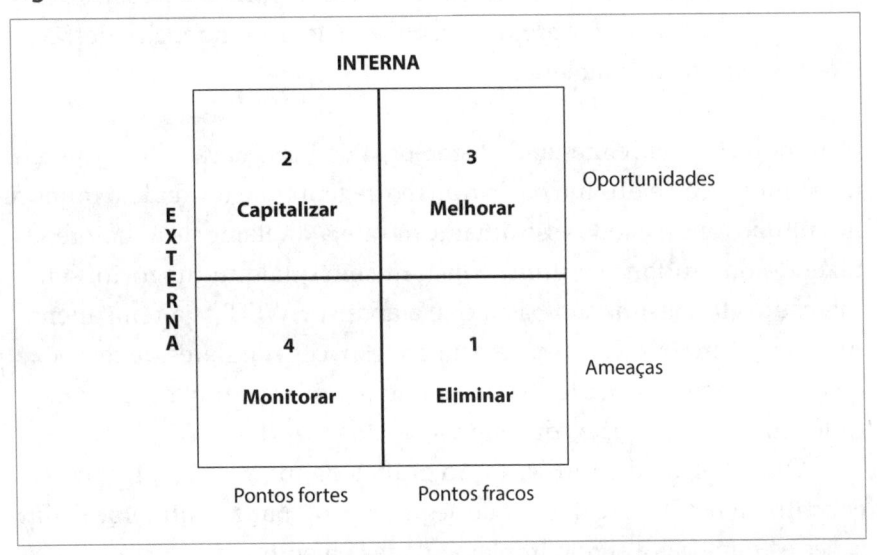

	INTERNA		
E X T E R N A	2 Capitalizar	3 Melhorar	Oportunidades
	4 Monitorar	1 Eliminar	Ameaças
	Pontos fortes	Pontos fracos	

continua sendo apoiada no bom senso. A estratégia SWOT resume-se em eliminar os pontos fracos em áreas em que existem riscos e fortalecer os pontos fortes em áreas em que se identificam oportunidades. A análise SWOT recomenda, em primeiro lugar, a correção daquilo que está errado. Em segundo lugar, devem-se adotar mecanismos que possam explorar ao máximo as oportunidades identificadas e, por fim, destina-se a dar atenção a outros problemas e outras áreas. Devem-se obedecer as seguintes recomendações para que o resultado da análise seja maximizado:

- eliminar os itens classificados como pontos fracos nos quais a empresa enfrenta ameaças graves do mercado e tendências desfavoráveis no ambiente;
- capitalizar as oportunidades identificadas com os princípios norteadores nos quais a empresa apresenta pontos fortes perante o mercado;
- corrigir os itens classificados como pontos fracos nos quais a empresa identificou oportunidades potenciais de negócios alinhadas aos princípios norteadores;

- monitorar os itens classificados como pontos fortes nas áreas nas quais a empresa enfrenta ameaças e tendências desfavoráveis no ambiente.

O grande desenvolvimento da tecnologia da informação, dos sistemas de comunicação e dos meios de transporte tem transformado o mundo nos últimos anos, e todo esse dinamismo afeta diretamente as empresas, fazendo da mudança a única constante em qualquer negócio, setor, mercado, etc. Assim, não basta que a análise SWOT seja feita apenas uma vez. A matriz deve ser revista em espaços regulares de tempo, e essa frequência será tanto maior quanto maior for a dinâmica do mercado em que os negócios da empresa estão inseridos.

Outra forma de apresentação gráfica da matriz SWOT pode ser encontrada no Quadro 4, em que se pode imaginar a configuração das ações estratégicas a serem implementadas na empresa.

Objetivos e metas

Existe certa falta de consenso na definição destes termos entre os especialistas em assuntos estratégicos e, muito embora essa questão deva permanecer aberta por um bom tempo ainda, é preciso adotar uma diferença entre ambos para a formulação da estratégia e a definição dos rumos que a empresa irá seguir. Assim, será adotada aqui a definição de metas e objetivos sob o ponto de vista do empreendedor, uma vez que a principal função estratégica de um plano de negócios é analisar e validar a viabilidade de um empreendimento, em todos os seus aspectos.

Os objetivos devem funcionar como um potente motor, sendo capazes de impulsionar a empresa e as pessoas que nela trabalham. Sem sua força orientadora, dificilmente a empresa irá se mover na direção certa. Para que um planejamento estratégico tenha êxito, é necessário que os objetivos estejam plenamente definidos, tanto os de longo quanto os de curto prazo.

O principal motivo para se definir os objetivos de uma empresa é orientar a direção que deve ser seguida para que a empresa cumpra sua missão e vá ao encontro de sua visão. Os objetivos indicam as intenções

Quadro 4 Apresentação da matriz SWOT com a descrição dos 4 grupos de elementos analisados

Eliminar	
Ameaças	Pontos fracos
Capitalizar	
Oportunidades	Pontos fortes
Melhorar	
Oportunidades	Pontos fracos
Monitorar	
Ameaças	Pontos fortes

gerais da empresa e o caminho básico para chegar ao destino que esta deseja.

Objetivos são resultados abrangentes com os quais a empresa assume um compromisso definitivo. Para atingir seus objetivos, a empresa deve estar disposta a comprometer os recursos necessários para alcançar os resultados almejados. Os objetivos devem ditar opções de negócios, orientando o processo decisório em toda a organização. Os objetivos devem criar um elo indissolúvel entre as ações da empresa e sua missão.

Algumas das seguintes diretrizes podem ser utilizadas para a definição dos objetivos:

- os objetivos devem ser individuais e esclarecer as atividades da empresa sem restringir a flexibilidade e a criatividade;
- os objetivos, em conjunto, devem constituir um projeto eficaz para alcançar todas as intenções;
- os objetivos devem estar estreitamente relacionados com a missão da empresa;
- os objetivos devem ser utilizados para a comunicação das intenções para todo o ambiente externo e interno.

Deve-se ainda desenvolver um procedimento de monitoração regular dos objetivos, prevendo revisões e reformulações destes quando o ambiente se modificar.

São exemplos de objetivos:

- conquistar a liderança do mercado norte-nordeste;
- exportar para os países da Comunidade Europeia.

As metas são declarações específicas que possuem uma correspondência direta com determinado objetivo, mostrando os passos que devem ser dados e quando. Não existe meta sem que ela esteja associada a números e datas, pois, dessa forma, é possível determinar se a meta foi ou está sendo atingida. As metas têm significado restrito quando estão fora do contexto de seus objetivos mais amplos, parecendo até, de certa forma, confusos. Assim, não devem existir metas isoladas, estando elas sempre sendo consideradas em conjunto com os respectivos objetivos para se ter clareza em seu entendimento. Uma maneira simples de diferenciar objetivo de meta é relacionar o objetivo com palavras e a meta com números. As metas são as etapas necessárias para se alcançar os objetivos.

As metas devem ser **SMART**, ou seja: e**S**pecíficas, **M**ensuráveis, **A**tingíveis, **R**elevantes e **T**emporais. Elas devem sempre se referir a algo tangível, e cada objetivo deve estar suportado por uma ou mais metas. Podem-se seguir algumas diretrizes básicas para a formulação das metas:

- as metas de negócios devem ser claramente associadas aos objetivos mais abrangentes da empresa;
- as metas devem ser específicas, ou seja, claras em seu conteúdo, pois somente dessa forma todas as pessoas dentro da empresa saberão identificar o que está sendo proposto;
- sempre associar a meta aos números que serão utilizados para identificar se esta foi atingida e, por outro lado, verificar, de tempos em tempos, se as ações estão levando a empresa na consecução das metas;
- as metas devem ser possíveis de serem atingidas, mas devem demandar para tanto um esforço adicional, pois, caso contrário, elas poderão perder o valor motivacional que imprimem à empresa;
- garantir que todos os recursos necessários para consecução das metas estejam disponíveis, e isso somente será possível se o cumprimento da meta for considerado de importância vital para o sucesso da empresa;
- associar prazos para o cumprimento da meta, pois o fator tempo dá uma ideia bastante clara de como deverá ser o planejamento das ações;
- utilizar processos formais para a elaboração e divulgação das metas, ou seja, as metas devem ser escritas, divulgadas em toda a empresa para envolver todas as pessoas em um processo contínuo de definição, revisão e cumprimento do estabelecido;
- desenvolver um sistema de avaliação e recompensa pelo cumprimento das metas;
- as metas devem ser realistas, tendo como base a análise das oportunidades e ameaças, não partindo daquilo que seria desejável;
- as metas devem ser consistentes, ou seja, deve-se ter o cuidado especial para que a meta não aponte para dois caminhos antagônicos.

Existem alguns autores que criticam abertamente a utilização das metas como alavanca de resultados, como o E. Deming, por exemplo, para quem as metas limitam o potencial das pessoas. As críticas, de fato, são potencialmente corretas, porém existem formas de usá-las. Devem--se evitar ameaças de punição para as pessoas que não atingirem as metas; pelo contrário, devem-se encorajá-las sempre. Trabalhar sempre com metas múltiplas que sejam dedicadas tanto à quantidade quanto à qualidade, por exemplo. Tratar as metas como um processo de aperfeiçoamento contínuo, revisando e atualizando regularmente os parâmetros. Utilizando-se dessas alternativas simples, é possível anular o efeito negativo das metas.

Exemplo de metas:

- implantar 50 novos pontos de distribuição nas cidades com mais de 50 mil habitantes na região Norte-Nordeste até o final de 2003;
- lançar campanha promocional com a veiculação de 10 comerciais diários de 30 segundos cada, em horário nobre, nas emissoras de televisão que atingem os estados Norte-Nordeste durante os meses de junho, julho e agosto de 2003;
- montar 5 escritórios de vendas na Europa, nas cidades de Londres, Madri, Roma, Dusseldorf e Paris, até dezembro de 2003;
- conquistar a certificação ISO 14000 por organismo credenciado no National Accreditation Council for Certification Bodies (NACCB) na Inglaterra, até dezembro de 2003.

Observação: os dois primeiros exemplos de metas relacionam-se ao primeiro exemplo de objetivo; o terceiro e o quarto exemplos de metas relacionam-se ao segundo exemplo de objetivo.

O conhecimento da situação da empresa por meio da matriz SWOT permite que sejam formulados os objetivos e as metas da empresa, lembrando-se sempre que os objetivos representam os resultados mais abrangentes com os quais a empresa assume um compromisso definitivo, e as metas são declarações específicas que possuem uma correspondência direta com determinados objetivos, mostrando os passos que devem ser dados e quando.

Atribuir pelo menos um objetivo para cada oportunidade a ser capitalizada, um objetivo para cada ameaça que deve ser eliminada e um objetivo para cada oportunidade que deve ser melhorada, segundo os resultados indicados na matriz SWOT.

O preenchimento do Quadro 4 é uma forma sistêmica de formulação de objetivos associados à análise da matriz SWOT e às suas respectivas metas. Em função da necessidade, poderão ser incluídas novas linhas, à medida que os resultados da análise SWOT indiquem a necessidade de maiores quantidades de objetivos e, consequentemente, maiores quantidades de metas.

Formulação e implementação da estratégia

Formular estratégias significa a empresa escolher a forma como irá atuar no mercado para cumprir suas metas e atingir seus objetivos. Segundo M. Porter, existem 3 abordagens estratégicas genéricas que podem ser adotadas por uma empresa, com potencial de serem bem-sucedidas na superação da concorrência, em um segmento de mercado: liderança total em custos, diferenciação e foco. Outros especialistas indicam outros tipos de estratégias, porém, de forma geral, pode-se dizer que todas as estratégias se resumem nas 3 abordagens defendidas por M. Porter, que ainda se apresentam mais consistentes e mais coerentes com a necessidade.

A liderança total em custos exige da empresa um grande esforço para reduzir custos, controle rígido destes e das despesas gerais e minimização dos custos nas áreas de apoio, além de buscar escala de produção e, dessa forma, oferecer produtos a preços menores que os concorrentes, obtendo, com isso, maior participação no mercado. Para escolher a liderança total em custos, a empresa precisa direcionar todo o seu esforço no sentido de buscar escala de produção e, assim, ganhar no volume. Isso implica a utilização de processos com altos índices de automatização, linhas de produção rígidas e procedimentos padronizados.

A diferenciação, como estratégia genérica, implica diferenciar o produto ou serviço dos produtos ou serviços oferecidos pela concorrência, criando algo que seja único em todo o mercado, e que essa característica seja reconhecida pelo cliente como um benefício, sendo valorizada por grande parte do mercado; ou seja, o cliente concorda em pagar mais caro pelo benefício único que o produto oferece. Dada a velocidade de tomada de decisão, a diversificação dos processos e a necessidade de disseminação das informações, esse tipo de estratégia exige empresas flexíveis, com o poder de decisão concentrado nos níveis hierárquicos mais baixos da organização, principalmente aqueles com contato direto com o cliente, e sistemas de informação disseminados por toda a empresa.

O foco consiste na empresa concentrar os esforços para atender somente um determinado grupo comprador, ou uma determinada linha de produtos, passando a conhecer as necessidades desses segmentos com muito mais propriedade que os concorrentes, obtendo vantagens com a aplicação desse conhecimento, seja na diferenciação, seja em custos. A estratégia foco é recomendada para as empresas que querem penetrar em um mercado de alto crescimento ou quando possuem uma gama muito pequena de competências. O foco, por um lado, pode ser uma excelente estratégia para uma micro e pequena empresa penetrar no mercado, pois concentrando os esforços para atender somente um comprador, ela acabará funcionando como uma extensão da empresa cliente, conseguindo com isso operar com baixos investimentos em publicidade e propaganda e quase nenhum investimento em pesquisa e desenvolvimento. Por outro lado, a empresa que adota esse tipo de estratégia fica restrita a poucos clientes, em geral do mesmo segmento de mercado, e se sujeita às vontades do comprador, que repentinamente poderá trocar de fornecedor, levando sérios riscos de sobrevivência para a empresa fornecedora.

A integração vertical consiste no domínio, por parte da empresa, de toda a cadeia produtiva, desde as atividades primárias de fornecimento até as atividades de distribuição do produto. Tal estratégia é utilizada para eliminar incertezas quanto à qualidade e à confiabilidade na entrega da matéria-prima e para reduzir custos com fornecedores ou distribuidores. As indústrias montadoras de automóveis utilizaram essa estratégia com sucesso até meados da década de 1970.

A diversificação concêntrica envolve a entrada em novos negócios relacionados ao negócio central original. Aproveitando-se desse relacionamento entre o novo negócio e o negócio original, transferem-se vantagens de um negócio para outro. Os produtos, mercados, tecnologias e capacitações utilizados no negócio original podem ser transferidos para o novo negócio com baixo custo.

A diversificação por conglomerados envolve a entrada em novos negócios que não possuem qualquer relacionamento com o negócio central. Nesse caso, a empresa precisa arcar com um custo muito alto para desenvolver as competências no novo negócio, porém, essa estratégia minimiza os riscos relacionados a flutuações de mercado em um único setor.

As empresas que atuam da mesma forma, em termos de estratégia, no mesmo mercado, representam um grupo estratégico. Obter melhores resultados, nesse caso, fica por conta da empresa que melhor aplicar a estratégia. Tais empresas, por outro lado, podem estabelecer alianças estratégicas e garantir, desse modo, uma fatia de mercado para cada aliado, estabelecendo uma espécie de barreira para a entrada de novas empresas no mesmo mercado. Tais alianças podem ser:

- aliança de produto/serviço: uma empresa é autorizada pela outra a produzir seu produto ou serviço;
- aliança promocional: uma empresa promove o produto da outra conjuntamente com os seus;
- alianças logísticas: uma empresa oferece serviços pós-venda ou de distribuição aos produtos da outra;
- parcerias de preços: uma ou mais empresas fixam seus preços para o produto, de tal forma que o comprador não consegue optar por um menor preço.

Após a definição das principais estratégias a serem seguidas pela empresa, deve-se planejar como serão detalhados os apoios necessários para a efetiva implementação das estratégias. O planejamento deve incluir as pessoas responsáveis, as áreas envolvidas, os recursos necessários e os prazos a serem cumpridos. A implementação é a parte mais delicada de todo o processo, pois de nada adianta uma estratégia clara e programas de apoio bem delineados se a empresa falhar na implementação.

A consultoria McKinsey desenvolveu o modelo 7Ss, que indica os fatores fundamentais que devem estar presentes na implementação de uma estratégia com sucesso. A Figura 14 demonstra esquematicamente esse modelo e o inter-relacionamento dos fatores fundamentais. O Quadro 5 define e conceitua cada um dos fatores fundamentais.

Assim, para que a implementação de uma estratégia seja bem-sucedida, é necessário que a empresa considere de alguma forma os 7Ss da McKinsey e suas interações no programa de implementação estratégica.

Pelo exposto e pela amplitude desse trabalho, pode-se resumir a formulação da estratégia em apenas duas escolhas: liderança em custos e diferenciação, pois, mesmo no caso da estratégia do foco, os clientes levarão a empresa a trabalhar com custos mais baixos ou com um serviço diferenciado. O preenchimento do Diagnóstico de Posicionamento Estratégico, apresentado no Anexo V, dá uma orientação numérica

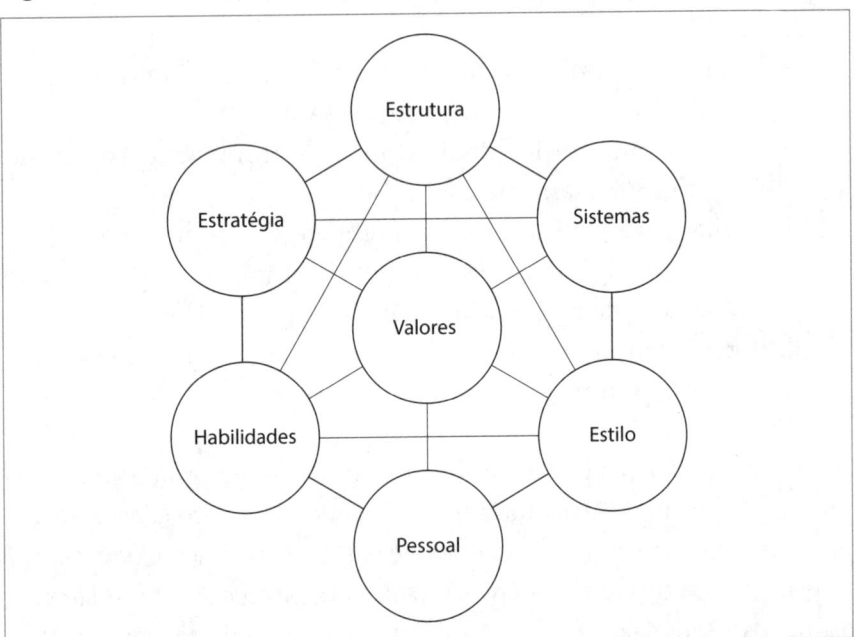

Figura 14   Modelo dos 7Ss da McKinsey

Quadro 5 Quadro para preenchimento sistematizado das metas e objetivos da empresa

Resultado da análise SWOT:	
Objetivo associado:	
Metas	
1.	
2.	
3.	
Resultado da análise SWOT:	
Objetivo associado:	
Metas	
1.	
2.	
3.	
Resultado da análise SWOT:	
Objetivo associado:	
Metas	
1.	
2.	
3.	

quanto à escolha da estratégia a ser utilizada pela empresa. Se o Diagnóstico de Posicionamento Estratégico indicar 15 ou mais respostas na letra A, a empresa poderá adotar a estratégia de liderança em custos. Para 15 ou mais respostas na letra B, a tendência será adotar a estratégia de diferenciação. No caso de pontuações iguais, quaisquer das duas estratégias poderão ser adotadas, lembrando-se sempre de que o importante no Diagnóstico de Posicionamento Estratégico é o conjunto das respostas, e não algumas respostas analisadas individualmente.

Controle estratégico

A empresa precisa verificar em intervalos regulares de tempo se os resultados esperados estão sendo alcançados, assim como manter a monitoração ambiental para saber se alguma mudança ou tendência poderá afetar a estratégia inicial.

Dependendo do mercado em que a empresa atua, a frequência das ações de controle deve ser maior ou menor. Alguns mercados extremamente dinâmicos, com mudanças rotineiras, precisam ser controlados com mais aproximação que outros mercados mais estáveis, que se mantêm de um ano para outro sem alterações significativas. Ainda existem mercados que mudam rapidamente de maneira imprevisível, como no caso de *hobbies*, e, nesses casos, necessita-se de monitoração mais intensiva.

A única certeza no ambiente empresarial é sobre a capacidade de mudança do mercado. Em alguns casos com maior velocidade e maior profundidade, porém todos os mercados mudam, porque mudam os valores da sociedade, muda o comportamento da força de trabalho, muda a tecnologia e muda a concorrência. A empresa precisa desenvolver mecanismos que identifiquem as necessidades de correções ou alterações na implementação das estratégias.

Em geral, os sistemas de controle estratégico incluem algum tipo de controle orçamentário para monitorar e controlar gastos financeiros. No entanto, é preciso tomar cuidado ao incluir esse tipo de controle, pois a implementação de estratégias opera com tendências, inovação e futuro, o que pode requerer compromissos financeiros diferentes durante o período orçamentário. Por outro lado, nenhuma empresa pode deixar de pensar no controle dos gastos, uma vez que a busca pelo resultado deve ser uma constante. Recomenda-se trabalhar com dois orçamentos: um estratégico e outro operacional. O orçamento estratégico busca uma situação de longo prazo, enquanto o orçamento operacional procura melhorar a eficiência a curto prazo e é monitorado intensamente.

Apesar disso tudo, muitas empresas encontram diversas explicações para não terem uma estratégia definida. Um dos casos mais característicos de empresas com bons motivos para não efetuar um planejamento cuidadoso são as empresas que atuam em mercados altamente dinâmicos que sofrem mudanças rápidas. Nesses casos, se a empresa optar por um planejamento criterioso, ao término do documento, as necessidades do mercado serão outras e a empresa necessitará reiniciar todo o processo.

Normalmente, empresas da área de base tecnológica, empresas que operam com produtos de modismos ou empresas da área de entretenimento estão enquadradas nesses casos. Para essas empresas, é interessante desenvolver uma grande capacidade de atuar contingencialmente ou "dançar conforme a música", utilizando-se uma expressão popular.

Por outro lado, existem ainda os nichos de mercado que tendem a utilizar a tradição para realizar negócios, ou seja, a credibilidade da empresa garante a continuidade no mercado. Nesse caso, as empresas já estabelecidas e com um histórico de bons serviços prestados também podem dispensar um planejamento detalhado, pois as mudanças no mercado são insignificantes e demoram anos para serem processadas. Assim, não é necessário refazer rotineiramente o planejamento, mas apenas monitorar alguns indicativos.

Enquadram-se nesse caso as empresas fabricantes de produtos clássicos, que são verdadeiros objetos de desejo, por exemplo, algumas marcas de canetas, automóveis, roupas, etc.

Redação do planejamento estratégico no plano de negócios

No corpo principal do plano de negócios, não é necessário incluir informações e análises que determinam a escolha da estratégia, a definição das metas e objetivos, a escolha das melhores oportunidades, nem como a missão e a visão foram determinadas. Essas informações e mecanismos utilizados para a consecução de tais definições devem constar de um anexo para uso exclusivo da empresa, não podendo ser divulgado para clientes, fornecedores, investidores de risco, bancos, etc. Ao leitor do plano de negócios, a empresa precisa demonstrar somente que conhece as inter-relações e as variáveis do ambiente externo e interno, suas causas e consequências, e as formas que ela utiliza para lidar com essas inter-relações e variáveis. Assim, as informações extraídas do planejamento estratégico poderão compor a descrição da empresa. O modelo apresentado na Tabela 18 poderá ser uma continuidade do modelo apresentado nos Quadros 1(a) e 1(b) do Capítulo 3.

Tabela 18 Conceituação e definição dos fatores fundamentais

Fatores	Conceitos
Estrutura	A estratégia determina a estrutura. O desenho estrutural da organização é um veículo para ajudá-la a alcançar suas metas. Se a estratégia da organização mudar, normalmente sua estrutura também mudará
Sistemas	Os sistemas – todas as políticas e procedimentos formais, como orçamentos de capital, contabilidade e sistemas de informação – também precisam estar alinhados e apoiados pela estratégia escolhida
Estilo	A alta administração age como um modelo de papel. Suas ações substantivas e simbólicas comunicam a todos na organização quais são as prioridades e o comprometimento sincero da organização com a estratégia. Significa que os funcionários da empresa compartilham uma forma comum de pensamento e comportamento
Pessoal	São as pessoas que executam uma estratégia, o processo de seleção e os programas de treinamento da organização precisam apoiar a estratégia garantindo que as pessoas certas sejam contratadas e que os funcionários tenham as qualificações e as habilidades para levar a cabo a estratégia. Significa que a empresa contrata funcionários capacitados, bem treinados e que executam bem suas tarefas
Habilidades	Dizem respeito às competências centrais da organização. O que a organização faz de melhor. A estratégia escolhida deve ser congruente com os recursos técnicos inerentes à organização. Significa que os funcionários estão preparados para seguir as estratégias da empresa
Estratégia	A administração obviamente precisa partir da estratégia correta, refletindo uma determinação precisa do ambiente, particularmente das ações atuais e futuras dos concorrentes
Valores compartilhados	Este fator traduz a estratégia em metas superiores que unem a organização em torno de algum objetivo comum, como a missão da organização. Significa que os funcionários dividem os melhores valores e missões

Planejamento Estratégico

Quadro 6   Modelo autoexplicativo da descrição da definições estratégicas da empresa

Visão
A .... *(razão social da empresa)* é uma empresa voltada para o futuro e expressa isso por meio da sua visão: .... *(descrição da visão da empresa)*.
Missão
A missão da .... *(razão social da empresa)* é .... *(descrição da missão da empresa)*.
Objetivos
1. ....
2. ....
Metas
1. ....
2. ....
3. ....
4. ....

Produtos e Serviços   5

A descrição de produtos ou serviços é importante para que as empresas vendam sua ideia a investidores. É também um modo interessante de comparar com a concorrência e tentar perceber o que os concorrentes fazem de certo e de errado. Essa comparação fornece ganhos à medida que os erros dos outros são percebidos e opta-se por uma estratégia diferente ou quando os acertos são copiados. Ainda dentro dessa fase do plano de negócios, é importante verificar as questões dos direitos de propriedade, ou seja, se a empresa possui marca registrada, se o logotipo é registrado, se possui alguma patente registrada e qual é o tempo de validade desses registros. Outra ação importante é listar as vantagens e desvantagens do produto ou serviço, comparadas ao produto ou serviço dos concorrentes.

Se a empresa for uma prestadora de serviços, devem-se dizer quais são os serviços da empresa e por que ela é capaz de fornecê-los, como são fornecidos, quem fará o trabalho, onde será realizado, além de expor as características únicas do negócio e o que ele tem de especial para oferecer aos clientes. Se existirem produtos e serviços que, funcionando em conjunto, beneficiem o cliente (p. ex., garantia para os produtos vendidos), isso não pode ser esquecido no plano de negócios. É importante dizer onde são obtidos os suprimentos e por que tais fornecedores foram escolhidos, projetar os gastos gerais e as despesas com veículos e esclarecer se o serviço será executado na casa do cliente ou em um escritório, quanto tempo leva a execução do serviço e quantas dessas horas são cobradas do cliente.

Quando a empresa que elabora o plano de negócios for fabricante ou atacadista, ela deverá descrever detalhadamente o processo de produção, desde o recebimento do material até a embalagem e a entrega do produto final. Isso poderá ser apresentado por meio de um fluxo do processo e serve para identificar os diversos estágios da produção, além de permitir a visualização do processo como um todo. Essa seção também envolve questões relativas aos direitos intelectuais, como direitos autorais, patentes ou registros de marcas.

Se a empresa, no entanto, for do ramo varejista, é fundamental que a descrição dos produtos comercializados esteja acompanhada de informações sobre os fornecedores. A descrição do processo de seleção dos fornecedores e de produtos também deve ser inserida nesse item. Por fim, deve-se apresentar um fluxo de processo demonstrando como os produtos chegam dos fabricantes até a loja, como são armazenados na loja e como saem das prateleiras para as mãos do consumidor.

Ciclo de vida do produto

A vida de um produto pode ser dividida em 4 etapas de desenvolvimento, que contemplam o ciclo de vida do produto: nascimento, crescimento, maturação e declínio. Cada etapa apresenta as características definidas pela Tabela 1.

A partir disso, é importante que a empresa conheça as causas principais de fracasso dos produtos, pois esse conhecimento ajuda a eliminar tentativas fadadas ao insucesso antes que elas consumam tempo e dinheiro. Chega quase a ser desnecessário ressaltar que o dinheiro gasto com desenvolvimento e introdução de fracassos no mercado é o mesmo gasto com desenvolvimento e introdução de sucessos; porém, é óbvio que o dinheiro foi mais bem empregado no segundo caso.

Tabela 1 Características das etapas do ciclo de vida de um produto

Etapas	Características
Nascimento	Elevadas despesas de promoção Grande esforço para tornar a marca reconhecida pelo mercado Preços mais altos em função da baixa produtividade Custos tecnológicos de produção elevados em função da pequena margem para depreciação Margens de lucro estreitas em razão do valor que o mercado se dispõe a pagar Custos fixos elevados em função da produção em pequenos lotes Fluxo de caixa negativo, pois os investimentos são altos e as vendas, baixas
Crescimento	A receita aumenta em função do aumento das vendas Melhora a relação entre promoção e vendas Custos fixos diminuem em função do aumento do tamanho dos lotes Fluxo de caixa tende a ser negativo, pois a demanda de investimentos supera a capacidade de geração de lucros
Manutenção	A taxa de crescimento das vendas diminui e tende a estabilizar-se O consumidor acostumou-se ao produto e pressiona por redução de preços As vendas se mantêm no nível de crescimento do mercado Os custos fixos se estabilizam em função da estabilidade dos lotes Inicia-se o processo de retorno do investimento sobre pesquisa e desenvolvimento (P&D)
Declínio	Desaparecimento do produto do mercado em função do declínio insustentável das vendas Tentativas de promoções e descontos não são capazes de recuperar a receita com o produto Já existe produto tecnologicamente superior no mercado, que ganha terreno rapidamente (quando o produto substituto é da própria empresa, o processo é denominado canibalismo)

As principais causas de um fracasso são: mau planejamento, mau gerenciamento, mau conceito, execução ruim, mau uso da pesquisa, tecnologia ruim, mau senso de oportunidade, etc.

O ciclo de vida de um produto está intimamente ligado à taxa de remuneração desejada, e esta é o que realmente interessa ao investidor. C. Pavani, no seu livro *Plano de Negócios*, chamou de "taxa K" a remuneração que um investidor pretende obter em uma aplicação financeira em determinado empreendimento, dado um risco implícito, salientando, ainda, que quanto maior o risco do negócio, maior será a taxa de remuneração desejada pelo investidor.

Para uma análise dos produtos em relação ao grau de risco dos empreendimentos, utiliza-se a matriz produto × mercado, conforme demonstrado na Tabela 2.

Estratégia de produto

Existem dois momentos críticos na relação entre o produto e o mercado: o momento do produto entrar no mercado e o momento da empresa retirá-lo do mercado.

As empresas costumam testar seus produtos no mercado antes da comercialização efetiva, com o objetivo de reduzir os riscos da introdução malsucedida. Os testes do produto são realizados por meio de pesquisa qualitativa com a utilização de entrevistas sistematizadas por um questionário ou grupos de discussão compostos por 6 a 10 pessoas com perfil consumidor semelhante, às quais o produto é apresentado para avaliação coletiva.

Para avaliar a reação dos concorrentes, a taxa de adoção do produto e a reação dos varejistas ou atacadistas, deve-se introduzir o produto

Tabela 2 Demonstrativo da matriz produto × mercado

Produto × mercado	Estratégia recomendada
Produto atual no mercado atual	Estratégia de concentração representa menor risco, sendo recomendada para mercados que ainda se encontram em fase de crescimento. A empresa deve maximizar seus ativos de produto e mercado
Produto atual no mercado novo	Estratégia de estabelecimento de parcerias com empresas que conheçam o mercado e já tenham acesso aos canais de distribuição
Produto novo no mercado atual	Se a empresa tiver como sua competência essencial o desenvolvimento de novos produtos, utiliza com sucesso a estratégia de criar novos produtos para vender no mesmo canal de distribuição
Produto novo no mercado novo	É o modelo de maior risco e, mesmo que a empresa encontre um investidor disposto, a taxa de retorno exigida será alta

experimentalmente em um mercado pré-selecionado. Durante essa fase, o produto recebe modificações em virtude das reações apresentadas; ao final do teste, definem-se, além dos aspectos funcionais, os atributos, como marca, logomarca, embalagem, cor, *design* e qualidade.

A classificação dos produtos determinará o conjunto de estratégias que serão desenvolvidas pela empresa. A Tabela 3 expressa as principais classificações dos produtos. É importante salientar que determinados produtos podem ser classificados em mais de um tipo.

A forma como a empresa pretende retirar um produto do mercado em benefício de outro tecnologicamente mais moderno também faz parte do planejamento. Os aspectos-chave desse processo de substituição devem ser detalhados.

Do mesmo modo, a empresa deve descrever como determina os produtos futuros em função do desempenho dos produtos atuais, demonstrando novas formas de desenvolvê-los, produzi-los e distribuí-los.

Tabela 3   Classificação dos produtos e suas respectivas características

Classificação dos produtos	Características
Bens duráveis	Duram após muito uso. Exemplo: televisão, geladeira, etc.
Bens não duráveis	Desaparecem ou deixam de ter utilidade. Exemplo: jornais, alimentos, etc.
Serviços	Atividades e/ou benefícios que são colocados à venda. Não ocorre transferência de propriedade e são de difícil padronização e uniformidade. Exemplo: consertos, entrega de jornais, etc.
Bens de conveniência	Aqueles adquiridos de forma frequente e cuja compra normalmente não exige grandes esforços. Exemplo: cigarros, sabonetes, creme dental, combustível, etc.
Bens de compra comparada	Aqueles que exigem esforços do consumidor no sentido de comparar qualidade, preço, etc. Exemplo: móveis, roupas, eletrodomésticos, etc.
Bens de uso especial	Aqueles que têm características únicas e/ou identificação de marca e cuja compra envolve avaliação mais demorada. Exemplo: joias

Produtos atuais

Deve-se elaborar uma descrição detalhada dos produtos e serviços oferecidos pela empresa, indicando as principais características dos produtos, quais benefícios eles oferecem ao consumidor e qual é o diferencial do produto perante o produto da concorrência. Descrevem-se também a forma pela qual o produto é produzido, o modo de controle e os requisitos de qualidade exigidos. Os destaques do produto, como selo de qualidade, seu reconhecimento como um produto de alto desempenho por um cliente de renome nacional ou internacional ou ainda se algum instituto de pesquisa tecnológica atribui uma alta pontuação ao produto, devem ser evidenciados nessa seção. Devem-se apontar também quais são os caminhos futuros que a empresa pretende seguir em termos de desenvolvimento de produtos.

Uma boa descrição dos produtos e serviços inicia-se, necessariamente, pela denominação do produto ou serviço oferecido e por sua classificação (bens duráveis, bens não duráveis, serviços, bens de conveniência, bens de compra comparada e bens de uso especial), seguidas de uma descrição física do produto, sem esquecer das características que afetam os sentidos humanos, como aroma, sons, cores, contato, etc. Outro dado importante é indicar a exclusividade do produto ou sua inserção em uma variedade de modelos para utilizações específicas. O mesmo cuidado deve ser tomado em relação aos tamanhos.

A descrição da embalagem deve acompanhar a descrição do produto, incluindo-se as proteções recomendadas ao produto, o prazo de validade, o que representa cada detalhe da embalagem, o manual de instalação e uso quando for o caso, etc.

No caso de empresa prestadora de serviços, deve-se explicar o porquê de a empresa se julgar apta a fornecer aquele tipo de serviço, a forma como será fornecido, as pessoas que executarão o trabalho e suas respectivas qualificações para tanto e onde o serviço será realizado.

Um produto deve ser sempre direcionado para satisfazer o cliente, atendendo suas necessidades e seus desejos de uma forma diferenciada da concorrência. Somente dessa forma a empresa conseguirá a plena satisfação dos clientes. Assim, torna-se importante descrever a forma como os produtos ou serviços da empresa atenderam às necessidades dos clientes e que tipo de clientes teve suas necessidades atendidas. Por outro lado, também é importante descrever as vantagens que o produto oferece, quais resultados foram alcançados e como isso foi efetuado. Pode-se juntar, na seção de anexos, a tabulação de dados que resultaram de uma pesquisa para medir a satisfação do cliente.

Definir claramente quais são as vantagens dos produtos ou serviços oferecidos sobre os produtos ou serviços dos concorrentes, ou melhor, explicar por que um cliente deixaria de comprar os produtos ou serviços de um concorrente e optaria pela compra dos produtos ou serviços oferecidos pela empresa, mesmo que seja um cliente de longa data do concorrente, é fundamental. Dentro dessa mesma linha, explicar se os produtos ou serviços oferecidos possuem alguma característica única, o que é considerado um dos principais pontos de atratividade para os clientes.

A identificação das vantagens competitivas dos produtos da empresa passa necessariamente por uma comparação com os produtos oferecidos pelos concorrentes diretos. Assim, o preenchimento da Tabela 4 e a atribuição de notas de 0 a 10 para os produtos da empresa e para os produtos da concorrência fornecem claramente as vantagens competitivas dos produtos, ou seja, as razões pelas quais um cliente optará pelo produto da empresa e não pelo do concorrente.

Tecnologia

As tecnologias necessárias à produção do produto precisam ser identificadas, além do proprietário de tais tecnologias. Se o produto é único e inovador e se utiliza ou não tecnologia de ponta, ele merece destaque. Enfim, deve-se descrever de que maneira as tecnologias necessárias encontram-se disseminadas no mercado e se existem patentes ou propriedade intelectual para tais tecnologias.

O objetivo básico é utilizar a tecnologia como um instrumento competitivo. Assim, a empresa precisará:

Tabela 4   Análise comparativa entre os focos de vantagem competitiva dos diversos concorrentes do mercado

Vantagem competitiva	Empresa	Concorrente A	Concorrente B	Concorrente C	Concorrente D
Preço					
Qualidade do produto					
Marca					
Recursos do produto					
Vendedor					
Ofertas/descontos especiais					
Publicidade					
Embalagem					
Especificações de projeto					
Comodidade na hora da compra					
Local das compras					
Demanda					
Qualidade do serviço					
Crédito					
Manutenção					
Garantia					
Atendimento					
Perspectiva econômica					
Custo do dinheiro					
Mudanças tecnológicas					
Desenvolvimento competitivo					
Desenvolvimento legal					

1. Identificar todas as tecnologias da cadeia de valores. As empresas, em geral, identificam apenas as tecnologias envolvidas no produto ou no processo de produção e consideram apenas as tecnologias inovadoras, chamadas tecnologia de ponta. Todas as fases da cadeia de valor envolvem alguma tecnologia, mesmo que seja simples, inclusive a tecnologia para desenvolver tecnologia.
2. Identificar tecnologias potencialmente relevantes em outros setores de mercado ou em desenvolvimento científico. Os sistemas de informação, os novos materiais e os produtos eletrônicos revolucionam diariamente o cenário tecnológico, criando novas tecnologias ou combinando as já existentes.
3. Determinar a trajetória provável da transformação de tecnologias essenciais. A transformação tecnológica determina as tendências em todas as atividades de valor e em toda a cadeia de valor, tanto do fornecedor quanto do comprador. Jamais se deve aceitar uma tecnologia como madura.
4. Determinar que tecnologias e transformações tecnológicas em potencial são mais significativas para a vantagem competitiva e a estrutura produtiva. Segundo M. Porter, as tecnologias significativas são aquelas que: criam elas mesmas uma vantagem competitiva sustentável; mudam os condutores dos custos ou da singularidade em favor da empresa; resultam em vantagens para o primeiro a mover-se; e melhoram a estrutura produtiva geral. A empresa deve identificar essas tecnologias e analisar de que forma elas causarão impactos nos custos, na diferenciação ou na estrutura produtiva.
5. Avaliar as capacidades relativas de uma empresa em tecnologias importantes e o custo da realização de aperfeiçoamento. A empresa precisa conhecer detalhadamente a sua capacidade de acompanhar o desenvolvimento tecnológico, além de ter identificado seus pontos fortes em relação às tecnologias básicas.
6. Selecionar uma estratégia tecnológica, envolvendo todas as tecnologias importantes, que reforce a estratégia competitiva

da empresa. A estratégia tecnológica da empresa deve contemplar os projetos de pesquisa e desenvolvimento (P&D) que reflitam sua importância para a vantagem competitiva e as políticas de licenciamento que visem a melhorar a posição da empresa no mercado, além dos meios para identificar e obter as tecnologias necessárias.

7. Reforçar as estratégias de tecnologias de unidades empresariais no nível da corporação. Para fortalecer sua posição tecnológica, uma empresa diversificada deve dar assistência e acompanhar as tecnologias para identificar os possíveis impactos sobre as unidades de negócios, encontrar, explorar e criar inter-relações tecnológicas entre as unidades de negócios.

Pesquisa e desenvolvimento

Atualmente, é impossível uma empresa sobreviver em um mercado competitivo e globalizado sem que investimentos sejam feitos em P&D. Muitas vezes, os padrões de desempenho das empresas categorizadas na classe mundial (*world class manufactures*) enfocam o percentual do faturamento aplicado em P&D. Para se manter competitivo, é necessário manter-se atualizado quanto às recentes tendências; para isso, a empresa necessita de um plano de desenvolvimento de novos produtos ou novas tecnologias, plano este que inclua os custos de desenvolvimento (laboratórios, pesquisas, materiais, pessoal especializado, testes, etc.) e o estabelecimento das atividades a serem desenvolvidas.

A atividade de P&D não pode ficar restrita somente às grandes empresas, pois, se as micro e pequenas empresas ficarem de fora desse tipo de atividade, seja por falta de capital ou por falta de visão dos empresários, elas acabarão sucumbindo diante do mercado globalizado.

A forma como a empresa desenvolve novos produtos e serviços e as alianças estratégicas desenvolvidas devem ser evidenciadas, porque isso demonstra que a empresa está inserida no mercado globalizado e o quanto ela poderá manter-se atualizada diante das recentes tendências. Além disso, uma planilha com a projeção dos investimentos em P&D deve ser incluída na seção plano de investimentos.

Critérios de seleção de produtos

Dentro de todas as empresas, existe o chamado composto de produtos, em que alguns são muito rentáveis e outros, nem tanto. Alguns estão na fase do crescimento e outros na fase do declínio. Existem também aqueles produtos de compra casada, ou seja, um produto que não é tão rentável, porém que a empresa é obrigada a produzir para que outro produto, muito mais rentável, possa ser produzido também. Essa situação é causada normalmente por questões contratuais, legais ou por imposição do cliente. Assim, não se pode dizer que uma empresa é um fracasso somente porque ela tem alguns produtos deficitários; o importante é questionar por que aqueles produtos fazem parte do catálogo e apresentar justas razões para isso.

Há 4 dimensões de composto de produtos que determinam a estratégia de produto da empresa, principalmente quanto aos critérios de seleção de produtos. Podem-se acrescentar novas linhas de produtos ou subtrair outras, variando a abrangência do composto de produtos. Pode-se também aumentar ou diminuir a variedade de modelos de cada produto e variar a profundidade do composto de produtos. Pode-se aumentar ou diminuir o número de produtos de cada linha, obtendo-se variação na extensão do composto de produtos, e, finalmente, pode-se aumentar ou diminuir o grau de relacionamento das diversas linhas de produtos e variar a consistência do composto de produtos.

Modelo para apresentação de produtos e serviços

O modelo do Quadro 1 pode ser um excelente guia para descrever os produtos e os serviços fornecidos pela empresa. Os campos em branco devem ser completados após o preenchimento do Formulário para Análise de Produtos e Serviços (Anexo VI).

Quadro 1   Modelo autoexplicativo da descrição dos produtos e dos serviços da empresa

2. PRODUTOS

A .... *(razão social da empresa)* é uma empresa do segmento .... *(classificação dos produtos)*, fabricante dos seguintes produtos:

1. .... *(produto A)*: fabricado em .... *(principal material utilizado)* e comercializado em .... *(n. de modelos e tamanhos)*, apresentando como principal característica .... *(aroma, som, cor, ou outra característica que identifica o produto)*, sendo fornecido em .... *(descrição da embalagem)*. O produto tem seu desempenho reconhecido pelo .... *(nome da entidade que atribuiu algum tipo de reconhecimento ao produto)* por meio do .... *(denominação do reconhecimento recebido)*. A principal tecnologia envolvida com o produto é .... *(nome da tecnologia utilizada, quando houver)*. Atualmente, o produto encontra-se na fase de .... *(etapa do ciclo de vida do produto)*. Sua principal vantagem competitiva, quando comparado a outros produtos similares oferecidos pelos concorrentes, é .... *(descrição da vantagem competitiva)*.

2. .... *(produto B)*: fabricado em .... *(principal material utilizado)* e comercializado em .... *(n. de modelos e tamanhos)*, apresentando como principal característica .... *(aroma, som, cor, ou outra característica que identifica o produto)*, sendo fornecido em .... *(descrição da embalagem)*. O produto tem seu desempenho reconhecido pelo .... *(nome da entidade que atribuiu algum tipo de reconhecimento ao produto)* por meio do .... *(denominação do reconhecimento recebido)*. A principal tecnologia envolvida com o produto é .... *(nome da tecnologia utilizada, quando houver)*. Atualmente, o produto encontra-se na fase de .... *(etapa do ciclo de vida do produto)*. Sua principal vantagem competitiva, quando comparado a outros produtos similares oferecidos pelos concorrentes, é .... *(descrição da vantagem competitiva)*.

A empresa desenvolve novos produtos a partir da análise de oportunidades efetuadas no planejamento estratégico e detalhado no plano de investimentos em P&D, apresentado na seção .... *(número da seção do plano de negócios onde está detalhado o investimento em P&D)*. Além disso, a empresa conta com o apoio estratégico da .... *(nome das alianças para P&D desenvolvidas)*.

A empresa acompanha o desempenho de seus produtos por meio de uma pesquisa .... *(frequência de realização)* de mensuração da satisfação do cliente, tendo recebido nota ...., conforme demonstrado nos formulários do Anexo .... *(n. do anexo em que se encontram os formulários da pesquisa)*.

Análise de Mercado 6

O plano de negócios tem dois propósitos básicos: demonstrar o autoconhecimento da empresa e seu conhecimento sobre o ambiente onde está inserida. A análise do mercado diz respeito ao conhecimento da empresa sobre o seu ambiente externo e as inter-relações com esse ambiente; além disso, ela fornece subsídios para o plano de marketing.

A análise de mercado é uma forma de conhecê-lo, avaliando de forma sistemática o ambiente onde o produto/serviço da empresa está inserido. O mercado é composto pelos concorrentes, pelos fornecedores e sobretudo pelos clientes. A definição do mercado passa necessariamente por: análise da indústria/setor, descrição do segmento de mercado, análise SWOT do produto/serviço e análise da concorrência.

Análise do setor de mercado

A análise do setor de mercado deve apresentar dados referentes ao tamanho, ao índice de crescimento e à estrutura do setor de mercado em que a empresa atua ou atuará. O passo inicial envolve a coleta de informações sobre o setor em que a empresa pretende atuar, o que poderá ser feito com auxílio de pesquisa de campo, entrevistas com outros empresários do setor, consulta às entidades de classe vinculadas ao setor, consulta a governos estaduais, municipais e até mesmo federal, consulta a entidades especializadas em estatísticas ou que mantenham banco de dados com informações do mercado, tais como IBGE, Sebrae, Dieese, etc.; ou consultas em publicações especializadas. As informações devem ser selecionadas com base nos objetivos da empresa, já definidos na fase do planejamento estratégico, e podem estar relacionadas à estrutura do setor, às práticas de *marketing* e ao composto de *marketing*. As informações devem sempre estar acompanhadas de dados estatísticos para que o grau de veracidade possa ser calculado. As informações, depois de filtradas e selecionadas, são utilizadas para monitorar as mudanças e tendências do mercado, de tal forma que a empresa passe a ter um leque de oportunidades a ser aproveitadas, decorrentes da identificação dessas tendências de mudanças.

Descrição do segmento de mercado

Uma vez identificado o mercado geral, busca-se a definição do mercado-alvo, e essa definição é um dos principais problemas de todas as empresas. A probabilidade de sucesso de um empreendimento que não tenha um segmento de mercado claramente definido é ínfima. Nenhuma empresa poderá atender a todos os tipos de clientes, e quem tentar fazê-lo acabará por não atender a nenhum tipo.

Uma análise de mercado bem elaborada pode definir claramente o setor em que a empresa atua e seu mercado geral; porém, dentro desse mercado geral, ainda se deve procurar uma subdivisão que será o alvo principal da empresa. O segmento-alvo deve ser definido a partir das características do produto, do perfil do consumidor e de outros fatores que afetam de maneira direta o consumo do produto. O mercado-alvo não é aquele que a empresa gostaria que fosse, mas aquele com potencial de consumo do produto. A segmentação de mercado pode apresentar quatro níveis distintos: segmentos, nichos, áreas locais e indivíduos, conforme demonstrado na Tabela 1.

Existem alguns fatores que precisam ser analisados dentro dessa etapa, pois estão diretamente ligados ao comportamento do consumidor

Tabela 1 Níveis de segmentação do mercado e suas características

Níveis de segmentação	Características
Segmentos	Os consumidores são bastante similares em desejos e necessidades Alguns consumidores desejam características e benefícios adicionais, enquanto outros abrem mão de algo por não desejarem muito A empresa pode criar uma oferta de produto/serviço mais ajustada e cobrar um preço mais apropriado à clientela-alvo A escolha de canais de distribuição e comunicação é mais fácil A empresa enfrentará um número menor de concorrentes, somente aqueles que estiverem focando o mesmo segmento
Nichos	Os consumidores possuem um conjunto completo e distinto de necessidades Os consumidores estão dispostos a pagar um preço maior para a empresa que satisfizer essas necessidades A empresa deve ter as habilidades exigidas para atender ao consumidor de maneira superior A empresa obtém alguma economia de escala por meio da especialização É provável que o nicho não atraia outros concorrentes O nicho deve ter potencial de tamanho, lucro e crescimento suficientes
Áreas locais	Programas preparados sob medida conforme as necessidades e os desejos de grupos de consumidores locais (áreas comerciais, vizinhanças, até lojas individuais) Demanda pouco investimento em propaganda Atendimento específico aos varejistas regionais
Indivíduos	Uso intensivo de tecnologia (computadores, bancos de dados, produção flexível, robótica e mídias de comunicação instantânea) para permitir o atendimento individualizado Customização de massa, que significa preparar uma base consistente de produtos e comunicações para atender às exigências de cada consumidor

diante da decisão de compra. Tais fatores podem ser divididos em quatro grandes grupos: culturais, sociais, pessoais e psicológicos.

Os fatores culturais estão relacionados à origem do indivíduo, que, na fase da infância, adquiriu um conjunto de valores, percepções, preferências e comportamentos transmitidos pela família e por outras instituições. Existe também a influência das subculturas que fornecem identificação específica e socialização para os seus membros, e isso inclui nacionalidades, religiões, grupos étnicos e regiões geográficas. Por fim, existem as classes sociais, que são divisões de uma sociedade com base em valores econômicos, cujos membros possuem valores, interesses e comportamentos semelhantes.

Os fatores sociais são compostos dos grupos de referência, família e papéis ou posição social. Os grupos de referência são todos os grupos de pessoas que, de forma direta ou indireta, influem nas atitudes e no comportamento de uma pessoa. Existem os grupos de referência primários, com os quais a pessoa interage no dia a dia (família, amigos, vizinhos e colegas de trabalho), e os secundários, cuja interação é formal e menos contínua (religiosos, profissionais, sindicatos, clubes e associações). A influência dos grupos de referência pode ser destacada no ciclo de vida do produto:

1. Quando o produto é lançado, a decisão de comprá-lo é fortemente influenciada pelos grupos de referência, mas a marca escolhida é menos influenciada.
2. No estágio de crescimento de mercado, a influência dos grupos de referência é forte tanto na decisão de compra quanto na escolha da marca.
3. No estágio da maturidade, a influência dos grupos de referência apresenta-se mais forte na escolha da marca, e não na decisão de compra.
4. No estágio de declínio, o grupo de referência não possui mais influência, nem sobre a decisão de compra nem sobre a escolha da marca.

Os fatores pessoais dizem respeito ao comportamento do consumidor diante do estágio do ciclo de vida e do estilo de vida. A Tabela 2 apresenta os estágios no ciclo de vida da família e o padrão comportamental ou de compra.

Os fatores relativos ao estilo de vida e sua influência na decisão de compra proporcionaram várias pesquisas, com especial destaque para o modelo VALS (análise dos valores e estilos de vida), do Stanford Research Institute, conforme demonstrado na Tabela 3.

Tabela 2 Visão do ciclo de vida da família e o comportamento de compra

Estágio no ciclo de vida da família	Padrão comportamental ou de compra
Solteiro: jovem que não vive com a família	Poucos compromissos financeiros. Líderes de opinião sobre moda. Compram equipamento básico de cozinha, móveis básicos, carros, enxovais para casamento, férias
Recém-casados: jovens sem filhos	Melhor situação financeira do que em futuro próximo. Taxa de compra mais elevada e média de compra superior de bens duráveis. Compram carros, refrigeradores, fornos, mobiliário fino e durável, férias
Ninho cheio I: casais com filhos menores de 6 anos	Despesas domésticas no pico. Patrimônio líquido baixo. Insatisfeitos com a situação financeira e baixa capacidade de poupança. Interessados em novos produtos. Gostam dos produtos anunciados. Compram lavadoras, secadoras, televisões, alimentos para bebês, medicamentos contra tosse e doenças respiratórias, vitaminas, bonecas, peruas, caminhonetes e *skates*
Ninho cheio II: casais com filhos de 6 anos ou mais	Melhor situação financeira. Algumas pessoas trabalham fora. São menos influenciados pela propaganda. Compram em lotes maiores, apreciam ofertas no atacado. Compram alimentos variados, material de limpeza e higiene, bicicletas, aulas de música, pianos
Ninho cheio III: casais maduros com filhos ainda dependentes	Situação financeira ainda melhor. Maior número de esposas trabalha fora. Alguns filhos conseguem empregos. Difíceis de serem influenciados por propaganda. Média alta de compra de bens duráveis. Compram novidades, móveis requintados, viagens de automóveis, eletrodomésticos desnecessários, barcos, serviços odontológicos, revistas
Ninho vazio I: casais maduros com filhos vivendo fora de casa, chefe da família trabalhando	Aquisição de residências no pico. Mais satisfeitos com a situação financeira e a capacidade de poupança. Interessados em viagens, recreação, autorrecreação. Dão presentes e fazem contribuições e donativos. Não estão interessados em novos produtos. Compram férias, artigos de luxo e melhoramentos para a residência
Ninho vazio II: casais maduros com filhos vivendo fora de casa, chefe da família aposentado	Redução drástica da renda pessoal. Passam mais tempo em casa. Compram aparelhos médicos e produtos que facilitam a saúde, o sono e a digestão

(continua)

Tabela 2 Visão do ciclo de vida da família e o comportamento de compra *(continuação)*

Estágio no ciclo de vida da família	Padrão comportamental ou de compra
Sobrevivente solitário que trabalha	Renda pessoal ainda razoável. Provavelmente venda da casa
Sobrevivente solitário, aposentado	Necessita de cuidados médicos e produtos relacionados ao outro grupo de aposentados. Redução drástica da renda pessoal. Necessidade especial por atenção, afeição e segurança

Fonte: Kotler, 1998.

Tabela 3 Classificação do estilo de vida segundo o modelo VALS

Sobreviventes (4%)	São pessoas em desvantagem que tendem a ser "desesperadas, deprimidas e retraídas"
Batalhadores (7%)	São pessoas em desvantagem que estão lutando valentemente para sair da pobreza
Proprietários (33%)	São pessoas convencionais, conservadoras, nostálgicas e indispostas a novas experiências, que preferem concordar a discordar
Imitadores (10%)	São pessoas ambiciosas, dispostas a ascender socialmente e conscientes de *status*; desejam se tornar grandes
Realizadores (23%)	Representam os líderes da nação, fazem as coisas acontecerem, trabalham de acordo com o sistema e gozam de vida confortável
Egoístas (5%)	São tipicamente jovens, interessados em si próprios e voltados ao sucesso
Experimentadores (7%)	São pessoas que possuem vida interior intensa e desejam experimentar diretamente o que a vida tem a oferecer
Socialmente conscientes (9%)	Pessoas com alto senso de responsabilidade social e que desejam melhorar as condições da sociedade
Íntegros (2%)	Pessoas plenamente amadurecidas psicologicamente e que combinam os melhores elementos de retidão interna e externa

Fonte: Kotler, 1998.

É muito importante conhecer alguns dados sobre a forma dos clientes no momento da classificação do mercado-alvo, podendo-se identificar 5 tipos básicos de personalidades (fatores psicológicos), conforme demonstrado na Tabela 4.

Contudo, quando o cliente não for uma pessoa específica, e sim outra empresa, as características referentes ao estilo de vida, ou fatores sociais, ou ainda características personalísticas não poderão ser utilizadas. Nesse caso, torna-se importante identificar quais mecanismos são utilizados pela empresa cliente para decidir pela compra.

O comportamento de compra industrial também passa pela análise e identificação dos fatores que influenciam a decisão de compra, que são ambientais, organizacionais, interpessoais e individuais.

Entre os fatores individuais, destacam-se o nível da demanda, a perspectiva econômica, o custo do dinheiro, a taxa de mudança tecnológica, os desenvolvimentos políticos e legais e o desenvolvimento competitivo.

Tabela 4   Cinco tipos básicos de personalidade dos clientes

Tipo de personalidade	Características
Inovadores (5%)	Correm todos os riscos, jovens e bem educados, familiarizados com novas ideias e tecnologias, têm computadores portáteis e estão conectados a redes, mantêm-se informados por fontes externas
Primeiros adeptos (10%)	Líderes de opinião em suas comunidades, avaliadores cautelosos, abertos a argumentos bem justificados, respeitados por seus companheiros
Maioria inicial (35%)	Evitam riscos sempre que possível, agem de forma deliberada, não experimentam novos produtos, a não ser que se tornem populares
Maioria tardia (35%)	Céticos, extremamente cautelosos, desapontados com outros produtos, relutantes com novos produtos, respondem apenas à pressão de amigos
Retardatários (15%)	Esperam até o último momento, esperam até os produtos ficarem desatualizados

Fonte: Sebrae, 1999.

Os fatores organizacionais também apresentam destaques, como os objetivos da empresa, as políticas, os procedimentos internos, as estruturas organizacionais e os sistemas.

Em todo o processo de negociação, existem pessoas envolvidas e os fatores interpessoais acabam ganhando destaque, sendo compostos de autoridade, *status*, empatia e grau de persuasão.

Para finalizar os fatores que influenciam a decisão de compra, os fatores individuais englobam as seguintes características da pessoa que efetivamente faz a compra: idade, renda, educação, cargo, personalidade, atitudes de risco e cultura.

Além de conhecer as características dos clientes para classificá-los dentro dos mercados-alvo, é importante também identificar o que os clientes estão comprando. O Anexo 7 – Formulário para análise do consumidor apresenta um formulário para processar essa análise. Assim, após criar segmentos de mercado com base no que os clientes compram, devem-se identificar as necessidades de cada grupo, abordando os seguintes aspectos do produto ou serviço que a empresa oferece: características, embalagem, preço e opções de entrega.

Finalmente, quando se está pensando em satisfazer o cliente e conquistar sua fidelidade por um longo período, deve-se buscar identificar o que os clientes estão procurando, o que consideram importante, como eles se motivam para a compra, como é a percepção deles para as coisas e, principalmente, como escolhem o que comprar e de quem comprar. Pelas respostas a essas questões, podem-se agrupar os clientes por segmentos de mercado, baseando-se nos benefícios que os clientes buscam nos produtos/serviços. Esses segmentos de mercado geralmente oferecem melhores oportunidades para o produto/serviço que satisfizer às necessidades de todo o grupo de clientes, pois o segmento de mercado descreve o cliente sob o ponto de vista do cliente, não da empresa.

Análise da concorrência

Apesar de a identificação dos concorrentes parecer uma tarefa relativamente fácil, há uma questão. Ela é uma tarefa fácil somente quando se trata dos concorrentes diretos, mas a faixa de concorrentes potenciais e reais é muito mais ampla. Por isso, é muito mais provável que uma empresa receba ataques de concorrentes emergentes, oriundos de outros mercados ou detentores de novas tecnologias, mais do que de concorrentes diretos.

Uma das piores coisas que se pode fazer em um plano de negócios é afirmar que a empresa não tem concorrentes. Todas as empresas enfrentam algum tipo de concorrência, seja direta ou indireta. Uma afirmação de que a empresa não tem concorrentes simplesmente indicará ao leitor do plano de negócios que a análise de mercado não foi bem elaborada.

Existem 4 níveis de concorrência, divididos pelo grau de substituição do produto, conforme demonstrado na Tabela 5.

A estrutura de um setor industrial é definida por uma série de fatores, como segue:

1. Número de vendedores e grau de diferenciação: um setor industrial é caracterizado primeiramente pela quantidade de empresas que estão dispostas a vender seus produtos, e se os produtos são homogêneos ou diferenciados. Esse fator dá origem aos tipos de estruturas industriais, como monopólio puro (quando apenas uma empresa fornece determinado pro-

Tabela 5 Níveis de concorrência

Níveis de concorrência	Características
Concorrência de marca	É a concorrência direta de empresas que oferecem produtos e serviços similares aos mesmos consumidores, pela mesma faixa de preço
Concorrência industrial	É a concorrência entre todas as empresas que fabricam o mesmo produto ou a mesma classe de produtos
Concorrência de forma	É a concorrência entre todas as empresas que fabricam produtos diferentes, mas destinados à mesma finalidade
Concorrência genérica	É a concorrência entre as empresas que buscam os mesmos recursos do consumidor

duto ou serviço); oligopólio puro (quando algumas empresas produzem essencialmente a mesma mercadoria); oligopólio diferenciado (quando algumas empresas produzem produtos parcialmente diferenciados); concorrência monopolista (quando muitos concorrentes estão em condições de diferenciar suas ofertas no conjunto ou em partes); e concorrência pura (quando muitos concorrentes oferecem o mesmo produto ou serviço).

2. Barreiras à entrada e mobilidade: as empresas poderiam entrar em qualquer mercado que julgassem atraente, e a entrada de novas empresas em um segmento aumentaria a oferta e reduziria os preços. No entanto, isso não ocorre dessa forma, na realidade, em razão das barreiras de entrada, que incluem: exigência de muito capital, economia de escala, exigência de patentes e licenças, escassez de locais, matérias-primas ou distribuidores, exigência de reputação e conhecimento tecnológico. Algumas vezes, apesar de conseguir entrar em um setor industrial, a empresa tem de enfrentar barreiras à mobilidade para atingir os segmentos mais atraentes.

3. Barreiras à saída e encolhimento: teoricamente, as empresas poderiam abandonar um mercado que julgassem pouco atraente. No entanto, em geral, isso não ocorre por causa das barreiras de saída, que incluem: obrigações legais ou morais com os consumidores, credores e empregados, restrições governamentais, baixo valor de recuperação dos ativos em função da supervalorização ou obsolescência, falta de oportunidades alternativas, alta integração vertical e barreiras emocionais.

4. Estrutura de custo: a conduta estratégica de cada setor industrial será determinada pelo seu composto de custo. Assim, as empresas definirão estratégias para a redução dos custos mais altos, com o intuito de ganhar vantagem sobre as outras do mesmo setor industrial.

Desse modo, torna-se importante descobrir e avaliar as estratégias dos concorrentes, ou seja, identificar se eles procuram a diferenciação ou a liderança em custos.

A partir da identificação da estratégia dos concorrentes, é importante descobrir o que modificará o comportamento de cada concorrente ou, em outras palavras, quais são os objetivos deles. Normalmente, todas as empresas perseguem um conjunto de objetivos, atribuindo a cada um deles um peso relativo no conjunto geral. Assim, procura-se descobrir qual é o peso atribuído à rentabilidade, ao crescimento na participação no mercado, ao fluxo de caixa, à liderança tecnológica, à liderança em serviços e assim por diante. Identificados os objetivos, pode-se avaliar como um concorrente reagirá aos ataques competitivos.

Finalmente, necessita-se identificar as forças e as fraquezas dos concorrentes, o que não é uma tarefa fácil, em função da disponibilidade de informações. Em primeiro lugar, deve-se procurar reunir dados sobre os negócios dos concorrentes, como vendas, participação no mercado, retorno sobre os investimentos, fluxo de caixa, novos investimentos e utilização da capacidade de produção. Entre as poucas maneiras de descobrir as forças e as fraquezas dos concorrentes, estão a utilização de dados secundários, a experiência pessoal e os boatos. Pode-se incrementar o conhecimento sobre os concorrentes, utilizando-se de pesquisa de *marketing* primária com consumidores, fornecedores e revendedores.

A análise dos concorrentes leva ao estabelecimento do perfil de reação a uma ação competitiva desencadeada pela empresa. Os perfis de reação mais comuns são:

- concorrente cauteloso: não reage rápida ou fortemente aos movimentos do mercado, pois julga que seus clientes são leais, tira o máximo proveito do negócio, é lento ou não tem condições financeiras;
- concorrente seletivo: reage somente a certos tipos de ataques e a outros, não;
- concorrente arrojado: reage sempre de maneira rápida e forte a qualquer movimento do mercado, sempre deixando claro que enfrentará qualquer tipo de ameaça;
- concorrente imprevisível: não demonstra um padrão de reação compreensível por meio de dados históricos ou financeiros. Não é possível prever sua reação.

A análise da concorrência deve incluir dados sobre quem são os reais concorrentes, ou seja, quais empresas disputarão especificamente o mesmo cliente-alvo; qual é o tamanho desses concorrentes, definido por meio do volume de vendas e da participação no mercado; qual é a lucratividade do setor, tomando-se um efetivo cuidado para identificar situações de concorrência predatória, em que as margens de lucro são muito baixas; fatores de percepção dos clientes (qualidade, preço, conveniência, imagem/estilo, relações pessoais e imagem perante a sociedade); e fatores estratégicos (metas, recursos financeiros, perfil gerencial, moral da equipe, unanimidade da gerência, poder de barganha, parcerias estratégicas e concorrência futura). O formulário apresentado no Anexo 8 – Formulário para Análise da Concorrência serve de guia às pesquisas para a coleta de informações da concorrência para efeito de análise de mercado.

Modelo para apresentação da análise de mercado

As informações reunidas a partir das análises efetuadas no mercado, tanto dos concorrentes quanto dos consumidores ou dos fornecedores, devem ser tabuladas e apresentadas em um relatório devidamente formatado.

As informações devem ainda servir de base para a elaboração de um plano de *marketing* e servem como diretrizes para definir a política de formação de preços da empresa, prever vendas, definir como a empresa divulgará seus produtos e serviços e como fará para que os produtos ou serviços cheguem até o consumidor.

Cuidados especiais devem ser tomados durante a análise das informações obtidas no mercado. Os dados devem ser avaliados com todo o critério possível, procurando, muitas vezes nas entrelinhas, o que determinada informação de fato significa. Certas informações podem estar escondidas em determinadas respostas obtidas do mercado, e somente uma análise minuciosa pode desvendar o que, na realidade, a resposta significa, ou qual será o melhor momento para usar a informação ou, ainda, qual é a melhor forma de utilizá-la.

O modelo apresentado no Quadro 1 é um excelente guia para descrever o mercado onde a empresa atua.

Quadro 1 Modelo autoexplicativo da análise de mercado

3. ANÁLISE DE MERCADO

A .... *(razão social da empresa)* pretende atuar na .... *(região onde a empresa venderá seus produtos)*, um mercado estimado de .... *(tamanho do mercado)*, de acordo com .... *(origem da informação sobre o tamanho do mercado)*.

Os clientes são .... *(detalhes do perfil dos clientes)* e decidem pela aquisição de um produto levando em conta .... *(fatores decisivos de compra)*, características que a empresa está perfeitamente capacitada a satisfazer.

O mercado projeta uma demanda mensal de .... *(quantidade de produtos a serem vendidos)* e, com o crescimento da atividade econômica, projeta-se um aumento de .... *(percentual de incremento nas vendas mensais)*. Para atingir esse mercado, a empresa adotará a estratégia de .... *(tipo de estratégia que será utilizada)*, superando, dessa forma, as barreiras de entrada definidas por .... *(tipo de barreira de entrada, quando existir)*.

Atuando no mesmo mercado-alvo ou sendo concorrentes diretos, existem as empresas: .... *(denominação dos concorrentes analisados)* que apresentam um perfil de reação .... à entrada de novas empresas no mercado. A empresa .... *(razão social do concorrente líder)*, atual líder de mercado, tem seus pontos fortes apoiados nas seguintes características: .... *(pontos fortes da empresa líder de mercado)*.

Atuando de forma .... *(tipo de atuação da empresa para conquistar mercado)*, pretende-se atingir uma participação de ....% do mercado em .... anos.

Plano de *Marketing*   7

O plano de *marketing* define a forma como a empresa atuará para levar seus produtos às mãos do consumidor. Por melhor que seja o produto de uma empresa, isso, por si só, não garante o mercado. Se a empresa não puder atingir seus clientes, não conseguirá permanecer muito tempo no negócio, e muitos negócios já fracassaram pela deficiência em sua estratégia de *marketing*, apesar de terem boas condições de sucesso.

Por meio do plano de *marketing*, a empresa deve demonstrar sua capacidade em tornar o produto/serviço conhecido pelos seus clientes, assim como despertar o desejo de comprá-lo. Assim, um bom plano de *marketing* deve conter:

- a forma que a empresa utilizará para que seus produtos ou serviços tornem-se conhecidos pelos clientes;
- a forma como a empresa despertará em seus clientes a necessidade de adquirir seus produtos ou serviços;
- a forma como a empresa fará para que os consumidores lembrem-se da sua marca no momento da compra;

- como a empresa se comunicará com seus consumidores;
- a definição da estrutura de vendas e a estrutura de distribuição dos produtos ou serviços da empresa.

Basicamente, o *marketing* possui duas finalidades: identificar oportunidades de mercado, ou seja, necessidades que não são satisfeitas pelas ofertas existentes, e preencher essa lacuna com ofertas que apresentem a melhor relação custo/benefício para o cliente e a melhor rentabilidade do investimento para a empresa.

Desse modo, o plano de *marketing* define as ações que a empresa tomará para atingir seu mercado. É bom sempre lembrar que os fatores levados em consideração pelos clientes na escolha de um produto deverão nortear a estratégia de *marketing*. Logo, os formulários para análise do consumidor, apresentados no Anexo 7 – Formulários para Análise do Consumidor, serão de grande utilidade para elaborar o plano de *marketing*.

O plano de marketing se apoia nos 4 Ps (produto, preço, promoção e praça ou ponto de distribuição), envolvendo também a previsão de vendas, pois terá um resultado diretamente proporcional à eficiência do plano de marketing. É aconselhável definir a estratégia de comunicação a ser utilizada pela empresa como um adendo à promoção, incluindo-se um cronograma das ações.

Produto

Um conceito bastante simplificado define produto como aquilo que a empresa tem para vender. Conhecer bem o produto é o primeiro passo de uma boa estratégia de vendas; afinal, por melhor que seja a abordagem do vendedor, se ele não conhecer bem o produto, não conseguirá jamais convencer o comprador a efetuar a compra.

Entender o motivo pelo qual o produto/serviço é adquirido pelo consumidor pode ser o grande diferencial no momento de uma venda. Assim, além do conhecimento das principais características físicas e funcionais do produto, deve-se conhecer também o porquê de cada uma delas, a associação do produto com cada detalhe da logomarca da empresa e, por fim, conhecer minuciosamente a embalagem, entendendo o motivo de cada cor utilizada, a apresentação geral e se existe alguma relação da embalagem com a funcionalidade do produto.

A comparação é sempre um recurso interessante utilizado pelo comprador, por isso, é importante conhecer com detalhes o produto do concorrente, principalmente aqueles que concorrem em vendas, pois, assim, a empresa antecipa possíveis comparações que os clientes provavelmente realizarão.

Contudo, como o produto já foi descrito em uma seção exclusiva para esse fim no plano de negócios, sendo então numeradas as vantagens do produto perante a concorrência, o plano de *marketing* pode limitar-se às estratégias de formação do preço, de promoção e publicidade, de distribuição e previsão de vendas.

Preço

Preço é o valor monetário atribuído a algo disponibilizado para a venda. Quando o mercado está vendedor, ou seja, a oferta está maior que a demanda, quem determina o preço é o cliente, que indica quanto está disposto a pagar por determinado produto. Quando o mercado está comprador, ou seja, a demanda está maior que a oferta, o preço é determinado pelo fornecedor, que indica por quanto está disposto a comercializar um produto.

A empresa deve, portanto, identificar as faixas de preços possíveis de atuar em qualquer uma das situações. Para tanto, deve manter identificados quais os preços mínimos, o preço ideal, as margens de contribuição e de lucro para cada produto comercializado.

Outro fator importante é conhecer a reação dos clientes em função do preço. Assim, é possível organizar uma política de descontos e promoções fundamentadas nas possibilidades financeiras da empresa, estabelecer uma política de preços em relação à concorrência e adotar mecanismos para reduzir os custos como forma de aumentar as possibilidades de diminuição dos preços.

Formação dos preços

É evidente que os preços são formados a partir da percepção do cliente sobre o valor atribuído ao produto, ou seja, quem estabelece o preço é o próprio mercado. Entretanto, é necessário formar os preços por meio do cálculo dos custos para que a empresa possa saber com exatidão a margem que pratica, até mesmo para que possa definir o limite a que pode chegar em face da política de preços que o mercado impõe.

Para a formação do preço, a empresa necessita inicialmente identificar o sistema de custos que será adotado. Em geral, as pequenas empresas adotam o método de custeio direto que, apesar de não ser reconhecido pelos órgãos governamentais, fornece ótimos indicativos para a tomada de decisão. Esse método consiste no cálculo de todos os custos de produção, tanto os fixos quanto os variáveis, sendo os custos fixos apropriados aos produtos na forma de rateio. Normalmente, o critério de rateio mais utilizado para a apuração do custo geral de fabricação por produto é o proporcional ao custo de mão de obra direta, embora não exista um padrão único para essa distribuição, o que leva à análise da composição desses custos e ao estabelecimento de uma relação entre os valores mais relevantes e os critérios: mão de obra direta, volume de produção, horas-máquina ou critérios mistos.

O cálculo de preço de venda por esse método se inicia pelos custos variáveis de cada produto, que incluem os custos de matéria-prima e mão de obra direta. A seguir, somam-se os valores do rateio dos custos fixos e dos serviços terceirizados para se obter o custo do produto.

Em seguida, devem-se apurar as despesas percentuais incidentes sobre as vendas (comissões, fretes, propagandas, inadimplência, etc.) e os percentuais das contribuições e impostos incidentes sobre as vendas (IPI, ICMS, PIS, Cofins, IRPJ, CSLL, Simples, etc.), além de estimar o percentual das despesas administrativas e das despesas financeiras (no caso de venda para pagamento a prazo).

Outro fator a ser definido é a margem de lucro desejada, cujo percentual leva em conta o histórico do mercado e do processo de planejamento de cada empresa. Considerando-se o ramo de atividade e os aspectos peculiares de cada uma, atualmente, as micro e as pequenas empresas operam com uma margem média de lucro de 12 a 15%.

O valor do *mark-up* resulta da soma das despesas percentuais incidentes sobre vendas, dos percentuais dos impostos incidentes sobre vendas, dos percentuais das despesas administrativas e das despesas financeiras, e do percentual de lucro desejado. Esse valor, subtraído de 100%, dá origem a um divisor que, aplicado ao custo do produto, permite conhecer o preço de venda.

A análise da concorrência permite identificar a política de preços e os preços nominais praticados pelos concorrentes diretos. Tais informações são de grande utilidade no momento da escolha da estratégia de preços a ser utilizada.

Políticas de preços

Qualquer que seja a base de formação de preços adotada – por meio do custo, da percepção dos clientes ou da concorrência, ou ainda um composto de dois ou mais métodos –, é importante que a empresa determine uma política de preços para que possa se orientar diante das oscilações do mercado. As políticas de fixação de preços mais utilizadas pelas empresas estão baseadas nas seguintes estratégias:

1. Estratégias oportunistas:
    - acompanhar os aumentos de preços dos concorrentes, mesmo que não seja necessário, conseguindo um aumento nas margens de lucro e mantendo o equilíbrio do mercado;
    - aumentar o preço com o aumento da demanda;
    - reduzir o preço quando perceber que o concorrente não conseguirá fazer o mesmo, promovendo um desequilíbrio no mercado, ganhando maior volume de vendas;
    - reduzir o preço em alguns produtos ou mercados onde a concorrência não consegue retaliar.

2. Estratégias predatórias:
- reduzir temporariamente os preços para tirar concorrentes do mercado;
- reduzir temporariamente os preços para aumentar a participação no mercado (*market share*);
- reduzir os preços para forçar os concorrentes a recuar ou a aceitar um acordo.

3. Estratégias contingenciais:
- desnatamento: essa estratégia consiste em fixar um preço bastante elevado, direcionado a uma determinada camada de consumidores de alto poder aquisitivo, conseguindo lucros extraordinários e, posteriormente, com o saturamento do mercado-alvo, reduzir os preços para atingir camadas de consumidores de menor poder aquisitivo;
- recuperação de caixa: estratégia utilizada quando a empresa necessita de liquidez no caixa. Para isso, promove-se uma liquidação dos produtos com o objetivo de reduzir os estoques e obter capital;
- apresentar um produto de alta necessidade com preço baixo para atrair o cliente e vender outros itens com preços mais altos. Exemplo: vender leite com preços mais baixos e sucos com preços mais altos;
- adotar uma postura de preços baixos apenas para se manter no mercado enquanto procura um reposicionamento estratégico ou aguarda um momento econômico melhor;
- campanhas de preços baixos no lançamento de um novo produto ou para conseguir entrar em um novo mercado;
- apresentar um produto de alta necessidade com preços baixos e fixar preços mais altos nos produtos complementares. Exemplo: vender leite com preços baixos e produtos matinais com preços mais altos.

É claro que não existe uma estratégia de preços ótima, devendo a empresa efetuar uma análise das informações estruturadas dos clientes e dos concorrentes para que possa se posicionar sobre a própria política de preços. Deve-se atentar, também, ao peso dos diferentes fatores que interferem na tomada de decisão do cliente-alvo e prever as reações da concorrência, sabendo-se exatamente por que estão praticando aqueles preços especificamente.

Conforme demonstrado anteriormente, não existe uma receita pronta para a empresa definir sua política de preços e o tempo que irá manter tal política, mas algumas recomendações básicas podem ser seguidas:

1. Se a empresa não tiver pressa para penetrar no mercado, mas quiser obter grandes lucros rapidamente e o produto tiver diferencial competitivo suficiente para justificar os preços altos, a melhor política de preços é o desnatamento.
2. Se a empresa deseja uma rápida penetração no mercado, mas, em contrapartida, pode aguardar um tempo maior para o retorno do investimento, deverá adotar políticas que contemplem preços baixos.
3. Se a empresa não for líder de mercado e o concorrente líder tiver criado expectativas de preços na mente dos compradores, a melhor estratégia é adotar políticas de preços que acompanhem a concorrência.

A escolha da melhor política de preços passa indispensavelmente pelas necessidades da empresa, sobretudo pela disponibilidade de capital e pelo tempo que a empresa conseguirá suportar a reação dos concorrentes quanto à estratégia adotada. Na verdade, a política de preços acaba sendo uma espécie de jogo de cartas: o vencedor será aquele que tiver uma grande capacidade financeira de aposta, de forma que os demais competidores não possam acompanhá-lo, ou aquele que tiver mais coragem para blefar.

Distribuição

O produto deve ser convenientemente distribuído para que possa estar disponível quando o consumidor resolver adquiri-lo. A empresa precisa definir, de forma clara, como levará seus produtos até o consumidor. Existem duas maneiras genéricas de o produto ser oferecido: vendas diretas e vendas indiretas.

1. Venda direta: quando uma empresa atua por meio de uma equipe de vendas própria, ofertando diretamente os produtos aos consumidores. A equipe de vendas pode ou não fazer parte do processo de distribuição.
2. Venda indireta: quando uma empresa oferta seus produtos aos consumidores por meio de atacadistas e varejistas.

Algumas empresas adotam uma estratégia mista, vendendo tanto à cadeia atacadista/varejista quanto diretamente ao consumidor final. Nesse caso, a empresa pode utilizar diferentes políticas de preços, dependendo do canal utilizado; porém, qualquer que seja a política de preços praticada, ela está sempre relacionada à quantidade de produtos vendidos e ao local de entrega do produto.

A escolha da forma de distribuição também causa impacto no desempenho da empresa e, portanto, deve ser considerada no plano de marketing. A intensidade da distribuição depende diretamente do tipo de cobertura de mercado considerado adequado pela empresa no tocante à comercialização de seus produtos. A distribuição pode ser classificada em três níveis:

1. Distribuição intensiva: a ideia é disponibilizar o produto no maior número possível de pontos de venda e, nesse caso, colocar o consumidor em contato com o produto o maior número de vezes. Esse tipo de distribuição é recomendado para produtos com demanda elevada, compra frequente e em pequenas quantidades, baixo preço unitário e ausência de demanda por assistência técnica.
2. Distribuição seletiva: o objetivo é identificar intermediários que tenham condições de comercializar os produtos, uma vez que sua venda deverá ser complementada por um serviço de assessoria técnica, que acompanha desde a escolha do produto

pelo consumidor até a pós-venda, incluindo instalações e orientações sobre o funcionamento. É recomendada para produtos que exigem conhecimentos especializados para venda, cuidados especiais de armazenamento e preços relativamente elevados.
3. Distribuição exclusiva: devem-se identificar revendedores que terão o direito exclusivo de distribuir os produtos em uma determinada área. É recomendada para produtos com demanda por serviços técnicos altamente especializados, tanto durante a venda quanto no pós-venda, grandes investimentos por parte do distribuidor, alto custo unitário e, geralmente, treinamento especial para a comercialização.

Para distribuir os produtos da melhor forma, devem-se considerar os níveis de intensidade da distribuição e os critérios a seguir:

1. Critérios econômicos: em geral, as empresas acreditam que serão favorecidas economicamente se possuírem pontos de venda próprios ou tiverem uma equipe de vendedores. Normalmente, a contratação de um escritório de vendas ou representações, ou ainda a entrega dos produtos para uma empresa intermediária, seja um atacadista ou um varejista, são vistas como muito dispendiosas. A intuição deve ser evitada e a empresa deve verificar os custos dos diferentes volumes de vendas dentro de cada tipo de estratégia. Normalmente, os custos fixos do uso de intermediários são menores que os da manutenção da propriedade dos pontos de distribuição ou da força de vendas, porém, crescem mais rapidamente, em função do aumento da comissão exigido ou dos descontos para a revenda. Em geral, as empresas de pequeno porte utilizam escritórios de representação, que podem ser utilizados também por empresas de grande porte, quando existe um pequeno território a ser atingido ou quando o volume de vendas é muito baixo.
2. Critérios de controle: o uso de intermediários exige um controle maior, pois estes, normalmente, têm seus próprios princípios norteadores, que podem divergir dos princípios da

empresa. Por outro lado, os intermediários costumam dar mais atenção aos seus clientes mais importantes, que nem sempre são os clientes mais importantes da empresa. Além disso, os vendedores do intermediário podem não conhecer suficientemente o produto ou não utilizar o material de promoção de forma eficaz. Existe ainda o risco de o cliente estabelecer uma relação comercial com o intermediário, e não com a empresa. Nesse caso, se o intermediário mudar de representação, levará consigo a carteira de clientes.
3. Critério de adaptação: o uso de intermediários como canal de distribuição, principalmente quando se tratar de distribuição exclusiva, pode envolver contratos com prazo de duração predeterminado e perda de flexibilidade, isto é, se outros meios de venda, como mala direta, tornarem-se mais eficazes durante o prazo de vigência do acordo, a empresa não poderá utilizá-los por força do contrato vigente.

O produto precisa estar disponível no momento em que o cliente resolver adquiri-lo. Assim, assume importância vital a forma como a empresa fará para que seus produtos cheguem até o consumidor.

A partir da análise feita dos hábitos do consumidor e da definição e do dimensionamento do mercado-alvo, pode-se definir a maneira pela qual o produto será oferecido, seja por venda direta ou indireta.

O plano de marketing precisa conter, além da forma de venda, o número de pontos de distribuição do produto para atingir todo o mercado-alvo.

Promoção

Entende-se por promoção o uso de um conjunto de ações de curto prazo com o objetivo de incentivar o consumidor a comprar mais rapidamente e/ou comprar uma quantidade maior de determinados produtos ou serviços.

Consideram-se ferramentas de incentivo: propaganda, publicidade, comércio mercantil, relações públicas, promoções de vendas, assessoria de imprensa e venda pessoal. É óbvio que somente as grandes corporações conseguem utilizar todas as ferramentas de incentivo, ficando as micro, as pequenas e as médias empresas limitadas somente a 3 tipos: propaganda, promoções de vendas e venda pessoal.

"Propaganda é qualquer forma paga de apresentação impessoal e de promoção de ideias, bens ou serviço por um patrocinador identificado."[1] A elaboração de uma propaganda implica a definição clara dos objetivos, a quantia de dinheiro a ser gasta, a mensagem a ser divulgada, os veículos a serem utilizados e a avaliação dos resultados.

De todos os pontos a serem planejados em uma propaganda, o principal para o plano de negócios é o orçamento destinado à ação. Para definir os recursos orçamentários, devem-se levar em conta os seguintes fatores: estágio do ciclo de vida do produto, participação no mercado e base de consumidores, concorrência e saturação de anúncios, frequência da propaganda e grau de substituição do produto.

A venda pessoal é uma arte antiga, também conhecida como venda porta a porta. Com o advento da tecnologia da informação e a melhoria dos sistemas de comunicação, a venda pessoal passou por uma modernização e apareceram algumas derivações, como vendas *on-line* (via internet) ou televendas (vendas por telefone). A vantagem da venda pessoal é o contato direto entre vendedor e comprador, na qual o primeiro tenta convencer o segundo dos benefícios do produto. Para adotar essa estratégia, a empresa necessita de uma equipe de vendas altamente capacitada e que conheça profundamente o produto ou serviço. A empresa também pode transferir essa atividade para um grupo de representantes comerciais, porém isso não quer dizer que esse grupo não deva conhecer profundamente o produto. A Tabela 1 apresenta alguns dos recursos utilizados pela promoção de vendas.

Um perigo para todas as empresas é afirmar que seus produtos não precisam de nenhuma ferramenta de incentivo à compra. Para que uma pessoa decida comprar um produto, ela deve ter a imagem desse produto fixada em sua mente, e quanto mais se lembrar dele, mais fácil será

---

1 Gaj, L. *Administração estratégica*. São Paulo: Ática, 1987. p.12.

Tabela 1   Recursos utilizados pela promoção de vendas

Ferramenta	Descrição
Amostra grátis	Oferecimento gratuito de uma quantidade do produto ao cliente. Constitui a forma mais eficaz e mais dispendiosa de lançar um novo produto
Cupons	São certificados que dão direito a seu portador a um desconto definido na compra de um produto específico. Os especialistas acreditam que os cupons, para serem eficazes, devem oferecer descontos de 15 a 20%
Descontos pós-compra	Os consumidores recebem uma redução de preço após a compra do produto, enviando uma prova da compra específica ao fabricante, que devolve parte do preço pago
Pacotes de preços promocionais	São ofertas aos consumidores, nas quais um conjunto de produtos é oferecido com redução de preços. Pode ser o conjunto de um mesmo produto, do tipo "leve 3 e pague 2", ou podem ser produtos diferentes que, quando comprados em conjunto, oferecem vantagens no preço. São mais eficazes para estimular as vendas que os cupons
Prêmios	Prêmios ou brindes são produtos oferecidos a preço relativamente baixo ou gratuitamente como incentivo para a compra de um produto específico. Em alguns casos, a própria embalagem reusável pode ser o prêmio. Os fabricantes costumam usar brindes que levam a marca
Concursos, loterias e jogos	São ofertas que permitem ganhar dinheiro, vantagens ou mercadorias como resultado da compra de algo. Normalmente, chamam mais atenção do que cupons ou pequenos prêmios
Recompensas por preferências	São valores em dinheiro ou outras formas que são proporcionais à preferência de alguém por uma marca ou empresa. Os clientes recebem selos na compra dos produtos, que podem ser trocados nos pontos de resgate
Experimentações gratuitas	Consistem no convite para compradores potenciais experimentarem gratuitamente um produto, na esperança de que eles venham a comprá-lo regularmente
Descontos	Trata-se de um abatimento direto na fatura sobre os preços de lista dos produtos comprados durante um determinado período

sua decisão. Assim, de nada adianta fazer uma inserção na mídia de tempos em tempos; a presença tem de ser constante para surtir algum efeito. A propaganda eficiente deve ter uma frequência capaz de aumentar a lembrança e gerar hábito. Não se formam hábitos senão com a presença na memória dos clientes. A propaganda não precisa ser cara, não precisa ser massificante, mas, sim, frequente.

De posse das informações referentes aos hábitos de seus clientes, a empresa pode desenvolver um plano de mídia que atinja diretamente seu mercado-alvo. Assim, a mídia pode ser mais bem aproveitada se for feita uma análise cuidadosa em relação aos clientes e ao produto oferecido, pois cada tipo de veículo de comunicação tem características particulares que definem vantagens e desvantagens para cada empresa, relacionando-se com seu mercado-alvo.

A Tabela 2 apresenta um plano de mídia. É claro que uma empresa nascente não necessita da mídia mais cara e de maior penetração logo nos primeiros dias, mesmo porque pode gerar uma demanda para a qual a empresa não está devidamente preparada.

Previsão de vendas

A previsão de vendas é uma projeção dos volumes e quantidades, ou valor das vendas, para um período futuro, baseada em um plano de *marketing* elaborado e diretamente proporcional à ocorrência de determinados eventos, com probabilidade de ocorrer durante um período específico.

A previsão de vendas deve ser iniciada pela determinação do tamanho do mercado, ou seja, a partir do público-alvo definido na análise realizada, podem-se determinar quantos consumidores potenciais existem em certa área geográfica que se pretende atender. É importante verificar também o índice de cobertura do mercado – quanto do potencial identificado está sendo atendido pelos concorrentes – e determinar qual o grau de participação que a empresa está disposta a assumir. Naturalmente, todas as empresas pretendem obter a maior participação possível do mercado, porém, essa participação está limitada à capacidade produtiva e à capacidade de atendimento da empresa. Assim, de nada adianta fazer uma propaganda eficaz se a empresa não tiver o produto para entregar. Nesse caso, estará apenas fomentando mercado para os concorrentes.

Tabela 2 Demonstrativo do planejamento de mídia para os 15 primeiros dias do mês

Mês	1	2	3	4	5	6	7	8	9	10	11	12	13	14	15
Jornal A															
Jornal B															
Revista															
Rádio/ Programa A															
Rádio/ Programa B															
TV/ Programa A															
Outdoors															
Outros															

Existem vários métodos de previsão de vendas, sendo que cada um atende a uma situação particular que a empresa pode estar vivendo, conforme descrito a seguir:

1. Empresas com vendas para outras empresas do setor industrial. Nesse caso, pode-se utilizar o **método de desenvolvimento de mercado**. O primeiro passo é identificar todos os possíveis compradores em uma determinada área geográfica, o que pode ser feito por meio de bancos de dados fornecidos pelas prefeituras municipais, associações comerciais, Fiesp, IBGE, Sebrae, etc. O segundo passo é determinar uma base apropriada para estimar o número de produtos que cada comprador utilizará, por exemplo, volume de vendas (número de produtos para cada milhão de reais em vendas), número de empregados (número de produtos para cada grupo de 100 empregados), etc. Após essas duas etapas, adicionam-se as informações referentes a saturação de mercado, número de concorrentes, média de idade dos produtos existentes na praça e taxa de crescimento do mercado. Essas informações adicionais podem ser conseguidas por meio de pesquisas efetuadas com as empresas-clientes. Se a empresa já tem um histórico de mercado, ela pode utilizar os dados de vendas para melhorar a previsão.
2. Empresas com vendas para o público em geral. Nesse caso, utiliza-se o **método de indexação por fatores múltiplos**, pois não é possível arrolar todos os clientes em função do grande número. Esse método relaciona o potencial de mercado do produto com a população. Deve-se tomar especial cuidado para não utilizar um único fator como indicativo de oportunidade de vendas, pois são necessários diversos índices influentes sobre o potencial de mercado, atribuindo a cada um deles um peso específico, de acordo com sua influência. Desse modo, as empresas precisam identificar as intenções de compra dos compradores; quando isso não estiver bem claro, recomenda-se efetuar um teste de mercado, o que é indicado particularmente para um produto novo ou um produto já existente em um

novo mercado. Devem-se considerar também as opiniões da força de vendas, tomando-se o devido cuidado, pois, normalmente, os vendedores tendem a ser conservadores, na esperança de que a empresa lhes designe cotas menores de vendas.

3. Empresas com vendas para o comércio varejista ou atacadista. O **método de indexação por fatores múltiplos** também é recomendado neste caso, porém é importante levar em consideração a opinião dos especialistas, que são propriamente os comerciantes e os distribuidores, que todos os dias entram em contato com os consumidores finais e, portanto, poderão oferecer valiosas contribuições para a previsão de vendas.

Alguns cuidados especiais devem ser tomados com a previsão de vendas, e recomenda-se trabalhar sempre com duas possibilidades: uma otimista e outra mais conservadora. Assim, em qualquer um dos casos, a empresa estará preparada para enfrentar tanto o aumento de demanda, previsão mais próxima da visão otimista, que acarretará aumento da capacidade produtiva, quanto a redução de demanda, previsão mais próxima da visão conservadora, que levará a empresa a adotar planos de contingência para superar o problema.

A Tabela 3 demonstra todos os passos para a elaboração de uma previsão sistemática de vendas.

Tabela 3   Passo a passo de uma previsão de vendas sistemática

Passos	Fontes/Ações
1. Recolher informações pertinentes externas	Jornais: informações econômicas e de conjuntura Revistas econômicas: informações econômicas e de conjuntura Expectativas de vendas de vendedores e/ou representantes Índices econômicos disponíveis: IBGE, FGV, Dieese, etc. Pesquisa de mercado Dados do potencial de mercado: IBGE, Seade, Sebrae, Fiesp, associações comerciais, órgãos governamentais, sindicatos, etc.
2. Recolher informações pertinentes internas	Fichas-clientes, com registros de compras mensais Estatísticas de vendas mensais por produto, cliente e região Pesquisas de mercado Dados históricos da empresa

continua

Tabela 3 Passo a passo de uma previsão de vendas sistemática

Passos	Fontes/Ações
3. Analisar e triar sistematicamente as informações recolhidas	Determinação do mercado total Apreciação dos segmentos do mercado Avaliação dos pontos fortes e fracos da concorrência e da empresa Avaliação da participação no mercado Avaliação de eventuais ganhos de participação no mercado Avaliação de critérios de decisão de compras Imagem da empresa no mercado Estratégia de marketing da empresa para reduzir dificuldades e catalisar oportunidades Determinação dos fatores nos quais haverá influência no nível de vendas Inovações que afetarão as vendas Atividades de promoção e propaganda.
4. Montar um banco de dados que armazene as principais informações	Dados internos de produção, contabilidade, departamento de vendas e marketing Dados externos publicados por instituições que projetam números baseados em censos e análises setoriais, como IBGE, Seade, Sebrae, Fiesp, etc.
5. Elaborar uma síntese da previsão de vendas	

Prever as vendas não é uma tarefa fácil, especialmente para as empresas nascentes ou para aquelas já existentes que estão entrando em um novo segmento, onde não existe histórico que sirva de base para projetar as vendas. No entanto, o volume de vendas refletirá o faturamento da empresa, o que é fundamental para demonstrar sua viabilidade econômica.

Não existe uma fórmula única ou mágica para prever as vendas. As empresas utilizam alguns métodos que fornecem indicativos para uma previsão aproximada e mais adequada à realidade da empresa.

Tradicionalmente, os métodos de previsão de vendas mais utilizados são: comparação com negócios similares, vendas em períodos anteriores e vendas repetidas.

Comparação com negócios similares

A análise de mercado e a definição do mercado-alvo fornecem uma visão do comportamento de compra dos clientes-alvo, da magnitude do mercado e do percentual desse mercado que a empresa terá condições de conquistar inicialmente.

O volume de consumo de um produto ou serviço também pode ser obtido por meio de publicações especializadas do setor de atividade da empresa. Elas costumam trazer informações sobre hábitos de consumo, consumo *per capita*, volume de vendas das empresas dos mais variados portes e outros dados que darão subsídios para a previsão de vendas.

No entanto, por menores que sejam as barreiras de entrada e as reações dos concorrentes a uma nova empresa no setor, até que a marca fique conhecida e a imagem esteja formada, uma empresa nascente encontrará dificuldades na busca por um aumento de participação no mercado. Nesse caso, as informações sobre o volume de vendas de negócios similares nos primeiros 2 anos podem servir de parâmetro à elaboração da previsão de vendas.

Vendas em períodos anteriores

No caso de empresas já estabelecidas, uma boa forma de projetar as vendas futuras é comparar o próprio histórico com a projeção que se pretende atingir.

Ao fazer este tipo de comparação, ou seja, avaliar os dados do passado para projetar as vendas do futuro, é necessário observar o comportamento do mercado, identificando primeiramente se ele está em expansão, estável ou em declínio. Por outro lado, a empresa deve estar atenta às questões de dinâmica do mercado, pois, em atividades que exigem tecnologia de ponta, os dados históricos não refletem o futuro.

Vendas repetidas

Quando a empresa possui contrato de fornecimento com algum cliente, as previsões acabam se tornando mais fáceis, o que não significa que não estejam sujeitas a alterações, pois, mesmo trabalhando com programações, é comum o cliente solicitar uma alteração nos programas de entrega, principalmente aqueles com grande poder de barganha sobre o fornecedor.

Apesar disso, essa é a forma mais segura e precisa de se fazer a previsão de vendas, pois permite avaliar como as compras se repetem (quinzenalmente, mensalmente, anualmente), ou como se comportam (crescimento, satisfação, formas de pagamento, fidelidade do cliente etc.).

Para as empresas do ramo industrial que têm suas vendas voltadas para outras indústrias, seja de matérias-primas, de máquinas e equipamentos ou materiais de uso geral, deve-se utilizar a Tabela 4, que foi elaborada a partir do método de desenvolvimento de mercado mais apropriado para esse tipo de vendas.

Devem-se observar as seguintes orientações para preencher a Tabela 4:

1. Área geográfica: delinear as áreas geográficas onde a empresa pretende atuar nas vendas. Exemplo: interior do estado de São Paulo, cidade do Rio de Janeiro etc.
2. Ramo de atividade: normalmente um produto atinge clientes de vários ramos de atividade. Exemplo: indústria de autopeças, indústria da construção civil etc.
3. Número de clientes: identificar o número de empresas por ramo de atividade atuando na área geográfica especificada. Tais dados podem ser encontrados em associações comerciais, prefeituras municipais, IBGE, Seade, etc.
4. Base de cálculo: identificar um número que represente uma base apropriada para estimar a quantidade de produtos que cada comprador utilizará, por exemplo, volume de vendas (número de produtos para cada milhão de reais em vendas), número de empregados (número de produtos para cada grupo de 100 empregados), etc.
5. Taxa de crescimento: verificar os índices de crescimento econômico como um todo e os índices de crescimento do ramo

de atividade especificado. Tais informações podem ser encontradas via IBGE, FGV, Dieese, Fiesp, etc.
6. Número de concorrentes: identificar o número de empresas que fornecem o mesmo tipo de produto na mesma área geográfica e para os mesmos clientes. Tais informações poderão ser obtidas em associações comerciais, prefeituras municipais, IBGE, Seade, etc. Caso tais dados não estejam disponíveis, deve-se recorrer a uma pesquisa de campo realizada com os clientes.
7. Participação no mercado (*market share*): a empresa deve calcular qual a sua fatia no mercado por meio de seu histórico de vendas, procurando sempre utilizar o período de 1 ano para enquadrar os efeitos da sazonalidade. Para empresas nascentes, deve-se procurar identificar quanto foi a participação dos concorrentes nos primeiros meses de atividade no mercado, obtendo-se tais informações por meio do volume de recolhimento de impostos, ex-funcionários ou escritórios de contabilidade, ou também por meio dos fornecedores. Ainda no caso de empresas nascentes, a participação no mercado e o volume de vendas poderão ser projetados a partir das necessidades da empresa, ou seja, determina-se um valor de receita mínima para suprir as necessidades de caixa; a partir disso, definem-se o volume de vendas necessário e, por conseguinte, a participação desejada no mercado.
8. Volume de vendas: número de unidades de produto a serem vendidas dentro da previsão efetuada.

Para as empresas do ramo industrial, cujas vendas se voltam para o público em geral, ou empresas com as vendas voltadas para o comércio atacadista ou varejista – enfim, fabricantes de bens de consumo –, deve-se utilizar a Tabela 5, elaborada a partir do método de indexação por fatores múltiplos, mais apropriado para esses tipos de vendas.

Devem ser observadas as seguintes orientações para o preenchimento da Tabela 5:

Tabela 4 Cálculo do volume de vendas previsto para um determinado tempo

Área geográfica (1)	Ramo de atividade (2)	N. de clientes (3)	Base de cálculo (4)	Taxa de crescimento (5)	N. de concorrentes (6)	Market share (7)	Volume de vendas (8)

Tabela 5 Planilha para o cálculo do volume de vendas previsto para um determinado tempo

Área geográfica	N. de clientes	Renda mensal dos clientes	% da renda destinada ao consumo	Preço médio no varejo	N. de produtos no mês	N. de concorrentes	Participação no mercado	Volume de vendas

1. Área geográfica: delinear as áreas geográficas onde a empresa pretende atuar nas vendas. Exemplo: cidade de São Paulo, cidades do interior de São Paulo com mais de 100 mil habitantes, etc.
2. Número de clientes: definido o público-alvo, verificar a quantidade de pessoas dentro do perfil identificado, que fazem parte da área-alvo geográfica. As informações podem ser obtidas no IBGE, por pesquisas com os clientes ou por meio do Formulário para Análise do Consumidor (Anexo 7).
3. Percentual de renda destinada ao consumo: da renda mensal dos clientes, verificar qual é o percentual destinado ao consumo do produto oferecido pela empresa.
4. Preço médio no varejo: por intermédio de pesquisa, identificar quanto o cliente está pagando atualmente por produtos oferecidos pelos concorrentes. Isso pode ser realizado por pesquisa de campo.
5. Número de produtos/mês: este número é calculado pelo quociente entre a renda mensal dos clientes destinada ao consumo do produto oferecido e o preço médio do produto no varejo.
6. Número de concorrentes: identificar o número de empresas que fornecem o mesmo tipo de produto na mesma área geográfica e para os mesmos clientes. Tais informações podem ser obtidas em associações comerciais, prefeituras municipais, IBGE, Seade, etc. Caso tais dados não estejam disponíveis, deve-se recorrer a uma pesquisa de campo realizada junto com os concorrentes, sejam eles atacadistas ou varejistas.
7. Participação no mercado (*market share*): a empresa deve calcular qual a sua fatia no mercado por meio do seu histórico de vendas, procurando sempre utilizar o período de 1 ano para enquadrar os efeitos da sazonalidade. Para empresas nascentes, deve-se procurar identificar entre os concorrentes quanto foi a participação deles nos primeiros meses de atividade no mercado. Essas informações podem ser obtidas por meio do volume de recolhimento de impostos, de ex-funcionários ou dos escritórios de contabilidade, ou ainda por meio de forne-

cedores. No caso de empresas nascentes, a participação no mercado e o volume de vendas poderão ser projetados a partir das necessidades da empresa, ou seja, determina-se um valor de receita mínima para suprir as necessidades de caixa; a partir disso, define-se o volume de vendas necessário e, por conseguinte, a participação desejada no mercado.
8. Volume de vendas: número de unidades de produto a serem vendidas dentro de uma previsão efetuada.

Em relação à previsão de vendas, deve haver duas projeções: uma otimista, demonstrando que a empresa atingirá 100% das metas estipuladas; outra, pessimista, em que se pressupõe que a empresa atingirá somente 60% das metas estipuladas, principalmente em razão das variações de demanda no mercado. Agindo dessa forma, a empresa previne-se contra uma possível redução ou um possível aumento inesperado das vendas.

Plano de comunicação

Um plano efetivo de comunicação provoca nos clientes a lembrança constante da empresa. As ações de comunicação fazem o cliente lembrar que tipo de bens e serviços a empresa oferece, que esses bens e serviços são de qualidade e, principalmente, que a empresa vende uma alternativa de solução para os problemas do cliente.

Dentre toda a gama de ações de comunicação que podem ser implementadas, algumas ganham destaque especial e vale a pena pensar com mais atenção nos detalhes dessas ações. Afinal, esse conjunto é chamado pelos especialistas de ações de marketing magnético, que estão descritas a seguir.

Press releases

Atualmente, na chamada era da comunicação, a mídia pode simplesmente alavancar uma empresa ou derrubá-la. Apesar do custo aparentemente elevado, existem técnicas que podem fazer a mídia trabalhar em favor da empresa. A melhor forma de fazer isso é pelo uso de *press releases*.

Em geral, jornalistas, repórteres e editores estão constantemente em busca de assuntos para jornais e revistas, sejam de circulação regional, nacional ou até mesmo internacional. O que deve ser levado em conta é a questão da sensibilidade dos profissionais da mídia quanto ao uso de seus meios de comunicação para a promoção gratuita. O *press release* não pode parecer uma forma disfarçada de obtenção de espaço gratuito na mídia. Se assim o for, certamente será rejeitado.

Um *press release* deve começar com um título chamativo, pois deve despertar o interesse dos profissionais da mídia; também deve ser formado por um conjunto de informações e notícias, e não por um relato sobre os benefícios dos produtos ou serviços fornecidos pela empresa; ou seja, se a empresa for uma indústria mecânica, o *press release* deve conter fatos inéditos ou curiosidades sobre o setor. Se a empresa conseguir oferecer novidades à mídia por meio do *press release*, certamente será procurada novamente para publicar outras histórias.

Para chamar a atenção ao produto ou serviço da empresa, a redação de um *press release* deve obedecer às seguintes estratégias:

- escrever algo que conteste uma situação convencional ou um determinado posicionamento, lembrando-se sempre de comprovar o que está sendo afirmado ou apresentar evidências objetivas de que a história escrita é absolutamente verdadeira;
- descrever algo fora do comum ou desconhecido, ou ainda uma novidade;
- apresentar as conclusões curiosas de uma pesquisa científica ou alguma enquete que indique uma tendência incomum;
- descrever o que a empresa faz que a distingue das demais e que possa chamar a atenção do profissional da mídia;
- o *press release* deve ser enviado ao profissional certo (editor, repórter, produtor, etc). Uma correspondência encaminhada a um veículo de comunicação sem um destinatário específico provavelmente será descartada como mala direta.

Artigos assinados

Outra forma de estabelecer um contato positivo com a mídia é escrevendo artigos para jornais e revistas sobre um assunto importante relacionado com a empresa ou com seus produtos e serviços. Nesse caso, o artigo não pode parecer uma propaganda, pois deve estar repleto de informações, problemas e questões sobre o assunto para que desperte o interesse dos leitores do veículo.

Para conseguir a publicação de um artigo, o primeiro passo é escolher corretamente o meio de comunicação que será utilizado, dando preferência àqueles que alcancem o público-alvo da empresa. Em seguida, deve-se escrever uma carta ao editor relatando o assunto sobre o qual está escrevendo e as qualificações do autor.

Ao escrever o artigo, o foco deve ser mantido no assunto e é aconselhável sempre o redigir com uma abordagem educacional, pois isso oferece maiores possibilidades de aceitação do texto. Outro cuidado que se deve ter ao utilizar esse tipo de ação de marketing são os prazos, uma vez que as publicações têm datas definidas para serem fechadas.

Autopromoção

Quando uma organização realça os benefícios que ela proporciona para a sociedade em geral, com o objetivo de conseguir algum tipo de patrocínio para suas ações, diz-se que a organização está se autopromovendo. Normalmente, são as organizações sem fins lucrativos ou organizações não governamentais (ONG) que se utilizam desse tipo de ação. Entretanto, para qualquer tipo de ação de autopromoção, recomenda-se a contratação de um profissional de relações públicas, pois a empresa não pode perder o controle sobre o que a mídia irá publicar a respeito de suas atividades.

Boletins informativos

É um excelente meio de promoção, mas alguns cuidados precisam ser tomados na utilização desse instrumento. Em primeiro lugar, planejar o boletim de tal forma que auxilie as pessoas de alguma maneira e ainda mantenha uma abordagem educacional. Em segundo, ter em mente que quanto mais práticas forem as informações contidas no boletim, mais a empresa será considerada importante no setor e maior será sua visibilidade como detentora de soluções para os problemas dos clientes.

Existem algumas regras práticas que devem ser seguidas na elaboração de um boletim:

- as questões devem ser caracterizadas por um estudo de caso, relatando como a empresa solucionou um determinado problema para um cliente. O boletim deve incluir também dicas de como utilizar os produtos da empresa;
- deve possuir artigos escritos por colaboradores da própria empresa ou artigos publicados em congressos ou outros meios de comunicação, desde que, neste caso, perfeitamente autorizados;
- conter dicas de onde encontrar mais informações sobre o assunto pertinente ao mercado de atuação da empresa ou sobre seus produtos e serviços. É necessário compreender que o conteúdo do boletim não é uma propaganda, mas uma ação de cunho educacional;
- o boletim não deve conter propaganda, nem da própria empresa nem de parceiros comerciais. Uma coluna intitulada: "O que há de novo", "Novos produtos" ou "Novidades na área" deve ser utilizada substituindo a propaganda e os anúncios;
- não cobrar pelo boletim em nenhuma circunstância – a não ser que o negócio da empresa seja vender informações e conhecimento;
- a publicação deve ocorrer em datas constantes. Jamais começar a imprimir um boletim se não conseguir continuar, ou se a edição for irregular, pois isso levará os clientes a duvidarem do potencial da empresa em cumprir prazos ou coordenar seus projetos com eficiência;
- é importante que a coluna dê retorno aos leitores, publicando perguntas recebidas e respondendo-as. Isso dará ao leitor a sensação de participação e a ideia de que a empresa presta atenção no que seus clientes têm a dizer;

- o boletim pode ser distribuído por meio eletrônico, porém a empresa deve certificar-se de enviá-lo somente para os clientes cadastrados, evitando que o material seja confundido com os indesejáveis *spams*.

Site na internet

Atualmente, é imprescindível para qualquer empresa marcar presença na rede mundial de computadores. A internet está se tornando o mais eficiente veículo de comunicação da história da humanidade; assim, qualquer empresa que busca abrir mercado deve se utilizar do potencial dessa mídia.

Não é necessário criar um site extremamente sofisticado; afinal, boa parte das empresas ainda não dispõe de banda larga, e se o cliente também estiver nesse enquadramento, terá dificuldades para abrir a página da internet e acabará desistindo de buscar as informações. Sites sofisticados também são onerosos, tanto na elaboração quanto na manutenção.

Não existem regras para utilizar um *website* como ferramenta de *marketing*, e aqui vale exercitar a criatividade ao máximo. No entanto, algumas dicas podem ser úteis:

- incluir na página principal um espaço para cadastro de clientes ou visitantes, oferecendo a opção de receberem ou não informações da empresa, sempre que pertinentes, ou o boletim periódico;
- se a empresa vender conhecimento ou informações, deve tomar o devido cuidado para não dar dicas nas páginas do *website*. Nesse caso, é preciso deixar o cliente com vontade de conhecer mais sobre o assunto, para assim o motivar a contratar os serviços da empresa;
- não desenvolver um *website* com *pop-ups* que apareçam sem que o internauta queira abri-los. Normalmente, os *pop-ups* são bloqueados, pois as pessoas se sentem invadidas por esse tipo de mensagem que, em geral, se trata apenas de propaganda. Contudo, é recomendado incluir uma lista de *links* e endereços dos parceiros comerciais da empresa;

- a menos que o negócio da empresa seja a veiculação da publicidade na internet, o *website* não deve conter propagandas de outras empresas.

Seminários e workshops

Os seminários de *marketing* podem ser uma excelente forma de divulgação dos produtos da empresa, já que os clientes participam de uma sessão aberta, na qual são transmitidas informações sobre os produtos e serviços da empresa.

Para essa ação obter sucesso, a empresa precisa ter um foco definido sobre o que vai ser exposto e discutido, e oferecer informações que agreguem conhecimento ao cliente ou ao futuro cliente. É recomendável elaborar um convite personalizado e endereçado para as pessoas-chave ou para determinadas comunidades. Também é importante ter o público-alvo definido, pois de nada adiantaria expor os produtos da empresa para um grupo de pessoas que, por diversas razões, não teriam a mínima chance de transformarem-se em clientes.

Feiras de negócios

É a ação de *marketing* que traz o maior resultado para uma micro ou pequena empresa, especialmente na fase inicial de operação. Em geral, a montagem de estandes e a consequente participação em um evento desse tipo é muito dispendiosa, praticamente ficando restrita apenas às grandes empresas, porém, existem feiras regionais, com acesso a um público mais restrito, mas com um bom retorno e com condições financeiras mais favoráveis. Outra opção é a participação nas grandes feiras por meio de estandes coletivos, organizados por instituições de classe ou por órgãos de fomento do governo.

Para obter sucesso nessa ação, é necessário um esforço de planejamento intenso antes do período da feira propriamente dito; afinal, a empresa estará se apresentando aos visitantes da feira da forma mais transparente possível. Para tanto, um folheto bem elaborado, cartão de visita e amostras do produto são itens indispensáveis. Uma demonstração prática do funcionamento do produto é de grande valia para atrair o público para o estande; porém, se isso não for possível por alguma limitação, utilizar vídeos ou simulação gráfica em computador é uma alternativa.

Algumas empresas costumam atrair pessoas para o estande distribuindo brindes ou oferecendo bebidas e canapés. É preciso cuidado especial com esse tipo de ação, pois, além de dispendiosa, algumas pessoas podem tomar longos períodos dos expositores e, no dia seguinte, nem se lembrar da empresa ou dos produtos apresentados.

Folhetos

Existe uma máxima do *marketing* que diz: não são os folhetos que realizam as vendas, mas, sim, as pessoas. Isso não significa que um folheto bem elaborado não cause impacto no público-alvo da empresa. Se for bem elaborado, um folheto pode causar uma impressão positiva no cliente, que permitirá um cultivo mais intenso desse mesmo cliente. Uma boa dica é incluir no folheto experiências de clientes, contando como os produtos da empresa facilitaram suas vidas, como os ajudaram a economizar tempo ou ainda como lhes permitiram ganhar mais dinheiro. Além de ficarem lisonjeados, isso permitirá atrair novos clientes.

Folheto eficaz não é aquele que custa uma fortuna. O que está em jogo não é a aparência do folheto, mas os conceitos e a orientação fornecida ao cliente. Um bom folheto irá fixar a imagem da empresa nas ações de compra do cliente.

Anúncios

A propaganda é um jogo desafiante que nem mesmo os publicitários mais experientes conseguem entender completamente. É definida como uma combinação de psicologia e aspectos comportamentais dos clientes-alvo, com resultados influenciados por tendências, casualidades, fatalidades e todo tipo de ocorrências que afetam positiva ou negativamente o seu desempenho.

Uma propaganda eficaz é aquela que convence o cliente a pedir um catálogo, ir até a empresa ou decidir pela compra. Assim, o anúncio deve ter conteúdo, e não ser um simples receituário. O anúncio deve falar das vantagens que o produto ou o serviço trazem para o cliente e como essas vantagens, transformadas em recursos financeiros, permitem que ele recupere o investimento. É importante salientar também se o produto beneficia o meio ambiente e quais as principais diferenças quando comparado ao disponibilizado pela concorrência.

Em geral, um anúncio não produz resultados na primeira publicação, sendo necessário repeti-la pelo menos 6 vezes para se obter os primeiros efeitos. O leitor de um jornal ou de uma revista dificilmente presta atenção nos anúncios, limitando-se apenas a passar os olhos por eles; assim, a repetição pode permitir que ele absorva o anúncio em sua mente.

Um anúncio deve vender soluções, e não produtos ou serviços.

Mala direta

É uma ação de *marketing* que traz menores resultados, pois a maioria das correspondências enviadas acaba no cesto de lixo do destinatário. Diariamente, as pessoas recebem grande quantidade de correspondências, sendo que muitas delas são propagandas enviadas por mala direta. Por essa razão, a eficiência dessa ação é bastante reduzida.

Usar a mala direta somente faz sentido no caso de a empresa ser citada pela imprensa, conseguir publicar um artigo ou ainda por participar de um seminário ou *workshop*. Nesses casos, a empresa pode fazer uma campanha por mala direta informando aos clientes, que constam em uma lista de correspondência, sobre o evento.

A mala direta só funciona se houver um fluxo constante e o material for encaminhado para um nome específico, cuja pessoa já manifestou interesse em obter informações sobre as atividades da empresa.

Tal qual os anúncios, esse tipo de propaganda também não traz resultados na primeira distribuição, e mesmo após a repetir por diversas vezes, o retorno é inferior a 1%. Uma das providências possíveis para tentar melhorá-lo é o cuidado com a preparação da lista de endereços. Ao adquirir ou alugar uma lista, deve-se realizar uma seleção de endereços customizada ao perfil dos clientes-alvo da empresa. O esforço de propaganda via mala direta deve concentrar-se em quem pode trazer maiores resultados, investindo-se pouco ou nenhum recurso com clientes distantes dos produtos da empresa.

Cuidados especiais devem ser tomados com a mala direta, especialmente as endereçadas por meio eletrônico, nas quais os destinatários, em vez de lerem o anúncio, sentem-se invadidos pela propaganda, o que acaba causando uma certa repulsa aos métodos utilizados pela empresa. Para evitar esse tipo de reação, o ideal é a empresa elaborar sua lista de endereços a partir de um cadastro em que o próprio destinatário autoriza o envio da mala direta.

Há um grande número de ações de comunicação que podem ser colocadas em prática por uma empresa. É importante que cada uma delas seja analisada em detalhes, principalmente com relação ao custo/benefício que propiciam, optando-se pela ação, ou pelo conjunto de ações, mais adequados para a empresa. Esse conjunto de ações também pode receber o nome de ferramentas de *marketing*.

Uma boa forma de proceder a essa análise consiste em classificar o conjunto de ações por prioridade, atribuindo-se notas de zero a 4 por necessidade de utilização.

O prazo para implementação das ações ou ferramentas de *marketing* selecionadas deve obedecer à prioridade definida na Tabela 6.

O critério de escolha das melhores opções e a classificação das prioridades de implantação dependem do tipo de empresa e do mercado onde elas atuam, mas algumas considerações, como as listadas a seguir, são obrigatórias:

Tabela 6   Classificação das ferramentas de marketing × prazo de implementação

Nota	Definição	Prazo de implementação
0	Ultraprioritária	Imediato
1	Prioritária	2 meses
2	Urgente	6 meses
3	Normal	12 meses (se for possível)
4	Descartada	Não será implementada

- definir claramente o objetivo a ser atingido com a implementação da ação;
- definir claramente o perfil do público-alvo;
- a ação escolhida deve ser capaz de orientar e sensibilizar o cliente-alvo;
- a empresa deve estabelecer alguma forma de medir o retorno da ação implementada;
- definir antecipadamente o tempo de duração da ação;
- calcular a relação custo × benefício da ação.

Após a análise das considerações discriminadas anteriormente, podem-se atribuir as notas para as ações de comunicação e marketing que serão implementadas, bem como definir a ordem de prioridade de implantação.

O Quadro 1 relaciona as ações mais comuns. Entre elas, as mais adequadas para cada tipo de empresa em particular devem ser adotadas, de acordo com a classificação por prioridade.

Quadro 1   Ações de comunicação e marketing mais comuns para as empresas

Ações de comunicação e *marketing*	Nota	Ações de comunicação e *marketing*	Nota
Análise da concorrência		Treinamento de vendas gerencial	
Pesquisa de mercado		Treinamento de vendas para equipes	
Desenvolvimento de novos produtos		Campanhas de incentivo	
Catálogo de apresentação		Campanhas de fidelidade	
Programação visual		Marketing "boca a boca"	
Newsletter		Promoção de vendas	
Catálogo de produtos		Concursos	
Campanha de prospecção		Anúncios em classificados	
Testemunhais		Anúncios em mídia dirigida	
Mala direta		Anúncios em mídia de massa	
Show room		*Outdoors*	
Aquisição de banco de dados		Assessoria de imprensa	
Call center		Organização de eventos	
Endomarketing		Promoção de *workshop*	
Organização da força de vendas		Participação em feiras	

É importante incluir no plano de negócios um cronograma demonstrando os prazos para a implementação das ações de comunicação e marketing, bem como o tempo de duração de cada uma. No entanto, esse cronograma deve ser utilizado apenas para controle interno, não sendo necessária sua divulgação junto ao corpo do plano de negócios. O cronograma pode ser colocado na seção de anexos, apenas para controle interno da própria empresa.

Redação do plano de *marketing*

O modelo apresentado no Quadro 2 é um excelente guia para redigir o plano de *marketing*. Nele, podem-se observar desde a estratégia de preços adotada pela empresa, passando pela forma de distribuição dos produtos, pelo plano de mídia e concluindo com as projeções, otimista e pessimista, de vendas.

Quadro 2   Modelo autoexplicativo do plano de *marketing*

---
4. PLANO DE MARKETING

A .... *(razão social da empresa)*, após analisar o perfil dos clientes-alvo e os fatores que influenciam suas decisões de compras, após avaliar a política de preços da concorrência e levantar os custos envolvidos na fabricação dos produtos, concluiu que a melhor estratégia de preços a ser adotada é a ....
.... *(descrição da estratégia de preços)*, que será mantida até .... *(período de manutenção da estratégia de preços escolhida)*. O principal objetivo da empresa ao adotar essa estratégia de preços é ....
.... *(razão pela qual a estratégia de preços foi escolhida)* e, com isso, atingir as metas de participação no mercado, além de fixar a imagem da empresa junto ao cliente.

A empresa pretende distribuir os produtos por meio de .... *(sistema de venda escolhido)*, contando, para tal, com .... *(número de vendedores ou de distribuidores)* capazes de atingir todo o território ocupado pelo mercado-alvo.

Pela análise do perfil do cliente-alvo, definiu-se a publicidade da empresa por ..
.... *(canais de mídia a serem utilizados e ações de comunicação)*, sendo que um plano de divulgação pode ser observado no quadro a seguir:

(continua)

Quadro 2 Modelo autoexplicativo do plano de *marketing* (*continuação*)

Mês	1	2	3	4	5	6	7	8	9	10
Jornal A										
Revista										
Rádio/Programa A										
Rádio/Programa B										
TV/Programa A										

Pela análise do potencial do mercado e pela participação de mercado esperada, as vendas foram projetadas de duas formas: uma otimista, supondo-se que as metas serão plenamente alcançadas, e outra pessimista, supondo-se alterações na demanda decorrentes de questões econômicas que estão demonstradas nos quadros a seguir:

Projeção de vendas otimista (em unidades)											
Jan	Fev	Mar	Abr	Mai	Jun	Jul	Ago	Set	Out	Nov	Dez

Projeção de vendas pessimista (em unidades)											
Jan	Fev	Mar	Abr	Mai	Jun	Jul	Ago	Set	Out	Nov	Dez

Plano Operacional   8

Esta seção do plano de negócios está relacionada à forma de operação da empresa, desde a maneira como a administração gerencia o negócio até como os produtos ou serviços são executados, distribuídos e controlados. Ainda dentro desta seção, é importante definir o perfil profissional das pessoas-chave, bem como o relacionamento entre as funções da empresa.

Para qualquer tipo de leitor do plano de negócios, seja ele um investidor de risco ou um parceiro comercial, esta seção irá definir a forma como a empresa realiza o trabalho, como cuida da qualidade dos produtos e processos, como utiliza seus equipamentos e recursos, como se relaciona com as pessoas que fazem parte do quadro de colaboradores, como controla seus custos, e assim por diante.

Estrutura funcional

A apresentação da estrutura funcional da empresa diz respeito à alocação das pessoas nas atividades da empresa, à extensão da responsabilidade do cargo de cada uma delas e ao nível de autoridade de cada cargo, além da definição das relações hierárquicas da empresa. O organograma é uma das formas mais comuns de demonstrar a cadeia de comando da organização, conforme exemplificado na Figura 1. No entanto, por si só, é insuficiente para mostrar a correlação necessária à coordenação; por isso, as empresas lançam mão da matriz de responsabilidades, demonstrada na Tabela 1.

O organograma deve indicar claramente a estrutura funcional, a diretoria, a gerência e a equipe. A responsabilidade, a autoridade e a inter-relação das pessoas que gerenciam, produzem e verificam os produtos ou serviços são indicadas aqui, sendo que as tarefas de revisão de projetos e auditoria interna precisam ser exercidas por pessoas diferentes daquelas que executam o trabalho.

O organograma da Figura 1 representa o modelo mais utilizado no Brasil, mas existem outros tipos de organogramas. As regras a seguir orientam a construção do modelo discutido:

1. Os cargos mais importantes devem ser colocados no topo do gráfico e os cargos subordinados alocados nos níveis descendentes, à medida que a importância do cargo diminui.
2. Os retângulos de mesma importância posicionam-se à mesma altura no organograma, porém, para aproveitamento de espaço, permite-se o uso do artifício demonstrado na Figura 1.
3. Normalmente não se utiliza nome de pessoas no organograma, apenas os cargos. Todavia, para o caso específico do plano de negócios, esse recurso foi utilizado, pois a função do organograma é demonstrar o inter-relacionamento dos cargos e das pessoas que os ocupam.
4. Em alguns casos, pode-se atribuir um código numérico aos cargos e aos setores organizacionais.
5. A subordinação hierárquica linear deve ser apresentada por uma linha cheia e, a subordinação funcional, por linhas pontilhadas.

No modelo representado na Figura 1, destaca-se a independência do setor da qualidade, que tem uma diretoria própria vinculada diretamente à presidência. Essa estrutura é comum nas empresas com certificação

Plano Operacional

Figura 1 Exemplo de organograma funcional de uma empresa

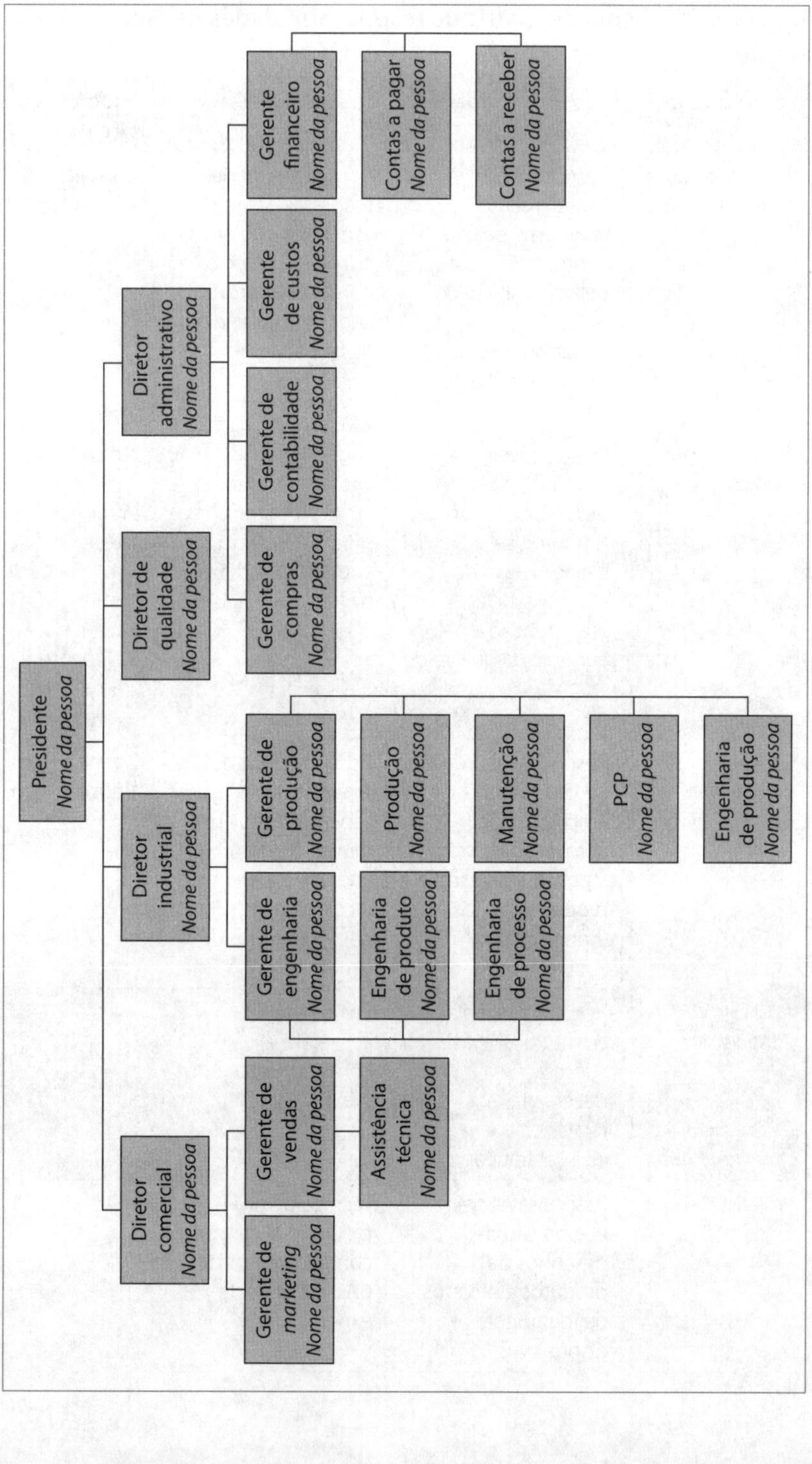

```
                              Presidente
                             Nome da pessoa
    ┌─────────────────┬──────────────┴──────────────┬─────────────────┐
Diretor           Diretor                      Diretor de          Diretor
comercial         industrial                   qualidade           administrativo
Nome da pessoa    Nome da pessoa               Nome da pessoa      Nome da pessoa
    │                 │                                                 │
    ├─ Gerente de     ├─ Gerente de                ┌──────────┬─────────┼─────────┐
    │  marketing      │  engenharia            Gerente de  Gerente de  Gerente   Gerente
    │  Nome da pessoa │  Nome da pessoa        compras     contabili-  de custos financeiro
    │                 │   ├─ Engenharia        Nome da     dade        Nome da   Nome da
    ├─ Gerente de     │   │  de produto        pessoa      Nome da     pessoa    pessoa
    │  vendas         │   │  Nome da pessoa                pessoa                  │
    │  Nome da pessoa │   └─ Engenharia                                            ├─ Contas a pagar
    │                 │      de processo                                           │  Nome da pessoa
    └─ Assistência    │      Nome da pessoa                                        └─ Contas a receber
       técnica        │                                                               Nome da pessoa
       Nome da pessoa └─ Gerente de
                         produção
                         Nome da pessoa
                          ├─ Produção
                          │  Nome da pessoa
                          ├─ Manutenção
                          │  Nome da pessoa
                          ├─ PCP
                          │  Nome da pessoa
                          └─ Engenharia
                             de produção
                             Nome da pessoa
```

Tabela 1 Exemplo de matriz de responsabilidades de uma pequena empresa

Nome do cargo	Responsabilidades	Qualificações	Subordinados diretos
Sócio-gerente administrativo	Responsável pelo planejamento financeiro, pelo controle dos custos, pela contabilidade, pela seleção e administração de pessoal e pelas compras	Administrador de empresas com especialização em finanças e recursos humanos, com 10 anos de experiência na função	1 auxiliar administrativo
Sócio-gerente técnico	Responsável pela produção, pelo desenvolvimento de produtos, pela especificação dos materiais, pela manutenção e pelo controle da qualidade	Engenheiro industrial com especialização em administração da produção, com 12 anos de experiência na função	1 projetista 1 técnico de processo 1 técnico de PCP 1 mecânico de manutenção 8 operadores 2 ajudantes 1 auxiliar de escritório
Sócio-gerente comercial	Responsável pela área de vendas da empresa, pela aprovação de créditos e pela publicidade e propaganda da empresa	Administrador de empresas com especialização em *marketing*, com 15 anos de experiência na gestão de departamentos de vendas	2 vendedores 1 auxiliar técnico
Auxiliar administrativo	Responsável pela estruturação das informações necessárias aos relatórios administrativos	Ensino médio completo e conhecimentos em informática	---
Projetista	Responsável pela elaboração de desenhos de produtos e projetos de ferramentas e dispositivos	Técnico de nível médio, conhecimentos de CAD e 5 anos de experiência	---

(continua)

Tabela 1   Exemplo de matriz de responsabilidades de uma pequena empresa *(continuação)*

Nome do cargo	Responsabilidades	Qualificações	Subordinados diretos
Técnico em processos	Responsável pela elaboração das folhas de processos	Técnico de nível médio, conhecimentos de CAD/CAM e 5 anos de experiência	---
Técnico de PCP	Responsável pela programação da produção, emissão das ordens de fabricação e controle dos estoques	Técnico de nível médio, com conhecimentos em informática e 5 anos de experiência	---

ISO 9000 ou naquelas que buscam a certificação, pois essa independência da área da qualidade é ponto crítico da auditoria. A partir da versão ISO 9001:2015 esta tendência foi descontinuada, e a norma passou a se aproximar de um modelo de gestão.

As micro e pequenas empresas devem substituir o organograma por uma matriz de responsabilidades, que também é útil para a média e a grande empresa, por ser complementar ao organograma, demonstrando com exatidão as correlações entre os cargos. É importante utilizar uma matriz de responsabilidades, acompanhada de uma lista das metas específicas, definindo claramente a esfera de ação de cada pessoa-chave dentro da organização, bem como sintetizando a atividade de cada uma dessas pessoas. A Tabela 1, já citada, exemplifica uma matriz de responsabilidades para uma pequena empresa.

Em determinados casos, convém apresentar um quadro de responsabilidades mais detalhado, incluindo informações sobre: especificação do cargo, responsabilidades gerais e específicas, condições de trabalho (carga horária, local de trabalho e horas extras), qualificações e experiências, e os critérios de seleção de pessoal para a ocupação do cargo.

O plano de negócios deve demonstrar que as pessoas-chave da empresa possuem as seguintes características: estão comprometidas com o planejamento estratégico da organização, garantem que as metas e os objetivos estão sendo implementados, possuem uma visão holística (global) da empresa, dedicam tempo para pensar e planejar o futuro da organização, têm credibilidade e influência dentro da empresa.

Deve-se tomar um cuidado especial com o número de níveis hierárquicos a serem apresentados no organograma, pois empresas mais modernas, que possuem grande velocidade na tomada de decisão, costumam utilizar no máximo 5 níveis, da presidência ao nível operacional. As empresas de classe mundial (*world class manufactures*) utilizam de 3 a 4 níveis hierárquicos. A utilização de um organograma com muitos níveis, mesmo para uma grande empresa, demonstra que ela é ineficiente nas suas operações, pouco flexível e muito lenta nas tomadas de decisões. Tais fatores são considerados negativos sob o ponto de vista dos analistas de desempenho das organizações.

Normalmente, os donos do negócio é que determinam as necessidades de gerenciamento, tanto pela quantidade de tempo que dedicam ao negócio quanto pela demanda. Nas empresas nascentes, os donos fazem a maior parte do trabalho, mas, à medida que o negócio cresce, até mesmo como resultado do sucesso do empreendimento, mais pessoas tornam-se necessárias, gerando a formação de departamentos. Assim, deve-se apresentar uma previsão de como a empresa crescerá e quantos funcionários adicionais serão necessários. Política de contratação, descrição do cargo e contrato de colaboradores são parte integrante e obrigatória do plano operacional. Deve-se prever ainda como os empregados receberão: salários, benefícios, bônus, férias, planos e outros direitos trabalhistas.

A inclusão de um quadro para demonstrar o crescimento previsto do número de funcionários é um fator de grande interesse, principalmente quando o plano de negócios é elaborado com a finalidade de se conseguir uma linha de crédito subsidiada junto ao governo, por meio de agências de repasse (BNDES, Banco do Brasil, CEF, etc.), ou por meio de agências de fomento à pesquisa e ao desenvolvimento (Fapesp, Finep, CNPq, etc.), pois a política de geração de emprego é um indicativo estratégico do governo. Assim, demonstrar que a empresa está buscando um financiamento para ampliação da oferta de trabalho poderá ser decisivo na obtenção do objetivo.

Descrição da unidade física

Um rápido apanhado sobre os aspectos físicos e a infraestrutura da empresa deve ser incluído nessa parte do plano de negócios. Se for necessária a apresentação de plantas da construção civil, elas serão incluídas na seção de anexos. Informações sobre as condições e a área do galpão industrial que abriga a empresa, disponibilidade de água, energia elétrica, circulação de ar, condições higiênico-sanitárias, etc. são imprescindíveis no plano. É necessária uma visão clara de que a empresa tem condições de funcionar por um longo período nas instalações e que estas suportam o crescimento planejado do empreendimento.

Ainda dentro dessa seção, serão enquadrados os aspectos relativos às facilidades oferecidas às pessoas ou às empresas que se relacionam com a organização, como clientes, fornecedores ou funcionários. Tais aspectos compreendem: sistema de comunicação, jardins, estacionamento, restaurante, áreas de lazer, áreas culturais, centros de treinamento, auditórios, etc.

Produção

É o momento de explicar a maneira como a empresa produz seus produtos ou presta seus serviços. A especificação de equipamentos, laboratórios, materiais, condições de trabalho, preços e critérios de controle da qualidade pode ser crítica na produção. É preciso determinar a capacidade de produção e as instalações.

A maneira mais apropriada de tratar todos esses aspectos inicia-se com a elaboração dos processos de fabricação. Um processo é constituído de atividades definidas que transformam entradas em saídas, o que geralmente ultrapassa barreiras departamentais. Para gerenciar a produção consistentemente, ou seja, atender às necessidades do cliente externo, deve-se, em primeiro lugar, atender toda a cadeia cliente/fornecedor interna ao longo do processo. Se as entradas estiverem corretas e o processo for controlado, então, as saídas devem ser satisfatórias. Caso as saídas não atendam às características desejadas, as entradas, o processo ou ambos não estão adequados.

No entanto, somente por meio do controle das saídas não é possível conhecer o processo. Pode-se apenas evitar que algo incorreto passe para o elo seguinte da cadeia de fornecimento. Além disso, nem todas as saídas são controláveis. Não se deve eliminar (em todos os casos) o seu controle, mas deve-se priorizar o controle dos processos.

A criação e a instalação de processos que afetarão diretamente a produção devem ser identificadas, planejadas e conduzidas sob condições controladas. Isso inclui:

- identificação e planejamento da produção e instalação;
- procedimentos documentados e instruções de trabalho para produção e instalação em etapas nas quais a ausência destes possa afetar negativamente a qualidade;
- equipamentos adequados e envolvimento no trabalho;
- conformidade com os padrões de referência ou códigos e planos de qualidade;
- monitoramento e controle dos processos e das características dos produtos;
- aprovação dos processos e dos equipamentos como apropriados;
- critérios para expedição, escritos ou representados por amostras.

Cada empresa adota esses itens da maneira mais apropriada. É evidente que, dada a importância dessas descrições, principalmente sob os aspectos tecnológicos, uma forma simples deve ser adotada, levando em consideração que o leitor do plano de negócios nem sempre tem formação técnica suficiente para entender demonstrações extremamente sofisticadas.

O roteiro de fabricação, conforme demonstrado na Figura 2, é uma boa forma de descrever o processo. Devem-se incluir também um diagrama de fluxo do processo (Figura 3) e um *layout* da produção (Figura 4), que abranjam todas as fases da operação, destacando os pontos de movimentação e armazenagem de materiais e os pontos de controle de processo. Enquanto o diagrama de fluxo contém informações sobre as diversas atividades realizadas durante o processo de produção e utiliza uma simbologia própria para identificar as diferentes atividades, o *layout*, por outro lado, contém informações referentes às áreas de movimentação de materiais e às de estocagem, à especificação dos equipamentos empregados e ao posicionamento dos postos de trabalho com utilização de mão de obra intensiva. O *layout* tem como objetivo permitir a maior eficiência do fluxo de processo, tanto em termos de distância quanto de custos. É importante descrever também o tipo de *layout* escolhido, além dos critérios por essa opção e as vantagens do modelo escolhido sobre os demais tipos.

Figura 2   Modelo de um roteiro de fabricação

ROTEIRO DE FABRICAÇÃO Código:				
Denominação:	Cód.:	Quantidade:		
Uso:	Código do cliente:	Emissão:		
Peso líquido:	Analista:	Fls.:	Ed.:	OS:
Peso bruto:	Aprovado:	Revisão:		Data:

Material	Perda	Código	Quant.	Un.	Material	Perda	Código	Quant.	Un.

OP	CC	Descrição da operação	GS	Ferramenta	Máquina	STD	Prod/H	Quant.	Data	REG

Figura 3 Modelo de um fluxo de processo simples para uma fábrica de painéis metálicos

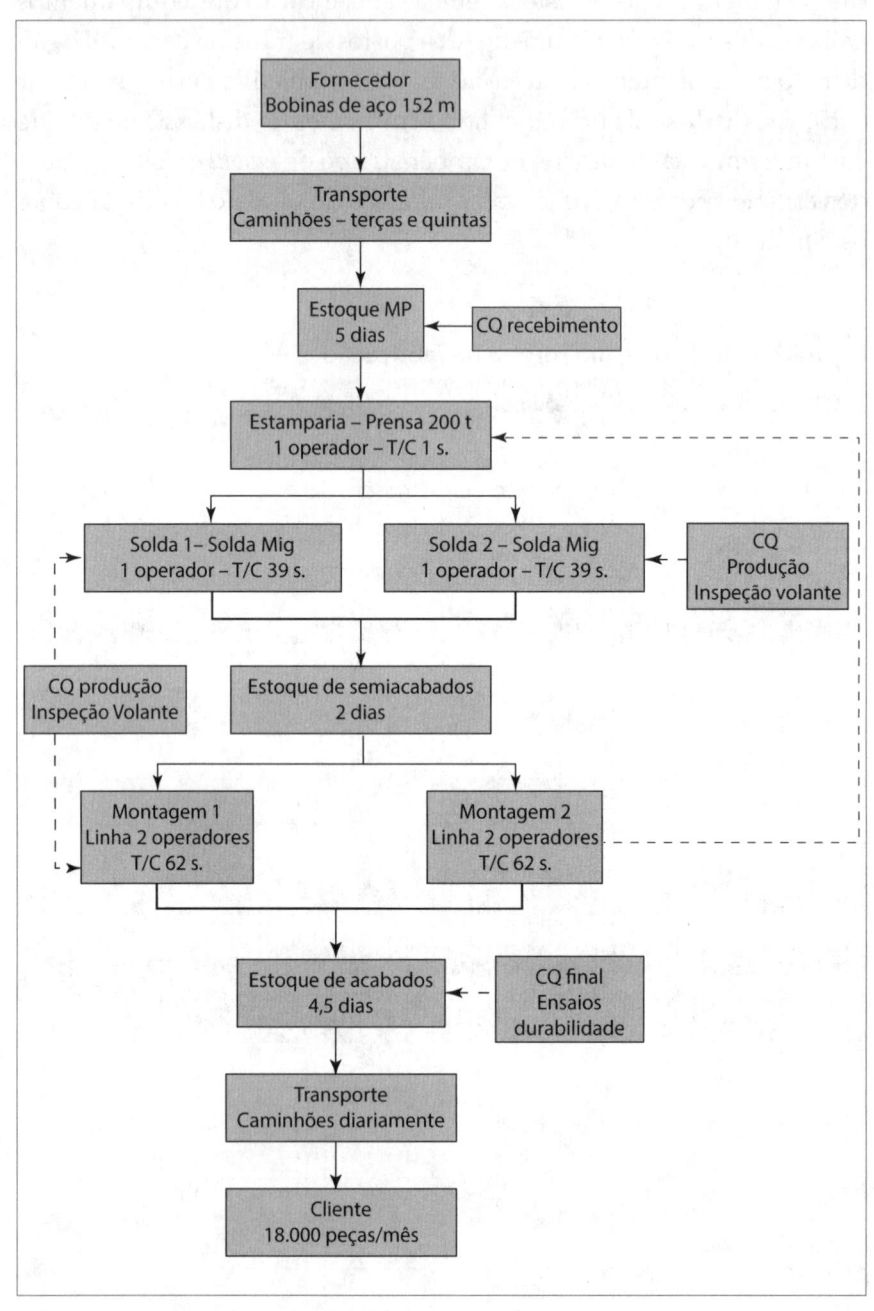

```
                    Fornecedor
                 Bobinas de aço 152 m
                          │
                          ▼
                     Transporte
               Caminhões – terças e quintas
                          │
                          ▼
                    Estoque MP  ◄──── CQ recebimento
                       5 dias
                          │
                          ▼
              Estamparia – Prensa 200 t  ◄─────────┐
                1 operador – T/C 1 s.              │
                    │         │                    │
          ┌─────────┘         └─────────┐          │
          ▼                             ▼          │
   Solda 1 – Solda Mig          Solda 2 – Solda Mig       CQ
   1 operador – T/C 39 s.       1 operador – T/C 39 s. ◄─ Produção
          │                             │           Inspeção volante
          └─────────┐         ┌─────────┘          │
                    ▼         ▼                    │
   CQ produção    Estoque de semiacabados          │
   Inspeção Volante       2 dias                   │
                    │         │                    │
          ┌─────────┘         └─────────┐          │
          ▼                             ▼          │
      Montagem 1                   Montagem 2      │
   Linha 2 operadores           Linha 2 operadores ┘
       T/C 62 s.                    T/C 62 s.
                    │         │
                    └────┬────┘
                         ▼
                 Estoque de acabados  ◄──── CQ final
                      4,5 dias                Ensaios
                         │                  durabilidade
                         ▼
                     Transporte
                 Caminhões diariamente
                         │
                         ▼
                      Cliente
                  18.000 peças/mês
```

A simples observação do modelo de *layout* apresentado na Figura 4 permite identificar o fluxo de produção entre os diversos estágios da cadeia produtiva, o número de operários (mão de obra direta) utilizado, a disposição física dos equipamentos, os pontos de controle e de verificação da qualidade, e as áreas de estocagem, tanto de matéria-prima quanto de inventário (*work in process*), além dos produtos acabados.

Figura 4   Modelo de *layout* para uma fábrica de painéis metálicos

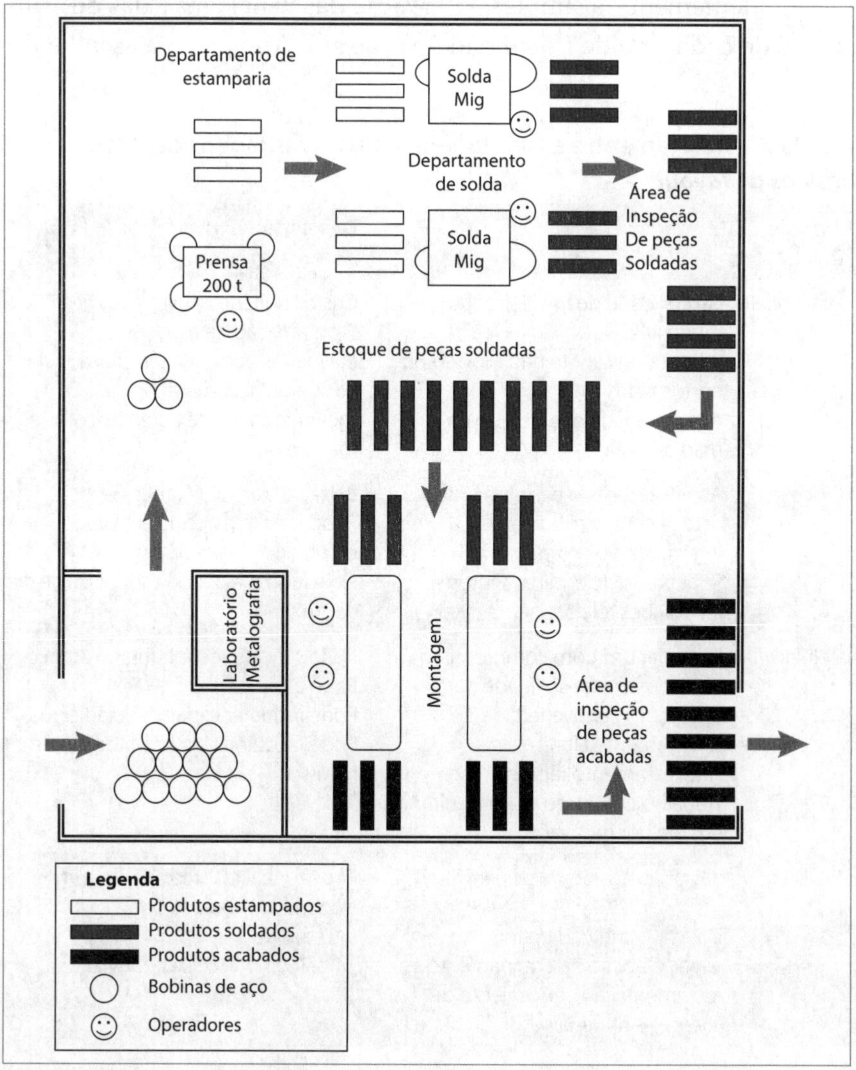

Pode-se observar também que a empresa utiliza uma estrutura departamentalizada por processos e o fluxo produtivo caracteriza-se pela produção empurrada.

É importante deixar claro o motivo da escolha de um determinado tipo de *layout*, porque isso demonstra grande conhecimento técnico a respeito do produto, do processo e do mercado, e pode ser decisivo para o sucesso do empreendimento. A Tabela 2 apresenta as vantagens e desvantagens de cada um dos tipos básicos de *layout* para facilitar a escolha.

Evidentemente, a simples observação das vantagens e das desvantagens de cada tipo de *layout* não fornece subsídios para a escolha do

Tabela 2 Relação entre as vantagens e as desvantagens dos tipos básicos de *layout*

Tipo de *layout*	Vantagens	Desvantagens
Posicional	Flexibilidade de *mix* e produto muito alta Produto ou cliente não movido ou perturbado Alta variedade de tarefas para a mão de obra	Custos unitários muito altos Programação de espaços e atividades pode ser complexa Pode significar muita movimentação de equipamentos e mão de obra
Processo	Alta flexibilidade de *mix* e produto Relativamente robusto em caso de interrupção de etapas Supervisão de equipamentos e instalações relativamente fáceis	Baixa utilização de recursos Pode ter alto estoque em processo ou filas de clientes Fluxo complexo pode ser difícil de controlar
Celular	Pode dar um bom compromisso entre custo e flexibilidade para operações com variedade relativamente alta Atravessamento rápido Trabalho em grupo pode resultar em melhor motivação	Pode ser caro reconfigurar o arranjo físico atual Pode requerer capacidade adicional Pode reduzir níveis de utilização de recursos
Produto	Baixos custos unitários para altos volumes Dá a oportunidade para especialização de equipamento Movimentação conveniente de clientes e materiais	Pode ter baixa flexibilidade de *mix* Não muito robusto contra interrupções Trabalho pode ser repetitivo

melhor; para tanto, deve-se ter em mente a relação volume-variedade de produtos da empresa, para que a escolha do *layout* adequado seja mais segura. Além disso, é importante identificar o impacto das características de custos fixos e as variáveis de cada um dos tipos básicos de *layout* sobre a produção. O gráfico da Figura 5 auxilia a escolha em face da relação volume-variedade, e o da Figura 6 leva em consideração as relações de custos-volume.

A inclusão de um quadro com os tipos de máquinas instaladas, sua capacidade de produção individual e em conjunto, discriminadas por tipo de processo, completam o quadro informativo sobre a produção da empresa.

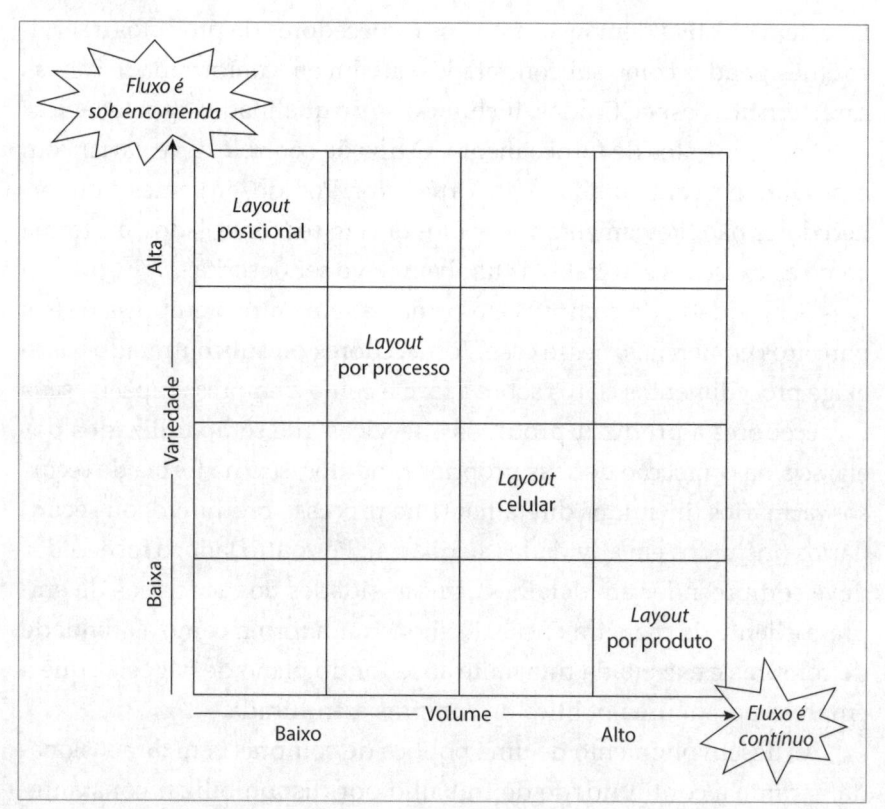

Figura 5   Escolha do tipo de *layout* em função da relação volume--variedade

	Baixo Volume Alto			
Alta Variedade Baixa	*Fluxo é sob encomenda*			
	Layout posicional			
		Layout por processo		
			Layout celular	
				Layout por produto
				Fluxo é contínuo

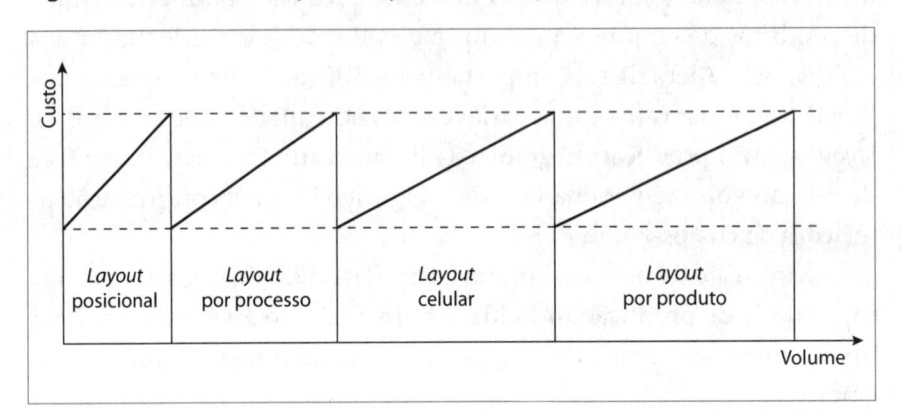

Figura 6 Escolha do tipo de *layout* em função da relação custo-volume

| Layout posicional | Layout por processo | Layout celular | Layout por produto |

(eixos: Custo × Volume)

Aquisição

Este item objetiva demonstrar que os fornecedores de produtos e serviços (designados como subcontratados) atuam em conformidade com as características especificadas, incluindo as de qualidade. Isso deve ficar claro nos contratos de fornecimento. O tipo de controle deve variar com o produto e a confiabilidade do fornecedor. Pedidos urgentes e de fornecedores não previamente aprovados devem ser controlados, e a forma como as exceções são tratadas também deve ser descrita.

A atividade de compras é o principal elo entre a empresa e seus parceiros comerciais; nesse caso, fornecedores ou subcontratados. Isso exige procedimentos claros sobre a forma como a empresa capacita seus fornecedores a produzir produtos e serviços que serão utilizados por ela, seja na confecção de seus próprios produtos, seja na forma de recursos primários (incluídos diretamente no processo produtivo) ou secundários (incluídos em atividades auxiliares). Por outro lado, o fornecedor deve compreender em detalhes as necessidades dos processos da empresa-cliente de maneira eficaz. Demonstrar a forma como a atividade de compras é executada transmite ao leitor do plano de negócios que a empresa possui uma política de compras estruturada.

O desenvolvimento de uma política de compras bem dimensionada garante a continuidade de trabalho por disponibilizar constantemente insumos para a empresa. Assim, quando bem estruturada, prevê a aquisição de bens e serviços pelo preço justo, para serem entregues no momento adequado, na qualidade especificada e necessária e da fonte correta.

Inicialmente, deve-se fazer uma lista dos produtos mais importantes e que serão comprados pela empresa. No caso de atividade industrial, identificam-se as matérias-primas principais, ou seja, aquelas de difícil substituição ou sem as quais a empresa sofrerá uma descontinuidade na produção. No caso de atividade comercial, identificam-se quais são os produtos-âncora ou, no caso de uma diversidade muito grande de itens, as principais linhas de produtos.

Depois de identificar as necessidades de aquisição, resta definir onde comprar. Determinam-se, então, com quantos fornecedores a empresa contará para cada item, observando sempre as vantagens e as desvantagens entre as fontes múltiplas e a fonte única de fornecimento, conforme apresentado na Tabela 3. Se existirem muitos fornecedores, é necessário citar um número aproximado, por exemplo: "Cerca de 25 distribuidores de material plástico situados na cidade de São Paulo".

Se houver um ou poucos fornecedores, devem ser citadas as condições básicas de negociação impostas (quantidade mínima de compra, prazo de entrega, prazo de pagamento e preço) e de que maneira a empresa agirá para se tornar menos vulnerável a essa situação (parceria com outras empresas do ramo, busca de produtos substitutos, acesso a novos fornecedores em outros mercados, etc.).

Assim, é importante descrever as metodologias de seleção e aprovação de fornecedores, bem como os critérios de qualidade que serão utilizados como parâmetros de aprovação de um determinado fornecimento. Normalmente, as micro e as pequenas empresas entendem o preço como único fator de seleção de fornecedores; porém, com o tempo, acabam atribuindo importância também à qualidade dos produtos, ao prazo e às condições de entrega, às facilidades de compra, às condições de pagamento, à capacidade financeira do fornecedor, ao histórico de atendimento, etc.

Uma forma bastante comum de selecionar fornecedores consiste em uma auditoria, com atribuição de uma nota e um peso para cada

Tabela 3 Comparativo das vantagens e desvantagens de políticas de compras

Estratégias	Fonte única	Fonte múltipla
Vantagens	Maior possibilidade de implantação de sistemas de garantia da qualidade Relações comerciais mais duradouras, inclusive com possibilidade de se estabelecerem contratos de fornecimento de longo prazo Maior comprometimento e esforço no cumprimento das metas em função da dependência Melhor relação nas comunicações, estabelecendo-se a verdadeira negociação "ganha-ganha" Possibilidade de participação do fornecedor no desenvolvimento de novos produtos e serviços Melhores condições de preços por melhor economia de escala Maior segurança nas informações	Competição entre fornecedores permite forçar os preços para baixo, como leilão reverso Facilidade na troca de fornecedores quando ocorrem falhas no fornecimento Maior disponibilidade de fontes de conhecimento
Desvantagens	Se ocorrerem falhas no fornecimento, a empresa ficará mais vulnerável Alterações no volume da demanda afetam mais o fornecedor Possibilidade de o fornecedor forçar aumentos de preços por falta de alternativas	Dificuldade em motivar o fornecedor para o comprometimento Dificuldade de eficácia no desenvolvimento de sistemas de garantia da qualidade Fornecedores investem pouco em novos processos Dificuldades para obter os benefícios da economia de escala Comunicação mais comprometida

requisito considerado essencial para a empresa. O fornecedor com maior pontuação será escolhido. A Tabela 4 apresenta uma forma de tabulação das notas atribuídas aos fornecedores para cada um dos itens discriminados. A atribuição de pesos para cada um dos critérios indica quais são os fatores de maior importância na escolha final. A totalização dos pontos de cada fornecedor é obtida somando-se as notas dos produtos com os pesos correspondentes. O fornecedor que conseguir o maior número total de pontos será o escolhido para fornecer determinado produto.

A atribuição dos pesos e o estabelecimento do número de critérios devem ser efetuados de acordo com os interesses de cada empresa. Recomenda-se, apenas, que a soma dos pesos seja sempre igual a 100 pontos.

O plano de negócios deve conter uma tabela com as informações obtidas sobre os fornecedores para demonstrar que as fontes de fornecimento foram analisadas e selecionadas criteriosamente, e que se escolheu aquela que melhor se adaptou às necessidades da empresa e, portanto, não se fez uma escolha arbitrária. A Tabela 5 apresenta um modelo para uma lista de materiais, incluindo as informações sobre os fornecedores.

Custos

A explicação do sistema de custeio utilizado, dos critérios e das vantagens do sistema escolhido sobre os demais tipos mostra que eles são competitivos em relação à concorrência, determinando-se os custos dos produtos – em termos de taxas de produção e de capacidade. Se existir

Tabela 4 Distribuição de notas × pesos para critérios de seleção de fornecedores

Critérios/fornecedores	Peso	A	B	C	D	E
Preço	30					
Qualidade	20					
Prazo de entrega	20					
Condições de pagamento	10					
Facilidades de compra	10					
Capacidade financeira do fornecedor	10					
TOTAL	**100**					

Tabela 5   Informações sobre fornecedores e materiais

Material	N. de fornecimento	Principal fornecedor	Nota	Condições	Crítico	Produto substituto

terceirização, deve-se explicar essa participação e os componentes de custos.

É importante mencionar também se a empresa possui um programa de redução de custos implementado e difundido por toda a companhia. Isso demonstra uma preocupação muito grande com sua sobrevivência no futuro, pois, em razão da escassez de materiais e do aumento dos salários – além da impossibilidade de repasse nos preços de venda, já que a demanda não é estável –, os custos passam a ser determinantes na lucratividade da empresa.

Existem diversos métodos de custeio, cada qual com suas vantagens e desvantagens, porém a principal característica que pode definir a utilização de uma ou outra metodologia está na utilidade dos relatórios. Dentro do plano de negócios, os relatórios de custos devem ser vistos como uma base para a tomada de decisões gerenciais, e não como demonstrativos contábeis para fins legais. A Tabela 6 apresenta as vantagens e as desvantagens dos diversos sistemas de custeio identificados.

A empresa precisa acompanhar a evolução de seus custos mensalmente e, para tanto, deve utilizar um plano de contas. A elaboração desse plano, com a separação entre os custos e as despesas fixas dos custos variáveis, apresentando os resultados de pelo menos 3 períodos de apuração consecutivos, é exemplificada no Quadro 1. Vale lembrar que o plano de contas deve ser adaptado segundo a atividade de cada empresa, pois alguns custos podem ser fixos para um tipo de empresa e variáveis para outro.

Tabela 6   Vantagens e desvantagens dos sistemas de custeio

Sistemas de custeio	Vantagens	Desvantagens
Sistema de custeio direto	É mais indicado para a gestão de resultados Oferece melhores recursos para análise e tomada de decisão Considera e apropria somente os componentes variáveis proporcionalmente à quantidade vendida	Não é aceito para fins de balanço contábil A empresa necessita de dois sistemas de custeio, aumentando a quantidade de registros
Sistema de custeio por absorção	É o sistema de custeio indicado e aceito pelos órgãos de fiscalização A empresa utiliza somente um sistema de custeio, reduzindo a burocracia É um sistema mais preciso e mais detalhado	Os relatórios gerados pelo sistema são de análise complexa e prejudicam a tomada de decisão quando se necessitam de respostas rápidas
Sistema de custeio ABC	Bastante indicado para a gestão de resultados, principalmente no caso de grandes empresas Sistema com informações altamente detalhadas Geração de relatórios precisos É o sistema mais indicado para a tomada de decisão empresarial	Não é aceito para fins de balanço contábil A empresa necessita de dois sistemas de custeio, aumentando a quantidade de registros A pequena empresa tem dificuldade de implantação e de análise dos relatórios gerados
Sistema de custeio padrão	Facilidade de aplicação nas empresas com algum tempo de funcionamento, pois é apoiado em registros históricos Estrutura operacional bastante simplificada Geração de relatórios simples e com bons recursos para a tomada de decisão	Não é aceito para fins de balanço contábil A empresa necessita de dois sistemas de custeio, aumentando a quantidade de registros Os dados obtidos são estimados e, às vezes, distantes da realidade Difícil de ser implantado em empresas nascentes ou que atuam em mercados muito dinâmicos

Quadro 1   Exemplo de plano de contas

Plano de contas	
Descrição da conta	Média
CUSTOS E DESPESAS FIXAS	
1.01 Salário do pessoal produtivo	
1.02 Encargos do pessoal produtivo	
1.03 Previsão de férias e 13º salário	
1.04 Benefícios do pessoal produtivo	
1. Subtotal (A)	
2.01 Salário do pessoal administrativo	
2.02 Encargos do pessoal administrativo	
2.03 Previsão de férias e 13º salário	
2.04 Benefícios do pessoal administrativo	
2.05 Pró-labore	
2.06 Carnê do INSS do empregador	
2. Subtotal (B)	
3.01 Honorários de escritório	
3.02 Serviços de terceiros	
3.03 Serviços de consultorias	
3. Subtotal (C)	
4.01 Água	
4.02 Energia elétrica	
4.03 Manutenção e reparos	
4.04 Seguros	
4.05 Materiais auxiliares da produção	
4.06 Materiais de limpeza	
4.07 Aluguel	
4.08 *Leasing* de equipamentos	
4.09 Combustíveis	
4.10 Material de escritório	

(continua)

Quadro 1   Exemplo de plano de contas *(continuação)*

Plano de contas	
Descrição da conta	Média
4.11 Telefone, fax e taxas postais	
4.12 Brindes e propagandas	
4.13 Associação e sindicato patronal	
4.14 Despesas de viagem	
4.15 Taxas e impostos fixos	
4.16 Outras despesas fixas	
4. Subtotal (D)	
5.01 Depreciação de máquinas e equipamentos	
5.02 Depreciação de *hardwares* e *softwares*	
5. Subtotal (E)	
Total dos custos e despesas fixas	
CUSTOS E DESPESAS VARIÁVEIS	
6.01 Matéria-prima	
6.02 Comissões sobre vendas	
6.03 Impostos sobre vendas	
6.04 Despesas com fretes	
6.05 Despesas financeiras com vendas	
6.06 Outras despesas variáveis	
Total dos custos e despesas variáveis	

No plano de negócios, não é necessário apresentar o plano de contas, basta apenas indicar uma tabela, junto ao plano financeiro, que demonstre a evolução dos custos. O plano de contas deverá ser colocado na seção de anexos, para controle interno da própria empresa.

Os resultados nele apurados devem ser transferidos para o demonstrativo de resultados, no plano financeiro, para apuração da margem de contribuição e do ponto de equilíbrio.

Qualidade

A qualidade é um dos pontos de avaliação de desempenho das empresas, pois, por meio dos seus indicadores, refletem-se a produtividade, a eficiência e, até mesmo, a sobrevivência da empresa no mercado, em médio prazo.

O gerenciamento da qualidade deve concentrar-se na prevenção de problemas, de modo que a necessidade de inspeção e teste seja reduzida ou eliminada. A intenção dessa postura é fazer com que os produtos e serviços sejam executados de acordo com as características especificadas. Isso pode ser ou não exigido por contrato, mas deve fazer parte de um plano de qualidade (plano de inspeção e teste), ou deve estar em procedimentos documentados. Esse plano deve incluir:

- pontos do processo que necessitam de verificação;
- tipo e método de verificação (e equipamento a ser utilizado, quando relevante);
- qualificação da pessoa responsável pela verificação;
- critérios de aceitação/rejeição (por meio de parâmetros ou comparação com amostras ou padrões aprovados);
- registros a serem mantidos e certificados requisitados;
- responsabilidade pela verificação de que todas as atividades do plano de qualidade ou procedimentos foram completados de maneira satisfatória e que os dados e registros associados estão disponíveis e autorizados.

Dentro do plano de qualidade, devem ser especificados como a empresa realiza: inspeção e testes no recebimento, inspeção e testes em processo e inspeção e testes finais. O produto ou serviço somente deve ser entregue quando estiver garantido que todas as características necessárias foram verificadas e os devidos registros e documentações, efetuados.

É importante descrever se o sistema de qualidade adotado pela empresa tem a certificação de organismo internacional e qual a normalização obedecida, por exemplo: ISO 9000, TS 16.949, ISO 14000, etc.

Como complemento de um roteiro de fabricação, existe o plano de controle da qualidade, que descreve a forma como o produto é controlado, como os processos são aprovados e como a empresa define que as características do produto estão em conformidade com o que está sendo produzido. A Figura 7 apresenta um exemplo de plano de controle da qualidade.

Sistema de gestão

O sistema de gestão adotado pela empresa, os módulos empregados e um cronograma da implantação desses módulos devem ser indicados nessa seção. É importante que o sistema adotado seja informatizado e abrangente, observando, no início, pelo menos, o controle de estoques, a emissão de ordens de fabricação, faturamento e custos. Os controles de contas a pagar e a receber, compras, contabilidade, manutenção, etc. poderão ser aplicados em etapa posterior.

Figura 7 Modelo de um plano de controle da qualidade

Plano de controle da qualidade		Código:		
Denominação:	Cód.:	Seção:		
Uso:	Cód. cliente:	Emissão:		Máquina:
Peso líquido:	Analista:	Fls: Ed.:		Ferramenta:
Peso bruto:	Aprovado:	Revisão:		Operação:
Nº	Descrição da inspeção	Freq.	Modo de inspeção	Observações

Existe uma quantidade muito grande de programas para computador disponível no mercado, e a escolha do melhor sistema depende de uma análise detalhada entre o funcionamento do programa e a real necessidade da empresa.

Uma empresa média, micro ou pequena do segmento industrial necessitará de programas que apresentem soluções nas seguintes áreas:

- preços: custo de aquisição, custo de produção, formação de preços, rateio e listas;
- movimentação: estoque, ordem de produção, ordem de serviço, vendas de balcão, vendas, compras, consignações e emissão de nota fiscal;
- financeira: caixa pequeno, bancos, títulos em aberto, contas a pagar, contas a receber, fluxo de caixa, controle de impostos e demonstração de resultados;
- manufatura: listas de materiais, roteiros de fabricação, postos de trabalho, custos e ferramentas.

Seguindo essas referências, a empresa poderá balizar a escolha do programa de gestão informatizado. O tamanho e a dinâmica de mercado em que a empresa opera deverão ser fatores de decisão na escolha, sendo que poderá optar por um modelo simplificado, que não abranja todas as recomendações, ou por um mais complexo.

Embalagem e transporte

Deve estar claro que o produto é seguro e protegido. A embalagem tem duas funções fundamentais: proteger o produto do ambiente externo e diferenciá-lo dos outros por meio de uma imagem que contenha elementos de *marketing*.

Serviço pós-venda

Demonstra como a empresa manterá o contato com o cliente depois de efetivada a venda, o que representa um importante canal de serviço, pelo qual podem ser coletadas muitas informações do mercado e identificadas possíveis mudanças a serem feitas em busca da satisfação do cliente. O serviço pós-venda serve também como um sinalizador das tendências de mercado. É uma forma de demonstrar que a empresa procurará manter o vínculo com o cliente.

Redação e apresentação do plano operacional

O modelo apresentado no Quadro 2 é um excelente guia para a redação do plano operacional, em que se podem observar a descrição da estrutura funcional e do sistema produtivo da empresa, a forma como seus fornecedores são selecionados, o cuidado com a qualidade dos produtos e com os demais itens ligados à operacionalização da fábrica.

Quadro 2   Modelo autoexplicativo para redação do plano operacional

---

5. PLANO OPERACIONAL

ESTRUTURA FUNCIONAL

A .... *(razão social da empresa)* tem a sua estrutura funcional com .... níveis hierárquicos, conforme organograma anexo, o que representa um nível de integração e velocidade na tomada de decisões adequado às suas atividades. A matriz de responsabilidades a seguir destaca o pessoal-chave, seus cargos e respectivas responsabilidades:

Nome	Cargo	Responsabilidade
1.		
2.		
3.		
4.		
5.		
6.		

A empresa adota como política salarial ....
(descrição da política salarial adotada), oferecendo como complemento aos seus em-

(continua)

Quadro 2   Modelo autoexplicativo para redação do plano operacional
(continuação)

pregados os seguintes benefícios: ....
.... *(relação dos benefícios oferecidos pela empresa aos empregados)*.

Dentro dos planos de crescimento da empresa, pode-se prever um aumento na oferta de emprego, conforme demonstrado no quadro a seguir:

	Atual	2012	2013	2014	2015	2016
Mão de obra direta						
Mão de obra indireta						
Total						

DESCRIÇÃO DA UNIDADE FÍSICA

A empresa está instalada em uma área de .... m², sendo que a área construída ocupa .... m², distribuídos entre produção (............... m²) e administração (............... m²).

As seguintes facilidades estão disponíveis no local:

Energia elétrica: .... KVA, ... V e ....W

Água: .... *(rede pública ou não, água tratada ou não, vazão média)*

Telefone: .... *(número de linhas telefônicas)*

Internet: .... *(provedor e capacidade da linha)*

Estacionamento: .... vagas

Restaurante: .... lugares

Auditório: .... assentos

SISTEMA PRODUTIVO

A produção está capacitada para atender a uma demanda mensal de ....
.... *(nº de produtos; horas de trabalho, etc.)*, contando com os seguintes equipamentos principais:

Tipo de equipamento	Quantidade	Características e capacidade
1.		
2.		
3.		

(continua)

Plano Operacional

Quadro 2   Modelo autoexplicativo para redação do plano operacional *(continuação)*

Tipo de equipamento	Quantidade	Características e capacidade
4.		
5.		

As diversas etapas de fabricação obedecem ao fluxo de processo anexado, e o *layout* da produção é do tipo ...., em função da relação volume/variedade de produtos da empresa.

Anexada, encontra-se uma planta baixa dos setores produtivos da empresa, onde se podem observar a distribuição física dos equipamentos e as áreas de circulação.

FORNECEDORES

A empresa seleciona os fornecedores por um sistema de pontuação/classificação, que considera os seguintes fatores: ....
.... (*critérios utilizados na seleção dos fornecedores*).

RELAÇÃO MATERIAIS COMPRADOS × FORNECEDORES

Material	N. de fornecimento	Principal fornecedor	Nota	Condições	Crítico	Produto substituto
Mão de obra direta						
Mão de obra indireta						
Total						

SISTEMA DE CUSTEIO

Para a tomada de decisões, a empresa adota o .... (*sistema de custeio adotado pela empresa*) em virtude do ....
(*razões para a escolha do sistema de custeio*). A empresa acompanha a evolução dos custos, por meio de um plano de contas apresentado em anexo.

(continua)

Quadro 2   Modelo autoexplicativo para redação do plano operacional
(continuação)

> **QUALIDADE**
>
> A empresa garante a qualidade de seus produtos por meio de um rigoroso controle de qualidade, efetuado durante o processo de fabricação, desde o recebimento dos materiais até a expedição dos produtos acabados. Os pontos de controle são indicados no plano de controle da qualidade, modelado anexado. O sistema de qualidade da empresa está certificado pelo .... *(nome da instituição que certificou o sistema de qualidade da empresa)*.
>
> **SISTEMA DE GESTÃO**
>
> A empresa adota como sistema de gestão .... *(nome do software utilizado no gerenciamento da empresa)*, controlando as áreas de: ....
> .... *(áreas da empresa controladas pelo sistema de gestão)*.
>
> O sistema de gestão foi escolhido por ....
> ... *(razões da escolha do sistema de gestão adotado)*, o que foi considerado bastante adequado às condições operacionais da empresa.
>
> **EMBALAGEM**
>
> Os produtos da empresa são embalados de tal forma a permitir a segurança no transporte, sendo que a empresa entende ser sua responsabilidade a chegada do produto em perfeitas condições de funcionamento nas mãos do cliente.
>
> **SERVIÇOS PÓS-VENDA**
>
> A empresa oferece assistência técnica por meio de uma rede com .... postos autorizados, abrangendo toda a região .... *(região do país coberta)*, contando com pessoal treinado e capacitado pela própria empresa.

Plano Financeiro 9

As decisões empresariais geralmente são tomadas a partir de dados financeiros que refletem uma situação passada. Assim, procuram-se encontrar soluções para o futuro com base no passado. No atual ambiente empresarial, isso é cada vez menos recomendado, pois, com o intenso dinamismo do mercado, nem sempre as rotinas do passado se repetem no futuro. Na verdade, as medidas financeiras contam apenas parte da história das atividades da empresa e, por isso mesmo, podem não fornecer orientações conclusivas sobre as ações a serem disparadas no presente ou no futuro, com o objetivo de criar um posicionamento financeiro mais estável.

Muito embora isso seja aceito por todos os executivos, a análise das empresas continua sendo apoiada por dados financeiros, talvez pela tangibilidade deles ou pela necessidade de atender aos órgãos de controle governamentais – que ainda se mantêm fiéis à contabilidade financeira –, ou ainda pelo espírito de conservadorismo natural do ser humano, que pode ser traduzido como medo do desconhecido.

Nos países tidos como economias emergentes, incluindo o Brasil, o controle financeiro e a tomada de decisão baseada em fatos financeiros ganham ainda mais importância, em razão dos ciclos recessivos que atingem a economia.

A inclusão de um plano financeiro dentro de um plano de negócios procura demonstrar um conjunto de projeções abrangentes que possam refletir o desempenho futuro da empresa em termos financeiros e, quando bem preparado e fundamentado, transmitirá uma imagem futura de estabilidade e de ganhos digna de crédito, tornando-se um dos principais pontos de avaliação da atratividade do negócio.

Dentro de um plano de negócios, a elaboração de um plano financeiro deve compreender: balanço patrimonial, demonstração de resultados, plano de investimentos, fluxo de caixa, planilha de custos e plano de vendas.

O administrador deve estabelecer quais são as metas financeiras de seu negócio e, por meio dos instrumentos financeiros, acompanhar seu êxito. Com as demonstrações financeiras e o planejamento financeiro, é possível estabelecer e cumprir as respectivas metas ou redefini-las, se necessário.

Balanço patrimonial

Funciona como uma fotografia da situação da empresa em um determinado instante. No plano de negócios, costuma-se incluir, junto com os dados atuais, um histórico dos últimos 3 anos e uma projeção para, pelo menos, os próximos 3 anos. É claro que, no caso de uma nova empresa, apenas a situação projetada deve ser considerada; porém, nesse caso, a projeção pode abranger até 5 anos.

O balanço é dividido em 3 partes distintas:

1. Ativo: corresponde a todos os bens e direitos da empresa (o que ela possui).
2. Passivo: são obrigações e dívidas da empresa (o que ela deve).
3. Patrimônio líquido: são os recursos dos proprietários investidos na empresa (a diferença entre os ativos e os passivos, ou o que pertence aos sócios e a empresa está usando).

O balanço demonstra o equilíbrio entre os bens e direitos da empresa e a soma das obrigações, dívidas e recursos que os proprietários investiram nela. Exemplo:

$$\text{Ativo} = \text{passivo} + \text{patrimônio líquido}$$
ou
$$\text{Ativo} - \text{passivo} = \text{patrimônio líquido}$$

Por meio do balanço, é possível medir o nível de endividamento de uma empresa, o índice de liquidez, a lucratividade, o capital de giro, a taxa de retorno sobre o ativo total, o giro de estoque e a capacidade de pagamento. Todos são indicadores essenciais para a análise financeira do empreendimento.

O balanço é organizado em 2 colunas, sendo uma para o ativo e outra para o passivo e o patrimônio líquido. As contas do balanço são organizadas, em primeiro lugar, pela liquidez e depois pelo prazo de pagamento, sendo que, em contabilidade, curto prazo significa espaço de tempo inferior a 1 ano. O Quadro 1 apresenta um esquema da organização do balanço.

O balanço revela a estrutura de capital do negócio, composta por capital de terceiros e capital próprio, lembrando sempre que, quanto maior for a presença de capital de terceiros, maior será o índice de endividamento. O passivo revela também o prazo e os custos da dívida e os credores. A qualidade do endividamento é diretamente proporcional aos prazos, ou seja, as dívidas de longo prazo são preferíveis às de curto.

Por outro lado, o balanço também permite analisar a necessidade de capital de giro ou capital circulante líquido (CCL) da empresa. O capital de giro é calculado pela diferença entre o ativo circulante líquido e o passivo circulante, indicando a parte dos bens e direitos de curto prazo que não estão comprometidos com as dívidas e obrigações de mesmo período. A flexibilidade financeira da empresa é definida pelo ccl, sendo um fator determinante da sua capacidade em obter crédito. Pela exigência de um nível mínimo de ccl em um contrato de empréstimo de longo prazo, procura-se obrigar a empresa a manter liquidez para

Quadro 1 Apresentação sintetizada de um balanço patrimonial

Ativo	Passivo
Circulante Representado por tudo o que a empresa possui e que permanece em constante movimentação, ou que pode ser transformado em dinheiro durante o exercício fiscal, por exemplo: saldo de caixa, saldos em conta corrente nos bancos, duplicatas a receber, aplicações financeiras de curto prazo e estoques	Circulante Representado pelas obrigações da empresa que permanecem em constante movimentação ou que devem ser liquidadas durante o exercício fiscal, por exemplo: salários, impostos, duplicatas a pagar aos fornecedores, etc.
Realizável a longo prazo Bens e direitos que não podem ser transformados em dinheiro durante o exercício fiscal, somente nos exercícios seguintes, como: aplicações financeiras de longo prazo, ações de outras empresas, etc.	Exigível a longo prazo Obrigações da empresa que necessitam ser liquidadas, mas o prazo de vencimento é superior a 1 ano; portanto, somente serão liquidadas nos exercícios fiscais seguintes. Exemplo: financiamentos de longo prazo
Permanente Bens e direitos que não se destinam à venda e têm vida útil. Exemplos: imóveis, máquinas e equipamentos, veículos. Também estão enquadrados neste item os direitos a receber que a empresa incluiu como perdas	Patrimônio líquido Formado pelo montante de investimentos que os proprietários aplicaram na empresa e pelos lucros ou prejuízos acumulados durante o tempo de operação da empresa

proteger o credor. No entanto, o CCL é um recurso com a característica de ser reversível, ou seja, os administradores podem aumentar ou diminuir o valor segundo as necessidades da empresa.

Pelo ativo permanente, podem-se identificar a postura de investimento e as decisões empresariais relativas à manutenção da modernização do parque fabril, pois o ativo permanente é utilizado pela empresa em suas operações produtivas.

Como o plano de negócios demonstra uma situação futura, é importante incluir um balanço projetado para, pelo menos, os próximos 5 anos, conforme mostra a Tabela 1, ou, no caso de empresas já em funcionamento, um histórico de 3 anos, atual, e projeção de pelo menos 3 anos futuros.

Tabela 1 Exemplo de planilha para apresentar o balanço patrimonial com projeção para 5 anos

Exercício findo em:	Ano I	Ano II	Ano III	Ano IV	Ano V
1. Ativo					
1.1 Ativo circulante 1.1.1 Caixa e bancos 1.1.2 Duplicatas a receber 1.1.3 Estoques					
Total do ativo circulante					
1.2 Realizável a longo prazo 1.2.1 Ações de outras empresas 1.2.2 Aplicações de longo prazo					
Total do realizável a longo prazo					
1.3 Ativo permanente 1.3.1 Imobilizado 1.3.2 (-) Depreciação acumulada 1.3.3 Diferido					
Total do ativo permanente					
Ativo total					
2. Passivo					
2.1 Passivo circulante 2.1.1 Salários e encargos a pagar 2.1.2 Impostos e contribuições 2.1.3 Fornecedores 2.1.4 Bancos 2.1.5 Outros					
Total do passivo circulante					
2.2 Exigível a longo prazo 2.2.1 Financiamentos 2.2.2 Empréstimos					
Total do exigível a longo prazo					
2.3 Patrimônio líquido 2.3.1 Capital social 2.3.2 Lucros/Prejuízos acumulados					
Total do patrimônio líquido					
Passivo total					

Demonstrativo de resultados

A análise do desempenho financeiro somente a partir do balanço patrimonial pode levar o analista a suposições equivocadas sobre a saúde financeira da empresa, pois os balanços fornecem apenas um quadro instantâneo de um determinado momento. Para que o analista não seja induzido a erros, torna-se necessária a análise simultânea do demonstrativo de resultados, que apresenta um quadro mais dinâmico do comportamento financeiro da empresa durante um determinado período.

O demonstrativo de resultados é uma forma ordenada e sistemática de apresentar um resumo das receitas, despesas e lucro (ou prejuízo) em um determinado período. Também transmite uma ideia da quantidade de dinheiro que a empresa irá realmente ganhar. No caso de empresas novas, deve ser projetado para 5 anos; as empresas já em funcionamento devem demonstrar o histórico de 3 anos, o atual e a projeção para, pelo menos, os próximos 3 anos.

O funcionamento do demonstrativo de resultados é relativamente simples. Da receita bruta de vendas, subtraem-se as deduções, que são os impostos sobre as vendas, os abatimentos e os descontos oferecidos e as devoluções de produtos, quando houver, obtendo-se a receita operacional líquida. Desta, subtraem-se os custos dos produtos vendidos (no caso de empresa comercial), o custo total de fabricação (no caso de empresa industrial) ou o custo dos serviços prestados (no caso de empresa de serviços), obtendo-se a margem de contribuição. Desta, por sua vez, subtraem-se as despesas operacionais (despesas administrativas, despesas de *marketing*, despesas gerais e a depreciação acumulada), obtendo-se o resultado operacional. Ao resultado operacional, somam-se as receitas financeiras e subtraem-se os juros de financiamentos, obtendo-se o resultado antes do Imposto de Renda. Aplica-se a alíquota de Imposto de Renda correspondente ao valor do resultado e, subtraindo-se deste, obtém-se o lucro líquido. Se o lucro líquido não for distribuído, deve ser incorporado ao patrimônio líquido da empresa, alterando, assim, o balanço.

Para facilitar as comparações e análises, os demonstrativos de resultados são padronizados, devendo incluir data, período de demonstração e explicações, como lucros inesperados, despesas de litígios e julgamentos, alterações nos valores das depreciações e outras informações.

A Tabela 2 representa uma planilha de demonstração de resultados com a respectiva projeção para os 5 anos seguintes.

Os principais itens que compõem um demonstrativo de resultados são:

1. Receita bruta de vendas: é a soma de todo o faturamento da empresa no decorrer do ano, ou seja, toda vez que for efetuada uma venda, esta gerará uma receita. Assim, a soma de todos

Tabela 2   Exemplo de planilha para demonstrar resultados projetados para 5 anos

Discriminação	Ano I	Ano II	Ano III	Ano IV	Ano V
1. Receita bruta de vendas					
2. (-) Deduções					
3. Receita líquida de vendas					
4. (-) Custo dos produtos vendidos					
5. Margem de contribuição					
6. (-) Despesas operacionais					
6.1. Despesas administrativas					
6.2. Despesas de marketing					
6.3. Despesas gerais					
6.4. Depreciação acumulada					
7. Resultado operacional					
8. Receitas financeiras					
9. (-) Juros de financiamento					
10. Resultado antes do IR					
11. (-) IR alíquota - 15%					
12. Lucro líquido					

os valores apurados com vendas durante o ano compõe a receita bruta de vendas ou o faturamento bruto.

2. Deduções: todos os gastos que a empresa tem e que são gerados pela venda bruta, ou seja, pagamento de impostos, comissão de vendedores, etc. É importante ressaltar que os impostos e as contribuições incidentes nas operações das empresas brasileiras são bastante relevantes; por esse motivo, o controle e a evolução desses valores devem receber atenção especial. Os impostos incidentes sobre as operações variam conforme o tipo de empresa e de negócio, e também em função do seu porte. Para alguns tipos de microempresas, com exceção de parte das empresas de serviços (como lavanderias, estacionamentos, salões de beleza, hotéis, etc.), uma boa saída é optar pelo SIMPLES FEDERAL, que unificou a cobrança de 8 impostos e contribuições e que podem ser classificados conforme a Tabela 3.

3. Receita líquida de vendas: é o resultado da subtração das deduções da receita bruta de vendas. A ideia é demonstrar o quanto a empresa apurou em faturamento líquido, descontando-se as despesas que somente ocorrem se o produto for efetivamente vendido.

4. Custo dos produtos vendidos: em termos contábeis, dividem-se os custos em duas partes: custos fixos e custos variáveis. No caso de uma planilha de demonstrativo de resultados, mais especificamente o item custo dos produtos vendidos, preocupa-se com os custos variáveis, acrescidos do valor gasto com a mão de obra direta e seus respectivos encargos.

Tabela 3   Impostos incidentes sobre as operações

Tipo de empresa	ICMS	ISSQN	IPI	PIS	Cofins	IRPJ	CSLL	INSS
Prestadora de serviços	Não	Sim	Não	Sim	Sim	Sim	Sim	Sim
Comércio	Sim	Não	Não	Sim	Sim	Sim	Sim	Sim
Indústria	Não	Não	Sim	Sim	Sim	Sim	Sim	Sim
Comércio e indústria	Sim	Não	Sim	Sim	Sim	Sim	Sim	Sim

5. Margem de contribuição: é o valor obtido pela diferença entre as receitas líquidas e os custos variáveis, ou seja, é o valor que sobra para a empresa após as deduções dos custos, dos impostos e das comissões gerados na venda dos produtos, e serve para medir quanto desse valor restante contribui para o pagamento dos custos fixos.
6. Despesas operacionais: é a soma das despesas que não pertencem diretamente à produção, mas, que sem as efetuar, a empresa não conseguirá atuar. Estão envolvidas as despesas administrativas e de *marketing*, as despesas gerais, a depreciação, os salários do pessoal indireto, etc. Essas despesas formam os chamados custos fixos e as despesas gerais de fabricação, que ocorrem havendo ou não produção.
7. Despesas administrativas: são os gastos com mão de obra indireta, ou seja, pessoas que não estejam trabalhando diretamente na produção. Honorários dos diretores, pagamentos a gerentes e empregados ligados a áreas de apoio, bem como aos profissionais autônomos, contratados para suporte das operações da empresa, são considerados despesas indiretas. Os encargos sociais e trabalhistas correspondentes aos pagamentos de pessoal indireto também devem ser somados para a obtenção do total dos valores da mão de obra indireta.
8. Despesas gerais: neste item, enquadram-se quase todas as despesas efetuadas para manter o sistema em operação, ou seja, as despesas com manutenção e conservação, seguros, despesas com água, luz, telefone, material de limpeza, material de escritório, despesas com viagens, etc. É comum acrescer 3% sobre os custos fixos para cobrir despesas inesperadas que podem ocorrer durante determinado mês. Ainda estão inclusas todas as despesas ocorridas para manter o funcionamento adequado dos recursos e para protegê-los contra desgastes indevidos, uso inadequado ou contra as intempéries, como chuva, sol, ferrugem, poeira, calor, frio, etc. Os recursos também devem estar protegidos contra danos de outra natureza, decorrentes de eletricidade, magnetismo, radiação, fumaça, inundação, desa-

bamento, etc. Desse modo, os contratos de manutenção de máquinas, equipamentos, computadores, centrais de telefonia, revisões preventivas de equipamentos e veículos enquadram-se também nesse item, assim como a manutenção de telhados, muros, exaustores, centrais de ar-condicionado e outros.

9. Despesas de *marketing* e vendas: todas as despesas com promoções, publicidade e propaganda, etc., ocorridas com o intuito de divulgar o produto ou a marca da empresa para aumentar as vendas, estão classificadas neste item.

10. Resultado operacional: é o resultado obtido com a produção e a comercialização dos produtos/serviços da empresa. Trata-se da receita bruta de vendas descontando-se as deduções, o custo dos produtos vendidos e as despesas operacionais.

11. Receitas financeiras: algumas empresas conseguem obter receitas operando no mercado financeiro; ou seja, em um determinado mês cujo faturamento indicou uma boa reserva de caixa, esse montante poderá ser aplicado em fundos de renda fixa, de capitalização ou qualquer outro tipo de aplicação financeira, gerando uma receita adicional para a empresa.

12. Depreciação acumulada: a depreciação é um valor relativo ao desgaste de máquinas, equipamentos e instalações, que a legislação permite contabilizar como perda, para que a empresa possa repor os recursos depois de algum tempo. A depreciação significa que a empresa assume um determinado valor de perda pelo desgaste natural do uso ao longo de um período. Esse valor é predeterminado em função da durabilidade e da vida útil dos recursos. Portanto, a depreciação acumulada corresponde ao somatório das depreciações de diferentes recursos. Existe ainda a depreciação acelerada, também aceita pelos critérios contábeis, que permite a depreciação em um período menor para equipamentos que trabalham sem interrupção. Os percentuais mais utilizados, segundo a legislação tributária para a depreciação, estão relacionados na Tabela 4.

13. Juros de financiamentos: se, por qualquer razão, a empresa tomar valores emprestados no mercado financeiro, seja para

Tabela 4 Percentuais e tempos utilizados para a depreciação segundo a legislação tributária vigente

Recursos	Vida útil	% Ano
Obras civis	25 a 30 anos	3,5
Instalações	10 anos	10
Softwares	4 anos	25
Equipamentos	5 anos	20
Máquinas	10 anos	10
Móveis e utensílios	10 anos	10
Veículos	5 anos	20

financiar investimentos ou para financiar produção ou capital de giro, os juros pagos por esses financiamentos deverão ser apontados nesse item. Os pagamentos a título de amortização dos empréstimos não fazem parte desse demonstrativo de resultados, pois se entende que tais pagamentos serão realizados com parte dos lucros.

14. Resultado antes do Imposto de Renda: é comum informar o chamado lucro bruto, ou seja, o resultado antes da aplicação das alíquotas de Imposto de Renda.
15. Imposto de Renda: o Imposto de Renda para Pessoas Jurídicas (IRPJ) é aplicável somente na constatação de lucro real. Para um lucro real mensal de até 20 mil reais, existirá a incidência de 15% de IRPJ sobre o valor do lucro, e para um lucro acima de 20 mil reais, a incidência de 25% de IRPJ somente sobre a parcela que ultrapassar esse valor.
16. Lucro líquido: é o resultado final da empresa, já subtraído o Imposto de Renda.

Fluxo de caixa

A ferramenta adequada para um bom controle financeiro de curto prazo denomina-se fluxo de caixa, ou seja, um acompanhamento das entradas e saídas de recursos financeiros no caixa da empresa. Sua importância pode ser comparada ao plano de voo de um avião, cuja rota e o destino já estão planejados, mas correções e adequações devem ser feitas se houver turbulências ou tempestades imprevistas. O fluxo de caixa é uma ferramenta simples que serve para mostrar se a empresa tem dinheiro para pagar suas contas, servindo também como um instrumento gerencial para a tomada de decisões.

Em linhas gerais, um fluxo de caixa representa a soma de todas as entradas financeiras, das quais são subtraídas todas as saídas financeiras, restando a apresentação dos saldos. Dependendo do grau de acurácia com o qual a empresa deseja analisar seus resultados, o fluxo de caixa pode ser realizado diária, semanal e mensalmente, etc. A Tabela 5 demonstra uma planilha de fluxo de caixa para uma empresa em fase inicial de operação, com projeção para 4 meses.

Além disso, o fluxo de caixa é um excelente mapa de negociação da empresa, pois permite antecipar as oscilações no fluxo de entrada e saída de valores. Por exemplo: é possível detectar antecipadamente um determinado dia no qual o fluxo estará negativo; assim, a empresa poderá negociar com seus fornecedores prazos de pagamentos mais dilatados, ou negociar com seus clientes antecipações de pagamento, ou ainda, linhas de crédito com empresas do sistema financeiro.

Os principais itens que compõem um fluxo de caixa são:

1. Investimento inicial: trata-se de um valor que a empresa necessita gastar para iniciar suas atividades, acrescido do valor do capital de giro necessário para os primeiros meses de funcionamento, até que os clientes paguem pelas compras e a receita de vendas comece a entrar no caixa.
2. Saldo de caixa inicial: é o valor que a empresa tem no caixa no primeiro dia de operação do período em que está sendo projetado o fluxo de caixa.
3. Total de entradas: é a quantidade total de dinheiro que efetivamente entrou no caixa da empresa, com exceção das promessas de pagamento (cheques pré-datados, duplicatas, promissórias, etc.), que podem ser subdivididas em 4 tipos de origem: receitas

Tabela 5 Exemplo de planilha para fluxo de caixa

Descrição	Mês 1	Mês 2	Mês 3	Mês 4
1. Investimento inicial				
2. Saldo de caixa inicial				
3. Total de entradas				
3.1. Receita de vendas				
3.2. Receitas financeiras				
3.3. Empréstimos				
3.4. Outras receitas				
4. Total de saídas				
4.1. (-) Despesas com produção				
4.2. (-) Despesas com pessoal administrativo				
4.3. (-) Despesas com autônomos				
4.4. (-) Despesas com diretoria				
4.5. (-) Despesas com vendas e *marketing*				
4.6. (-) Despesas gerais				
4.7. (-) Manutenção e conservação				
4.8. (-) Seguros				
4.9. (-) Impostos				
4.10. (-) Ampliações				
4.11. (-) Provisão para IR				
4.12. (-) Despesas financeiras				
4.13. (-) Depreciações (não desembolsáveis)				
5. Saldo do período				
6. (-) Reserva de capital				
7. (+) Depreciação				
8. Fluxo de caixa líquido				

de vendas, receitas financeiras, empréstimos e outras receitas. As receitas de vendas representam todos os valores de recebimento das vendas a prazo, cujo pagamento foi efetivamente realizado no período, somadas ao valor das vendas à vista no mesmo espaço de tempo. As receitas financeiras são os valores apurados decorrentes de aplicações financeiras no período. Os empréstimos são os valores tomados de terceiros para iniciar ou para alavancar o negócio quando for o caso. Outras receitas são quaisquer entradas de dinheiro no caixa da empresa, como os valores oriundos da venda de imóveis, por exemplo.

4. Total de saídas: é o registro de todos os pagamentos realizados, divididos por contas de custos ou contábeis – bem especificadas, para maior entendimento sobre a situação do caixa da empresa, mês a mês. Esses itens se explicam por si mesmos. Além disso, alguns (como provisão para ir – ampliações futuras) lembram o quanto deverá ser guardado em numerário para pagar despesas futuras. Outro exemplo disso é o item depreciação, que aparece 2 vezes no fluxo de caixa (entrada e saída) apenas para que a empresa mantenha registrado que, em alguma época, deverá ter esse dinheiro para repor algum equipamento, máquina, etc.

5. Saldo no período: é o valor total, subtraindo-se o total de entradas do total de saídas, indicando o resultado positivo ou negativo – apresentado entre parênteses –, naquele período de atuação. É importante salientar que uma empresa não consegue sobreviver com o fluxo de caixa negativo por períodos prolongados.

6. Reserva de capital: é o valor que a empresa pode poupar, caso necessário, para outros investimentos.

7. Depreciação: é o valor correspondente ao desgaste das máquinas e equipamentos que não pode ser desembolsado; porém, a empresa precisa compreender que, em determinado momento, necessitará repor o ativo; nesse instante, para que não tenha de solicitar aportes de capital aos sócios, ela terá de contar com uma reserva financeira para tal finalidade.

8. Fluxo líquido de caixa: é a diferença entre o total de entradas e o total de saídas, incluindo também a subtração do valor das reservas e a adição do valor da depreciação. Esse valor pode ser positivo ou negativo e indica, a qualquer momento, quanto a empresa tem disponível em seu caixa. O resultado deve ser transportado para o saldo inicial de caixa do período seguinte.

Histórico financeiro da empresa

Como um dos principais papéis de um plano de negócios é conquistar a credibilidade da empresa junto a um parceiro comercial, nada melhor que apresentar um resumo do comportamento financeiro da empresa desde o início das atividades, ou, se a empresa existe há um bom tempo, pelo menos as informações financeiras dos últimos 5 anos. O histórico financeiro da empresa é constituído pelos balanços, demonstrativos de resultados e declarações de IRPJ.

Se for uma empresa nascente, deve ser apresentado um histórico financeiro dos sócios, pois, para um investidor, quem sabe dirigir bem sua vida financeira pessoal também consegue dirigir bem a vida financeira de uma empresa.

É importante acrescentar que toda informação incluída no histórico financeiro deve ser comprovada; assim, se a empresa relatar valores de faturamento, deve apresentar os respectivos DARFs (Documento de Arrecadação da Receita Federal) relativos aos recolhimentos dos tributos referentes à receita relatada. Deve-se tomar especial atenção com receitas sem comprovação de origem, pois isso poderá ser entendido como sonegação fiscal, o que não é considerado boa prática administrativa pelos investidores. Além do mais, despesas sem documentação de origem também podem levantar dúvidas sobre a conduta ética da empresa.

Demonstrativo de custos e despesas

No plano operacional, a questão do sistema de custeio é abordada sob o ponto de vista da tomada de decisão e, no plano financeiro, a questão dos custos e despesas deve ser abordada sob o ponto de vista dos recursos econômicos, avaliando os impactos da evolução dos custos sobre o desempenho financeiro da empresa.

A demonstração da evolução dos custos e despesas deve ser dividida em várias etapas:

1. Mão de obra direta: representada pelo total de salários pagos aos empregados que atuam diretamente na produção, acrescido dos respectivos encargos sociais. A Tabela 6 apresenta os encargos sociais incidentes para diversos tipos de empresas, optantes ou não pelo sistema de tributação SIMPLES. O percentual de 27,8% de INSS é uma composição de 20% para a previdência social, 5,8% como contribuição a terceiros (Sebrae, Senai, Sesi, Incra e Salário Educação) e 2% como seguro de acidentes de trabalho. O vale-transporte, que foi instituído pela Lei 95.247/1987, tem seu valor variável, dependendo do local onde a pessoa mora e a distância entre a sua residência e a empresa, englobando a passagem de ida e volta, que a empresa poderá descontar até no máximo 6% do salário do empregado.
2. Mão de obra indireta: representada pelo total de salários pagos aos empregados que atuam em funções de apoio à área produtiva (manutenção, controle da qualidade, ferramentaria, engenharia, etc.) ou em funções administrativas (compras, custos, vendas, etc.), acrescido dos respectivos encargos sociais, conforme Tabela 6.
3. Custos variáveis: são todos os custos que dependem ou variam em relação às quantidades produzidas ou vendidas.
4. Custos fixos: são todos os custos que não dependem ou não variam em relação às quantidades produzidas ou vendidas.
5. Impostos e contribuições: representados pelos valores recolhidos aos governos federal, estadual ou municipal, incidentes sobre as vendas. A Tabela 7 apresenta os impostos e contribuições e suas respectivas alíquotas incidentes sobre as vendas de diversos tipos de empresas.

Plano Financeiro

Tabela 6 Encargos sociais incidentes sobre os salários pagos pelas empresas

Descrição do item	Empresa optante do Simples	Empresa não optante do Simples
13º salário	1/12 × total de salários	1/12 × total de salários
Adicional de férias	1/3 × 1/12 × total de salários	1/3 × 1/12 × total de salários
INSS sobre salários	---	27,8% sobre total de salários
INSS sobre 13º salário	---	27,8% sobre 1/12 × total de salários
INSS sobre adicional de férias	---	27,8% sobre 1/3 × 1/12 × total de salários
FGTS sobre salários	8% sobre total de salários	8% sobre total de salários
FGTS sobre 13º salário	8% sobre 1/12 × total de salários	8% sobre 1/12 × total de salários
FGTS sobre adicional de férias	8% sobre 1/3 × 1/12 × total de salários	8% sobre 1/3 × 1/12 × total de salários
Vale-transporte	Variável	Variável
Indenização trabalhista	3% sobre total de salários	3% sobre total de salários
INSS pró-labore	11%	15% sobre pró-labore
FGTS pró-labore	---	---

Se a empresa for classificada como microempresa ou empresa de pequeno porte, em ambos os casos optante do Supersimples, os valores dos impostos e contribuições (ICMS, ISS, IRPJ, PIS, Cofins, CSLL, INSS Patronal e IPI) foram unificados em uma contribuição única, demonstrada na Tabela 8.

Plano de investimentos

Qualquer empresa deve sempre ter um plano de investimentos, pois isso reflete uma preocupação com o futuro. Um plano de investimentos

Tabela 7 Impostos e contribuições incidentes sobre as vendas e suas respectivas alíquotas

Tipos de impostos e contribuições	Alíquotas
IPI - Imposto sobre Produtos Industrializados	Definido pelo RIPI de acordo com o tipo de produto
PIS - Programa de Integração Social	0,65%
Cofins - Contribuição para Financiamento da Seguridade Social	3%
IRPJ - Imposto de Renda para Pessoa Jurídica	15%
Adicional do IRPJ	10%
CSLL - Contribuição Social sobre Lucro Líquido	9%
IRF - Imposto de Renda na Fonte	1,5%
ICMS - Imposto sobre Circulação de Mercadorias e Serviços	Definido pelo RICMS – a alíquota de maior incidência em São Paulo é 18%
ISS - Imposto sobre Serviço de Qualquer Natureza	Definido pelo Código Tributário do Município

RICMS – Regulamento do Imposto de Circulação de Mercadorias e Serviços.

deve ser dividido em 4 partes: investimentos pré-operacionais, investimentos fixos, capital de giro e capacitação do pessoal. Se for uma empresa nascente, as seguintes perguntas deverão ser respondidas: quanto será necessário gastar para montar a empresa e iniciar as atividades e quais competências essenciais o pessoal necessita desenvolver? Se for uma empresa em funcionamento, as questões serão: quanto será necessário gastar para substituir determinado equipamento e colocá-lo em operação e que habilidades e conhecimentos os empregados precisam adquirir para a empresa manter-se no mercado?

Normalmente, os investimentos não são realizados ao mesmo tempo; assim, torna-se necessário incluir um cronograma físico-financeiro da projeção dos desembolsos junto ao plano de investimentos, equalizando valores e tempo.

Tabela 8 Alíquotas de impostos simples incidentes sobre a faixa de faturamento das empresas

Receita bruta anual em 12 meses (em R$)		Comércio INSS incluso	Indústria INSS incluso	Serviços		
				Grupo 1 INSS incluso	Grupo 2 INSS à parte	Grupo 3 INSS à parte
Até 120.000,00	A	4	4,5	6	4,5	De 6 a 17
De 120.000,01 a 240.000,00	A	5,47	5,97	8,21	6,54	De 7,27 a 17,79
De 240.000,01 a 360.000,00	A	6,84	7,34	10,26	7,7	De 8,46 a 18,5
De 360.000,01 a 480.000,00	A	7,54	8,04	11,31	8,49	De 9,28 a 18,84
De 480.000,01 a 600.000,00	A	7,6	8,10	11,4	8,97	De 9,79 a 18,87
De 600.000,01 a 720.000,00	A	8,28	8,78	12,42	9,78	De 10,63 a 19,23
De 720.000,01 a 840.000,00	A	8,36	8,86	12,54	10,26	De 11,14 a 19,26
De 840.000,01 a 960.000,00	A	8,45	8,95	12,68	10,76	De 11,67 a 19,31
De 960.000,01 a 1.080.000,00	A	9,03	9,53	13,55	11,51	De 12,45 a 19,61
De 1.080.000,01 a 1.200.000,00	A	9,12	9,62	13,68	12	De 12,97 a 19,65
De 1.200.000,01 a 1.320.000,00	B	9,95	10,45	14,93	12,8	De 13,8 a 20
De 1.320.000,01 a 1.440.000,00	B	10,04	10,54	15,06	13,25	De 14,28 a 20
De 1.440.000,01 a 1.560.000,00	B	10,13	10,63	15,2	13,7	De 14,76 a 20
De 1.560.000,01 a 1.680.000,00	B	10,23	10,73	15,35	14,15	De 15,24 a 20
De 1.680.000,01 a 1.800.000,00	B	10,32	10,82	15,48	14,6	De 15,72 a 20

(continua)

Tabela 8 Alíquotas de impostos simples incidentes sobre a faixa de faturamento das empresas (continuação)

Receita bruta anual em 12 meses (em R$)		Comércio INSS incluso	Indústria INSS incluso	Serviços		
				Grupo 1 INSS incluso	Grupo 2 INSS à parte	Grupo 3 INSS à parte
De 1.800.000,01 a 1.920.000,00	C	11,23	11,73	16,85	15,05	De 16,2 a 20
De 1.920.000,01 a 2.040.000,00	C	11,32	11,82	16,98	15,5	De 16,68 a 20
De 2.040.000,01 a 2.160.000,00	C	11,42	11,92	17,13	15,95	De 17,16 a 20
De 2.160.000,01 a 2.280.000,00	C	11,51	12,01	17,27	16,4	De 17,64 a 20
De 2.280.000,01 a 2.400.000,00	C	11,61	12,11	17,42	16,85	De 18,5 a 20

A: válido para Acre, Alagoas, Amapá, Maranhão, Paraíba, Piauí, Rio Grande do Norte, Rondônia, Sergipe e Tocantins. A e B: válido para Amazonas, Ceará, Goiás, Espírito Santo, Mato Grosso do Sul, Pará e Pernambuco. A, B e C: válido para Bahia, Distrito Federal, São Paulo, Minas Gerais, Paraná, Rio de Janeiro, Rio Grande do Sul e Santa Catarina.

Empresas de Serviço
Grupo 1: empresas como escolas, pré-escolas, escolas de ensino fundamental, agências de viagem, agências lotéricas, serviços de reparos hidráulicos, elétricos ou pintura, serviços de instalação e manutenção de ar-condicionado.
Grupo 2: empresas da área de construção de imóveis, montadoras de estandes para feiras, escolas de idiomas, cursos técnicos e produção cinematográfica e outras.
Grupo 3: empresas como academias de dança e de ginástica, produção de softwares, serviço de vigilância e limpeza. As alíquotas variam na mesma faixa de faturamento, conforme o tamanho da folha de pagamento. Quanto maior a folha, menor a alíquota.

Fonte: Revista Pequenas Empresas & Grandes Negócios, Editora Globo, nº 222, jul/2007.

Investimentos pré-operacionais

São os gastos que o empreendedor efetua antes de sua empresa começar a funcionar, ou seja, antes de entrar em operação. Se for uma empresa nascente, incluem-se os gastos com pesquisa de mercado, registro da empresa, pesquisa e desenvolvimento, despesas com profissionais para criação da logomarca, gastos com projetos e com registro da marca junto ao INPI, etc.

Investimentos fixos

São os gastos com a aquisição e a instalação de máquinas e equipamentos, obras e reformas, móveis e utensílios, veículos, centrais telefônicas, aparelhos eletrônicos e de informática, imóveis, salas, casas, lotes e galpões. Os investimentos fixos constituem também o patrimônio da empresa e podem ser vendidos e convertidos em dinheiro.

Capital de giro

São os gastos operacionais necessários para iniciar as atividades da empresa e colocá-la em funcionamento. Serão, posteriormente, cobertos pelas receitas, mas, no início, têm de ser bancados pelo empreendedor. Referem-se ao aluguel do imóvel, ao pró-labore, aos salários e encargos, aos gastos com telefone, água e luz, aos honorários do contador, aos materiais de limpeza, etc. Ainda estão incluídos os gastos com estoques iniciais de materiais diretos, ou seja, a compra da matéria-prima para o primeiro mês de operação. Pode-se considerar também um fundo de reserva para dar suporte às vendas a prazo, por exemplo.

Capacitação do pessoal

São os gastos com treinamento e desenvolvimento de habilidades e capacitação dos empregados, para que a empresa adquira conhecimentos e possa atender às exigências do mercado, tanto nos requisitos de desempenho e qualidade dos produtos existentes quanto no lançamento de produtos.

Redação e apresentação do plano financeiro

O modelo apresentado no Quadro 2 serve como um excelente guia na elaboração e na apresentação do plano financeiro.

Quadro 2   Modelo autoexplicativo da apresentação do plano financeiro

Balanço patrimonial					
Exercício findo em:	2011	2012	2013	2014	2015
1. ATIVO					
1.1. Ativo circulante					
1.1.1. Caixa e bancos					
1.1.2. Duplicatas a receber					
1.1.3. Estoques					
Total do ativo circulante					
1.2. Realizável a longo prazo					
1.2.1. Ações de outras empresas					
1.2.2. Aplicações de longo prazo					
Total do realizável a longo prazo					
ATIVO TOTAL					
2. PASSIVO					
2.1. Passivo circulante					
2.1.1. Salários e encargos a pagar					
2.1.2. Impostos e contribuições					
2.1.3. Fornecedores					
2.1.4. Bancos					
2.1.5. Outros					
Total do passivo circulante					

(continua)

Quadro 2   Modelo autoexplicativo da apresentação do plano financeiro *(continuação)*

Balanço patrimonial					
Exercício findo em:	2011	2012	2013	2014	2015
2.2. Exigível a longo prazo					
2.2.1. Financiamentos					
2.2.2. Empréstimos					
Total do exigível a longo prazo					
2.3. Patrimônio líquido					
2.3.1. Capital social					
2.3.2. Lucros/Prejuízos acumulados					
Total do patrimônio líquido					
PASSIVO TOTAL					

Demonstrativo de resultados					
Discriminação	2011	2012	2013	2014	2015
1. Receita bruta de vendas					
2. (-) Deduções					
3. Receita líquida de vendas					
4. (-) Custo dos produtos vendidos					
5. Margem de contribuição					
6. (-) Despesas operacionais					
6.1. Despesas administrativas					
6.2. Despesas de *marketing*					
6.3. Despesas gerais					
6.4. Depreciação acumulada					
7. Resultado operacional					
8. Receitas financeiras					

(continua)

Quadro 2   Modelo autoexplicativo da apresentação do plano financeiro *(continuação)*

Demonstrativo de resultados					
Discriminação	2011	2012	2013	2014	2015
9. (-) Juros de financiamento					
10. Resultado antes do IR					
11. (-) IR alíquota – 15%					
12. Lucro líquido					

Fluxo de caixa					
Descrição	2011	2012	2013	2014	2015
1. Investimento inicial					
2. Saldo de caixa inicial					
3. Total de entradas					
3.1. Receita de vendas					
3.2. Receitas financeiras					
3.3. Empréstimos					
3.4. Outras receitas					
4. Total de saídas					
4.1. (-) Despesas com produção					
4.2. (-) Despesas com pessoal administrativo					
4.3. (-) Despesas com autônomos					
4.4. (-) Despesas com diretoria					
4.5. (-) Despesas com vendas e *marketing*					
4.6. (-) Despesas gerais					
4.7. (-) Manutenção					
4.8. (-) Seguros					
4.9. (-) Impostos					

(continua)

Quadro 2 Modelo autoexplicativo da apresentação do plano financeiro *(continuação)*

Fluxo de caixa					
Descrição	2011	2012	2013	2014	2015
4.10. (-) Provisão para Imposto de Renda					
4.11. (-) Despesas financeiras					
4.12. (-) Provisão para devedores duvidosos					
4.13. (-) Depreciações (não desembolsáveis)					
5. Saldo no período					
6. (-) Reserva de capital					
7. (+) Depreciação					
8. Fluxo líquido de caixa					

Demonstrativos de custos e despesas					
Mão de obra direta					
Descrição dos cargos	2011	2012	2013	2014	2015
1.					
2.					
3.					
4.					
5.					
6.					
Subtotal					
Encargos sociais					
Benefícios à mão de obra direta					
Total da mão de obra direta					

(continua)

Quadro 2 Modelo autoexplicativo da apresentação do plano financeiro *(continuação)*

Mão de obra indireta					
Descrição dos cargos	2011	2012	2013	2014	2015
1.					
2.					
3.					
4.					
5.					
6.					
Subtotal					
Encargos sociais					
Pró-labore					
Encargos sociais sobre pró-labore					
Benefícios à mão de obra indireta					
Total da mão de obra indireta					

Custos variáveis					
Descrição	2011	2012	2013	2014	2015

Receitas e deduções					
Discriminação	2011	2012	2013	2014	2015
Receitas com vendas à vista de produtos					
Receitas com vendas à vista de serviços					
Receitas com vendas a prazo de produtos					

(continua)

Quadro 2   Modelo autoexplicativo da apresentação do plano financeiro *(continuação)*

Receitas e deduções					
Discriminação	2011	2012	2013	2014	2015
Receitas com vendas a prazo de serviços					
Total das receitas com vendas					
Receitas financeiras					
Total das receitas					
Impostos sobre vendas					
Despesas financeiras com vendas					
Comissões sobre vendas					
Total da receita líquida					

Investimentos					
Descrição dos investimentos	2011	2012	2013	2014	2015
Investimentos pré-operacionais					
1. Projetos					
2. Registros					
Investimentos fixos					
1. Máquinas e equipamentos					
2. Instalações					
3. Imóveis					
4. Veículos					
Capital de giro					
Capacitação de pessoal					
Total dos investimentos					

Considerações Finais   10

Este livro apresenta um método para elaborar um plano de negócios. Esse método envolve a análise ambiental da possibilidade de aplicação nas micro e nas pequenas empresas, principalmente em relação ao planejamento estratégico, no qual a avaliação de fatores intangíveis exige grande dose de bom senso. Até então, isso somente podia ser executado com sucesso nas médias ou grandes organizações, nas quais as orientações para o direcionamento do negócio são concluídas a partir da execução de reuniões de *brainstorm*, com a participação de vários executivos especializados em diversos assuntos de interesse estratégico para a organização.

O modelo aqui apresentado permite transformar os fatores da análise estratégica, tidos como intangíveis, em indicadores numéricos, possibilitando que o planejamento possa ser realizado com sucesso sob o ponto de vista de apenas uma pessoa, em geral, o empreendedor de uma empresa nascente, conforme demonstrado nos estudos de caso apresentados nos anexos.

O modelo permite também que uma pessoa sem grande formação acadêmica elabore o plano de negócios da empresa, incluindo o módulo de planejamento estratégico. Isso é extremamente positivo, uma vez que boa parte dos empreendedores que iniciam um negócio conhece tecnicamente o produto objeto da empresa ou os caminhos para a comercialização dos produtos, porém não está habituada à utilização de técnicas de gerenciamento, em especial as de características eminentemente teóricas, como no caso da definição da visão e da missão da empresa.

As análises de oportunidades de negócios, executadas por intermédio de pontuações para cada oportunidade identificada, possibilitam que o empreendedor perceba claramente as melhores formas de investimentos imediatos, as quais devem ser monitoradas para investimentos futuros.

As análises das ameaças por meio do índice de prioridade e risco (IPR) permitem à empresa identificar matematicamente o que constitui um perigo imediato para ela e, portanto, precisa ser eliminado; a ameaça que precisa ser monitorada, mas que, no momento, não representa perigo para a empresa; e aquela que simplesmente pode ser ignorada.

Entretanto, a maior virtude do plano de negócios é levar a empresa a entender o que ela precisa ter e o que ela precisa controlar. Em muitos casos, a empresa não realiza uma atividade importante para sua sobrevivência no mercado, mas, com o plano de negócios, seus proprietários percebem a importância de tal atividade, e se não passam a praticá-la imediatamente, pelo menos a incluem em suas metas de curto prazo.

Bibliografia

1. ALLEN, R. G. D. *Estatística para economistas*. 2.ed. Rio de Janeiro: Fundo de Cultura, 1970. 214p.
2. ANSOFF, H. I. *Administração estratégica*. São Paulo: Atlas, 1983. 213p.
3. AZEVEDO, A. G. & CAMPOS, P. H. B. *Estatística básica*. 5.ed. Rio de Janeiro: Livros Técnicos e Científicos, 1987. 283p.
4. BAIRD, L. S. et al. *Management – functions and responsibilities*. Nova York: Harper & Row, 1990. 724p.
5. BANGS JR., D. H. *The business planning guide*. 7.ed. Chicago: Upstart Publishing, 1998. 209p.
6. BANGS JR., D. H. *Planejamento de negócios*. São Paulo: Nobel, 1999. 232p.
7. BATEMAN, T. S. & SNELL, S. A. *Administração – construindo vantagem competitiva*. São Paulo: Atlas, 1998. 539p.
8. BATOCCHIO, A. *Desenvolvimento de um módulo semiestratégico para apoio às decisões no nível operacional*. Campinas, 1996. 149p. Tese (Livre-docência). Faculdade de Engenharia Mecânica, Universidade de Campinas.
9. BEDÊ, M. A. & AZZONI, C. R. (coords.). *Estudo da mortalidade das empresas paulistas*: relatório final. São Paulo: Sebrae-SP/Fipe, 1999.
10. BIAGIO, L. A. & BATOCCHIO, A. "Método para desenvolvimento estratégico de novos produtos apoiados por FMEA". In: CONGRESSO BRASILEIRO DE GESTÃO DE DESENVOLVIMENTO DE PRODUTO, 2, 2000, São Carlos. *Anais...* São Carlos: UFSC, 2000.
11. _____. "A importância da avaliação do capital intelectual na administração estratégica". In: ENCONTRO NACIONAL DE ENGENHARIA DE PRODUÇÃO, 19, 1999, Rio de Janeiro. *Anais...* Rio de Janeiro: UFRJ, 1999.
12. BRASIL. Lei n. 9.317, de 5/12/1996. Dispõe sobre o regime tributário das microempresas e de pequeno porte, institui o Sistema Integrado de Pagamento de Impostos e Contribuições das Microempresas e das Empresas de Pequeno

Porte – Simples, e dá outras providências. Diário Oficial da República Federativa do Brasil, Brasília, 6/12/1996, p.25.973/7.
13. BREALEY, R. A. & MYERS, S. C. *Princípios de finanças empresariais*. 3.ed. Lisboa: McGraw Hill, 1992. 924p.
14. CERTO, S. C. & PETER, J. P. *Administração estratégica*. São Paulo: Makron Books, 1993. 469p.
15. COBRA, M. *Administração de vendas*. 4.ed. São Paulo: Atlas, 1994. 491p.
16. COPELAND, T. et al. *Avaliação de empresas – valuation*. São Paulo: Makron Books, 2000. 516p.
17. DEGEN, R. *O empreendedor*. São Paulo: Makron Books, 1989. 368p.
18. DEMING, W. E. *Quality, productivity, and competitive position*. Boston: MIT, 1982. 373p.
19. DAVENPORT, T. H. *Reengenharia de processos*. Rio de Janeiro: Campus, 1994. 391p.
20. DAVID, F. R. *Strategic management*. Nova Jersey: Prentice Hall, 1997. 1011p.
21. DOLABELA, F. *O segredo de Luísa*. São Paulo: Cultura, 1999. 311p.
22. DORNELAS, J. C. A. et al. *Manual de elaboração de plano de negócios para incubadoras*. São Carlos: Sebrae/ParqTec, 1998. 88p.
23. DRUCKER, P. F. *Sociedade pós-capitalista*. 3.ed. São Paulo: Pioneira, 1993. 186p.
24. _____. *Inovação e espírito empreendedor*. 5.ed. São Paulo: Pioneira, 1998. 378p.
25. EDVINSSON, L. & MALONE, M. S. *Capital intelectual*. São Paulo: Makron Books, 1998. 214p.
26. EHRBAR, A. EVA – *Valor econômico agregado*. Rio de Janeiro: Qualitymark, 1999.
27. FALCONI, V. *Controle da qualidade total*. 5.ed. Belo Horizonte: Fundação Christiano Ottoni, 1992. 229p.
28. FURLAN, J. D. *Modelagem de negócio*. São Paulo: Makron Books, 1997. 161p.
29. GAJ, L. *Administração estratégica*. São Paulo: Ática, 1987. 194p.
30. GITMAN, L. J. *Princípios de administração financeira*. 7.ed. São Paulo: Harbra, 1997. 841p.
31. GLUECK, W. F. & JAUCH, L. R. *Business policy and strategic management*. 4.ed. Nova York: McGraw-Hill, 1984.
32. GRUENWALD, G. *Como desenvolver e lançar um produto novo no mercado*. São Paulo: Makron Books, 1994. 553p.
33. HAMEL, G. & PRAHALAD, C. K. *Competindo para o futuro*. Rio de Janeiro: Campus, 1995. 377p.
34. HARRINGTON, H. J. *Gerenciamento total da melhoria contínua*. São Paulo: Makron Books, 1997. 494p.
35. _____. *O processo de aperfeiçoamento*. São Paulo: McGraw-Hill, 1988. 266p.
36. HERRERO, E. *Seminário da Rede Paulista de Incubadoras*: planejamento estratégico. São Paulo: Sebrae, 2000.
37. HOEL, P. G. *Estatística elementar*. Rio de Janeiro: Fundo de Cultura, 1961. 311p.
38. HOLANDA FERREIRA, A. B. de. *Novo dicionário da língua portuguesa*. Rio de Janeiro: Nova Fronteira, 1975.
39. HOOLEY, G. J. & SAUNDERS, J. *Posicionamento competitivo*. São Paulo: Makron Books, 1996. 368p.
40. ISHIKAWA, K. *Controle de qualidade total*. Rio de Janeiro: Campus, 1993. 221p.
41. JURAN, J. M. & GRYNA, F. M. *Controle da qualidade – handbook*. São Paulo: Makron Books, 1991.

42. KAPLAN, R. S. & NORTON, D. P. *A estratégia em ação – balanced scorecard*. Rio de Janeiro: Campus, 1997. 344p.
43. KOTLER, P. *Administração de marketing – análise, planejamento, implementação e controle*. 5.ed. São Paulo: Atlas, 1998. 725p.
44. LIMA, M. C. *A engenharia da produção acadêmica*. São Paulo: Editoras Unidas, 1997. 162p.
45. MARTINS, E. *Contabilidade de custos*. 4.ed. São Paulo: Atlas, 1996. 311p.
46. MACHLINE, C. et al. *Manual de administração da produção*. 8.ed. Rio de Janeiro: Editora da FGV, 1987, 2 v.
47. MAYER, R. R. *Administração da produção*. São Paulo: Atlas, 1992. 705p.
48. MEGGINSON, L. C. et al. *Administração, conceitos e aplicações*. São Paulo: Harper & Row, 1986. 543p.
49. MINTZBERG, H. et al. *Safari de estratégia*. Porto Alegre: Bookman, 2000. 299p.
50. OSTERWALDER, A.; PIGNEUR, Y. *Business model generation*. Rio de Janeiro: Alta Vista, 2011. 282p.
51. PALADY, P. FMEA. *Análise dos modos de falha e efeitos*. São Paulo: Imam, 1997. 270p.
52. PASSARELLA, W. "A busca de oportunidades de negócios". In: PEREIRA, H. J. & SANTOS, S. A. *Criando seu próprio negócio*. Brasília: Sebrae, 1995. p.63-112.
53. PAVANI, C.; DEUTSCHER, J. A. & LOPES, S. M. *Plano de negócios*. Rio de Janeiro: Lexikon, 1997. 202p.
54. PETERS, T. & WATERMAN, R. *In search of excellence*. Nova York: Harper & Row, 1982. 312p.
55. PIDD, M. *Modelagem empresarial*. Porto Alegre: Bookman, 1998. 314p.
56. PINSON, L. & JINNETT, J. *Anatomy of a business plan*. 3.ed. Los Angeles: Libreria Hispanoamérica, 1997. 252p.
57. PORTER, M. E. *Vantagem competitiva*. Rio de Janeiro: Campus, 1990. 511p.
58. _____. *Estratégia competitiva*. 16.ed. Rio de Janeiro: Campus, 1986. 361p.
59. PREVIDELLI, J. J. "Gerenciamento dos recursos de curto prazo". In: PEREIRA, H. J. & SANTOS, S. A. *Criando seu próprio negócio*. Brasília: Sebrae, 1995. p.205-24.
60. ROBBINS, S. P. *Administração, mudanças e perspectivas*. São Paulo: Saraiva, 2000. 524p.
61. ROGERS, L. *Administração de vendas e marketing*. São Paulo: Makron Books, 1993. 389p.
62. ROTHER, M. & SHOOK, J. *Aprendendo a enxergar*. São Paulo: Lean Institute Brasil, 1998. 110p.
63. RUAS, R. L. & PINHEIRO, I. A. *Sua empresa é competitiva?* Brasília: Sebrae, 1995. 87p.
64. SEBRAE. Seminário Empretec. *Manual do participante*. s.l.: Sebrae, 1999.
65. _____. Seminário Brasil Empreendedor. *Orientação para Crédito*. s.l.: Sebrae, 2000.
66. SEBRAE-SP/FIPE. *Estudo da mortalidade das empresas paulistas* (Relatório final). Pesquisas Econômicas, São Paulo, dez. de 1999.
67. SGS YARSLEY ICS LTD. *Lead assessor – training course*. São Paulo: SGS International Certification Services, 1996.
68. SLACK, N. et al. *Administração da produção*. São Paulo: Atlas, 1997. 726p.
69. STEWART, T. A. *Capital intelectual*. Rio de Janeiro: Campus, 1998. 237p.

70. SIEGEL, E. S. et al. *Guia da Ernest & Young para desenvolver o seu plano de negócios.* 3.ed. Rio de Janeiro: Record, 1996. 221p.
71. SINK, D. S. & TURTTLE, T. C. *Planejamento e medição para a performance.* Rio de Janeiro: Qualitymark, 1993. 343p.
72. STONER, J. A. F. & FREEMAN, R. E. *Administração.* Rio de Janeiro: Livros Técnicos e Científicos, 1999. 533p.
73. WRIGHT, P. et al. *Administração estratégica – conceitos.* São Paulo: Atlas, 2000. 433p.

Sites da internet consultados

1. Banco Nacional de Desenvolvimento Econômico e Social (BNDES). Disponível em: www.bndes.gov.br. Acessado em: 31/3/2003.
2. Instituto Brasileiro de Geografia e Estatística (IBGE). Disponível em: www.ibge.gov.br. Acessado em: 31/3/2003.
3. Federação das Indústrias do Estado de São Paulo (FIESP). Disponível em: www.fiesp.com.br. Acessado em: 31/3/2003.
4. Sebrae Nacional. Disponível em: www.sebrae.org.br. Acessado em: 31/3/2003.
5. Fundação Seade. Disponível em: www.seade.gov.br. Acessado em: 31/3/2003.
6. Small Business Administration. Disponível em: www.sba.gov. Acessado em: 31/3/2003.
7. Paloalto Software bplanpro. Disponível em: www.paloalto.com. Acessado em: 31/3/2003.

Anexo 1

Formulário de Informações Preliminares para a Elaboração do Plano de Negócios

Formulário de informações preliminares

1. Como surgiu a ideia de montar a empresa?
_____
_____

2. Por que procurou a Incubadora de Empresas?
_____
_____

3. De onde vem o desejo de ser dono de seu próprio negócio?
_____
_____

4. Quem são os sócios da empresa? Por que eles foram escolhidos?
_____
_____

5. Quais são os propósitos iniciais da empresa, ou quais eram na época da fundação? (público-alvo que se pretende atingir, necessidades a serem atendidas, etc.)
_____
_____

6. Como as oportunidades de negócio foram identificadas? (por meio de pesquisas de mercado, observações dos sócios, conversas com clientes potenciais, etc.)
_____
_____

7. Quais fatos foram importantes no desenvolvimento da empresa? (aquisição de equipamentos, lançamento de produtos, parcerias com instituições, participação em feiras, incorporação de outras empresas, participação em eventos, clientes importantes conquistados, etc.)
_____
_____

8. Qual é a área inicial instalada?
_____
_____

9. Qual é o endereço inicial?
_____
_____

10. Qual é a forma jurídica da empresa? Por que esta forma foi escolhida?
_____
_____

11. Qual é o ramo de atividade da empresa?
_____
_____

12. Qual é o nome fantasia da empresa?
_____
_____

13. Quais marcas a empresa comercializa? Elas estão registradas no INPI? Sob qual número?
_____
_____

14. Qual é o capital social integralizado? E a integralizar?
_____
_____

15. Qual é o número do CNPJ, do CNAE, das inscrições estadual e municipal da empresa?

Cadastro Nacional de Pessoa Jurídica (CNPJ)
Cadastro Nacional de Atividade Econômica (CNAE)
Inscrição Estadual na Secretaria dos Negócios da Fazenda do Estado
Inscrição Municipal na Prefeitura

16. Como é a composição societária da empresa?

Nome do sócio	Participação
	%
	%
	%
	%

17. Quais são as qualificações profissionais dos sócios?

Nome	
Endereço	
Formação acadêmica	
Experiência	
Nome	
Endereço	
Formação acadêmica	
Experiência	
Nome	
Endereço	
Formação acadêmica	
Experiência	
Nome	
Endereço	
Formação acadêmica	
Experiência	

18. Qual é o sistema tributário escolhido? Por que esse sistema foi escolhido?
_____
_____

19. Como são distribuídos os lucros da empresa? Está previsto no contrato social?
_____
_____

20. Quais impostos incidem sobre a operação da empresa?

Tipos de impostos e contribuições	Alíquotas
IPI – Imposto sobre Produtos Industrializados	%
PIS – Programa de Integração Social	%
Cofins – Contribuição para Financiamento da Seguridade Social	%
IRPJ – Imposto de Renda Pessoa Jurídica	%
Adicional de IRPJ	%
CSL – Contribuição Social sobre Lucro Líquido	%
IRF – Imposto de Renda na Fonte	%
INSS – Imposto Nacional de seguridade social sobre salários dos empregados	%
INSS – sobre pró-labore	%
FGTS – Fundo de Garantia por Tempo de Serviço	%
ICMS – Imposto sobre Circulação de Mercadorias	%
ISS – Imposto sobre Serviço de Qualquer Natureza	%
Simples Federal	%
Simples Estadual	%

21. Como são distribuídas as responsabilidades pelas perdas? Está previsto no contrato social?
_____
_____

22. Se forem necessários aportes de capital por parte dos sócios, como isso poderá ser realizado? Está previsto no contrato social?
_____
_____

Anexo 1

23. Quais são as regras para saídas de sócios da empresa? Está previsto no contrato social?
_____
_____

24. Por que o local da instalação da empresa foi escolhido? Outros locais foram preteridos? Por quê?
_____
_____

25. Se o local de instalação for alugado, qual o valor do aluguel e qual o tempo de duração do contrato?
_____
_____

26. Se o imóvel for propriedade da empresa (adquirido de terceiros ou construído), qual o valor do investimento? Em que época foi adquirido ou construído?
_____
_____

27. Como é a vizinhança do local de instalação da empresa? (residencial, comercial, industrial ou agrícola)
_____
_____

28. Quais são as facilidades disponíveis no local de instalação da empresa?

Facilidades	Facilidades	
Transporte coletivo	Correio	
Estacionamento: vagas	Telefone	
Restaurante/refeitório	Serviço de cópias	
Serviço de despachos	Iluminação pública	
Banheiros/vestiários	Água tratada	
Energia elétrica: volts	Coleta de lixo	
Internet de alta velocidade	Calçamento das vias públicas	
Esgoto doméstico	Outras:	

29. Quais foram os critérios de escolha para o local de instalação da empresa?
_____
_____

30. Existe espaço para expansão, se necessário? Qual é a área desse espaço?
_____
_____

31. As construções da região são bem conservadas ou estão se deteriorando? O prédio está bem conservado ou necessitando de reformas?
_____
_____

32. A região possui outras empresas atuando no mesmo ramo de negócios?
_____
_____

33. Órgãos públicos fiscalizadores que aprovam o local:

Órgãos públicos fiscalizadores			Órgãos públicos fiscalizadores		
Cetesb	Sim	Não	Zoneamento urbano	Sim	Não
Vigilância sanitária	Sim	Não	Corpo de Bombeiros	Sim	Não

34. A empresa utiliza serviços de contabilidade externos? Qual é a empresa que fornece esse tipo de serviço? Como a qualidade dos serviços é avaliada?
_____
_____

35. Quais relatórios contábeis a empresa utiliza para a tomada de decisão?
_____
_____

36. Como a empresa mantém seus registros contábeis?
_____
_____

37. Como a empresa arquiva seus documentos legais? Como eles são identificados e rastreados?
_____
_____

38. Como a empresa verifica se aquilo que foi orçado é efetivamente o que o cliente está pedindo?
_____
_____

39. Como a empresa verifica se aquilo que foi comprado é efetivamente o que o fornecedor está entregando?
_____
_____

40. Quais tipos de seguros dão cobertura para o patrimônio da empresa? Existe algum patrimônio da empresa sem cobertura de seguro? Qual?
_____
_____

41. Quais são as seguradoras utilizadas? Quais são os prazos de validade dos contratos com as seguradoras?
_____
_____

42. Como a empresa protege ou irá proteger suas pesquisas para o desenvolvimento de novos produtos ou novos processos?
_____
_____

43. Como a empresa protege ou irá proteger sua carteira de clientes?
_____
_____

44. Existem áreas de exposição a riscos para os empregados? Quais?
_____
_____

45. Como a empresa trata a segurança de seus empregados? Existe algum programa? Existe algum engenheiro/técnico de segurança no trabalho responsável? Quais tipos de equipamentos de proteção individual (EPI) a empresa oferece aos seus empregados?
_____
_____

46. Os produtos e processos da empresa estão patenteados?
_____
_____

47. O empreendedor possui outras empresas? Como costuma identificar novas oportunidades de negócios? Faz pesquisa ou acredita no seu *feeling*?
_____
_____

48. O empreendedor prefere negócios mais arriscados que tenham maior retorno dos investimentos ou é uma pessoa conservadora nesse momento?
_____
_____

49. Como a empresa foi planejada? Existe um plano detalhado de implantação da empresa preparado previamente pelo empreendedor? Esse plano está sendo monitorado?
_____
_____

50. O empreendedor conhece o mercado e conhece um grupo de pessoas capazes de auxiliá-lo no acesso a esse mercado? Quem são essas pessoas?
_____
_____

51. Quais argumentos o empreendedor utilizaria para convencer alguém de que a empresa é viável?
_____
_____

52. Onde o empreendedor busca informações para o gerenciamento da empresa?
_____
_____

53. Quais são as três principais metas pessoais do empreendedor?
_____
_____

54. Citar uma situação na qual, diante das maiores adversidades, o empreendedor conseguiu atingir seu objetivo. Citar também uma situação em que o empreendedor desistiu da ação diante das adversidades.
_____
_____

55. Qual a importância que o empreendedor atribui aos prazos de entrega? Se for preciso "colocar a mão na massa" para cumprir um prazo, o empreendedor o fará?
_____
_____

56. Como o empreendedor define qualidade? E eficiência?
_____
_____

57. Demonstrar a matriz de responsabilidades da empresa.

Nome	Cargo	Responsabilidades

58. Relacionar as principais habilidades das pessoas-chave da empresa.
_____
_____

59. Relacionar as principais características exigidas para as atividades-chave da empresa.
_____
_____

60. Quais são as metas específicas das atividades-chave?
_____
_____

61. Quais são os critérios utilizados para escolher as pessoas que ocupam as posições-chave na empresa?
_____
_____

62. Como as pessoas-chave comprovaram atender aos requisitos de cada atividade-chave por elas ocupadas?
_____
_____

63. Qualificação das pessoas-chave:

Nome	
Endereço	
Cargo	
Formação acadêmica	
Experiência	

Nome	
Endereço	
Cargo	
Formação acadêmica	
Experiência	

Nome	
Endereço	
Cargo	
Formação acadêmica	
Experiência	

Nome	
Endereço	
Cargo	
Formação acadêmica	
Experiência	

64. Em quais áreas de negócios a empresa atua?
_____
_____

Anexo 1

65. Qual é a origem do produto ou dos serviços que a empresa está oferecendo? Existe alguma região, seja no país ou no mundo, onde o produto está fazendo sucesso?
___
___

66. Qual ou quais produtos e serviços são substituídos pelos produtos e serviços oferecidos pela empresa? Quais são as vantagens para o público-alvo ou para a sociedade?
___
___

67. Como os produtos ou serviços são comercializados? Qual é o modelo de distribuição física?
___
___

68. Existe alguma legislação que favorece a atuação da empresa no mercado? Ou existe legislação contrária à forma de fazer negócio ou aos produtos e serviços da empresa?
___
___

69. Qual é o negócio da empresa?
___
___

70. Como suas ações devem ser vistas pela sociedade?
___
___

71. O que a empresa pretende ser no futuro?
___
___

72. Qual é a contribuição maior da empresa para a sociedade?
___
___

73. Quais são as necessidades e as expectativas dos clientes? Como isso pode ser adequadamente mencionado na missão?
_____
_____

74. Quais os propósitos fundamentais da empresa em relação a clientes, parceiros, colaboradores e sociedade que estão declarados?
_____
_____

75. Qual é a direção que a empresa deve seguir?
_____
_____

76. Quais são os setores de atividade da empresa?
_____
_____

77. Quais são os valores fundamentais da empresa?
_____
_____

78. Quais são as oportunidades de negócios em que a empresa está inserida?
_____
_____

79. Quais são os pontos, no processo de negócio, nos quais o cliente faz questão de pagar mais caro para ter o benefício?
_____
_____

80. Quais são os pontos, no processo de negócio, nos quais a empresa é diferente dos demais concorrentes e que o cliente valoriza?
_____
_____

81. Quais são os pontos em que a empresa consegue uma redução de custos significativa ou uma elevação do desempenho do produto ou serviço?
_____
_____

Anexo 1

82. Em quais diferenciais a empresa apresenta a maior vantagem competitiva perante seus concorrentes diretos?
___
___

83. Quais são os principais desafios de negócio da empresa para os próximos 2 anos?
___
___

84. Sob o ponto de vista do cliente, que conjunto de habilidades e tecnologias da empresa pode ser considerado um benefício para ele?
___
___

85. O que a empresa oferece, ou deveria oferecer ao cliente, que ele pode considerar uma fonte de diferenciação?
___
___

86. Que habilidades e tecnologia a empresa possui, ou deveria possuir, que não podem ser encontradas em nenhum outro lugar e dificilmente poderão ser copiadas?
___
___

87. Quais atividades da empresa são mais valorizadas pelos clientes?
___
___

88. De uma forma geral, quais atividades desse tipo de empresa os clientes mais valorizam?
___
___

89. A empresa tem completo domínio sobre essas atividades valorizadas pelos clientes? Como a empresa pode comprovar isso?
___
___

90. Se a empresa errar nessas atividades valorizadas pelos clientes, o que poderá acontecer?
___
___

91. É fácil encontrar pessoas que realizem a contento essas atividades valorizadas pelos clientes?
___
___

92. Existe tendência comprovada de desenvolvimento da economia como um todo? Quais são os índices de crescimento apontados? Onde esses valores foram pesquisados?
___
___

93. Existe alguma legislação pendente de aprovação que irá afetar positiva ou negativamente o cenário econômico? Qual é a fonte da informação?
___
___

94. Quais são os dados econômicos mais representativos para a empresa (PIB, número de empresas instaladas, inflação, etc.)? Qual é o valor desses dados?
___
___

95. Sobre a região onde a empresa está instalada, existem dados econômicos disponíveis? Quais são os valores desses dados?
___
___

96. Quais são os dados econômicos da região que influem no desempenho da empresa?
___
___

97. Quais são as entidades de classe mais representativas do setor de mercado? Relacionar onde podem ser encontradas as informações sobre o setor.
___
___

98. Quais são as publicações mais representativas do setor de mercado? Relacionar onde podem ser encontradas as informações sobre o setor.
_____
_____

99. Quais são os principais *websites* sobre o setor de mercado (do Brasil e do exterior)?
_____
_____

100. Elaborar uma resenha com notícias relacionadas ao setor de mercado, publicadas na internet por qualquer *website*.
_____
_____

101. Os riscos do negócio foram avaliados utilizando-se ferramentas adequadas?
_____
_____

102. Existem ações programadas para todos os riscos com P × I (probabilidade × impacto) maiores que 0,25?
_____
_____

103. Existem ações programadas para todos os riscos, com grau de urgência premente ou médio?
_____
_____

104. As metas são claras e específicas?
_____
_____

105. Existem prazos para o cumprimento de todas as metas?
_____
_____

106. As metas são consistentes, ou seja, apontam para um único caminho?
_____
_____

107. As metas são realistas e partiram de dados concretos do mercado, e não a partir daquilo que seria desejável?
_____
_____

108. Os objetivos estão relacionados com a missão da empresa?
_____
_____

109. Relacionar os objetivos da empresa.

Objetivos

110. Relacionar as metas da empresa.

Metas

111. Qual é o universo em que a oportunidade de negócio está inserida?
_____
_____

112. A oportunidade de negócios é um produto? Um novo processo? Um novo tipo de serviço? Nova aplicação para um produto ou processo existente? Uma nova forma de fazer um produto ou serviço já existente?
_____
_____

113. Existe demanda evidenciada pelo resultado (produto, processo ou serviço) da oportunidade?
_____
_____

Anexo 1

114. Quem são as pessoas encarregadas do desenvolvimento de tecnologias que permitem a exploração da oportunidade de negócio?

115. Que valor a oportunidade agrega? Que problema ela resolve? Quais são as possíveis aplicações de uso?

116. Qual tipo de valor a exploração dessa oportunidade irá agregar para a sociedade?

117. A exploração da oportunidade irá resolver algum problema da sociedade?

118. Qual é o processo que permite a exploração da oportunidade?

119. Será necessário desenvolver fornecedores? Quais?

120. Existem insumos necessários para a produção?

121. Qual é o custo dos insumos para produção da aplicação em larga escala?

122. Existem insumos importados? Quais?

123. Existem insumos controlados (pela Polícia Federal, p. ex.)? Quais?
___
___

124. Existem oportunidades de negócios sendo exploradas com características similares?
___
___

125. Quais são as vantagens e as desvantagens de cada uma delas?
___
___

126. O que os produtos ou serviços da empresa oferecem a mais que os produtos ou serviços dos concorrentes para atrair o cliente? Montar uma tabela e atribuir pesos para os produtos dos concorrentes comparados com os da empresa, de acordo com o seguinte critério:

Ótimo = 5　　　Muito bom = 4　　　Bom = 3　　　Regular = 2　　　Ruim = 1

Vantagem competitiva	Produtos da empresa	Concorrente A	Concorrente B	Concorrente C
Preços				
Qualidade				
Prazo de entrega				
Serviços pós-venda				
Condições de pagamento				
Localização do ponto de venda				
Métodos de venda				
Reputação da marca				
Participação no mercado				
Garantia				

127. As tecnologias necessárias para a exploração da oportunidade de negócios são conhecidas? São de domínio público ou estão protegidas por patentes?
___
___

128. Já foram feitos testes com o produto ou o processo, dos quais deriva a oportunidade de negócios?
___
___

129. Quais testes foram feitos?
___
___

130. Os processos já produzem o resultado esperado em 100% das vezes em que foram executados?
___
___

131. Quanto foi gasto com o desenvolvimento até este momento?
___
___

132. Existe uma previsão de custos para as próximas fases de desenvolvimento da oportunidade?
___
___

133. Quais são os pontos críticos para oportunidade pronta (aplicação de mercado)?
___
___

134. Os problemas encontrados nos processos são de fácil solução?
___
___

135. Há quanto tempo está sendo estudada uma solução para tais problemas?
___
___

136. Quais recursos (tempo e dinheiro) estão sendo (ou precisam ser) investidos para a solução desses problemas?

137. É possível estimar um prazo para a solução desses problemas, utilizando os recursos adequados?

138. Como está a situação da oportunidade quanto à propriedade intelectual? Já existe patente? Já foi feita uma busca de anterioridade?

139. A oportunidade propõe um negócio inteiramente novo ou irá substituir gradativamente um negócio existente?

140. A oportunidade mudará o comportamento das pessoas? Em quê?

141. Qual seria a cadeia de valor necessária para que uma empresa pudesse capitalizar a oportunidade de negócios? Quais seriam as competências essenciais necessárias para tanto?

142. Quais seriam os fatores críticos de sucesso para que uma empresa pudesse capitalizar a oportunidade?

143. Existem investimentos previstos para o avanço a uma escala de produção?

144. Algum usuário já testou o produto, processo ou serviço resultado da exploração da oportunidade de negócio? Quais foram os pontos fortes e os pontos fracos apontados por esse usuário?
_____
_____

145. Que testes são necessários para comprovar o funcionamento/adesão à oportunidade?
_____
_____

146. A tecnologia a ser utilizada é protegida por patente ou é de domínio público?
_____
_____

147. Quanto o usuário que testou a oportunidade de negócio estaria disposto a pagar pelo produto, processo ou serviço?
_____
_____

148. O cliente irá mudar os processos atuais para usar o produto, processo ou serviço resultante da oportunidade de negócio?
_____
_____

149. A oportunidade de negócio precisa de uma reorganização dos clientes?
_____
_____

150. Os clientes são de empresas diferentes ou de segmentos de mercado diferentes?
_____
_____

151. A tecnologia que será utilizada pela oportunidade de negócios, seja na operacionalização ou na comercialização, é uma novidade para os clientes?
_____
_____

152. Existe um mapeamento dos riscos inerentes à oportunidade de negócios?
_____
_____

153. Existem planos de contingência para os riscos classificados como mais expressivos?
_____
_____

154. Quais são os principais fornecedores? Faça uma tabela informando o nome dos principais fornecedores, quais materiais ou insumos são fornecidos, qual o preço médio cobrado, qual o prazo de entrega dos materiais e as condições de pagamento.

Matéria-prima/ insumos	Fornecedor	Condições de fornecimento		
		Preço	Entrega	Pagamento

155. Como serão os canais de distribuição? (atacadistas, varejistas, venda própria, franquias, etc.)
_____
_____

156. Será necessária a utilização de operadores logísticos?
_____
_____

157. Será necessário algum *software* tipo CRM ou ERP para gerenciar a cadeia de suprimentos?
_____
_____

158. Como será o sistema de armazenamento?
_____
_____

159. Qual é a estratégia de produção mais indicada: *make-to-order*, *just-in-time*, etc.?
_____
_____

Anexo 1 245

160. Qual é a principal aplicação do produto, processo ou serviço resultado da oportunidade de negócios? Em que mercado ela se insere?
_____
_____

161. Quais são as principais características dos mercados potenciais?
_____
_____

162. Como funciona o segmento de mercado onde a oportunidade de negócio será explorada?
_____
_____

163. Quem são os potenciais usuários? Qual é o perfil da demanda?
_____
_____

164. Para quais mercados/clientes a oportunidade de negócio está mais bem posicionada?
_____
_____

165. Quais são as barreiras para a entrada no mercado da solução proposta pela oportunidade?
_____
_____

166. O que pode ser feito para transpor tais barreiras? Quais recursos são necessários?
_____
_____

167. Elaborar uma tabela com os principais clientes (no caso dos clientes serem outras empresas) e suas características.

Nome	Localização	Faturamento estimado	Volume de compras	Segmento de mercado

168. Existem outros produtos, processos ou serviços já disponíveis no mercado e que possam ser concorrentes diretos à solução proposta pela oportunidade de negócio?

169. Quais são os critérios para a compra utilizados pelas soluções concorrentes?

170. Qual é a relação custo-benefício de cada solução (proposta pela oportunidade e com relação aos concorrentes diretos)?

171. Existe algum produto, processo ou serviço que o usuário possa utilizar, com pequenas adaptações, para substituir a solução proposta pela oportunidade?

172. Qual é o perfil de reação dos principais concorrentes?

173. Elaborar uma tabela com o nome dos principais concorrentes, enumerando seus pontos fortes e pontos fracos.

Nome	Pontos fortes	Pontos fracos

174. Quais são as hipóteses de modelos de negócio para a comercialização da solução proposta pela oportunidade?

175. Qual é a estratégia de posicionamento no mercado para cada hipótese de modelo de negócio?

176. Quais são as opções para entrada e conquista do mercado?

177. Qual é o setor de mercado com mais chances de impacto?

178. Como a regulamentação tem evoluído?

179. A regulamentação é uniforme dentro do território brasileiro ou existe alguma variação estadual e/ou municipal?

180. O que precisa ser feito para se obter registro do produto, processo ou serviço representado pela oportunidade de negócio?

181. A quais regulamentações se submetem as soluções da oportunidade de negócios?

182. Existem normas técnicas ou de certificação envolvidas? Quais?

183. As soluções dos concorrentes possuem algum tipo de selo garantindo a qualidade do produto, do processo ou do serviço prestado?
_____
_____

184. Como está a procura pelo produto em relação à capacidade de produção da empresa? Estimar o quanto a demanda está acima ou abaixo da oferta.
_____
_____

185. O produto possui demanda reprimida, ou seja, muitas pessoas estão dispostas a adquiri-lo em um curto período e depois a demanda se estabiliza?
_____
_____

186. O produto ou serviço pode ser considerado uma inovação de ruptura, incremental ou de segmento?
_____
_____

187. Quando o mercado não existe ainda, como é o caso de inovações de ruptura, quais produtos podem ser substituídos ou desaparecer do mercado com a introdução da tecnologia?
_____
_____

188. Qual é a política de preços adotada pela empresa? Existe alguma situação especial em que essa política pode ser alterada?
_____
_____

189. Preencher a tabela a seguir após pesquisar o preço dos produtos concorrentes:

Caracterização do produto/serviço	Preço

190. Preencher a tabela a seguir com os custos dos insumos utilizados na fabricação do produto ou na execução do serviço:

Discriminação	Valor (R$)
Mercadorias ou matérias-primas	
Custo de produção (salários, combustíveis, embalagens, etc.)	
Despesas administrativas (telefone, material de expediente, etc.)	
Comissões de vendedores	
Impostos sobre vendas	
Outros custos	
TOTAL	

191. Preencher a tabela a seguir utilizando os dados da tabela anterior para determinar o preço de venda do produto ou serviço:

Discriminação	Valor (R$)
Matérias-primas/mercadorias	
Custos de produção	
Despesas administrativas	
Comissões de vendedores	
Impostos sobre vendas	
IR sobre lucro	
Lucro líquido	
Preço final unitário	
Menor preço da concorrência	

192. Preencher a tabela a seguir com o valor e outros atributos, pelos quais outras tecnologias semelhantes foram transferidas (aplicável no caso de transferência tecnológica):

Discriminação	Outros	Royalties	Sinal (R$)

193. Preencher a tabela a seguir com os valores pelos quais produtos semelhantes foram comprados pelos clientes:

Discriminação	Valor (R$)

194. Qual é a forma de distribuição escolhida para fazer com que o produto chegue às mãos do consumidor?

_____

_____

Anexo 1

195. Qual é a forma de distribuir mais adequada quanto à intensidade da distribuição?

196. Quais são os critérios utilizados para escolher o tipo de distribuição mais adequado?

197. Qual é a área de cobertura pretendida pela distribuição?

198. Quantos pontos de venda serão necessários para atender à área de cobertura?

199. Existe um programa para ampliação da área de cobertura? Quantos pontos de venda serão exigidos nas áreas de ampliação?

200. Existe alguma pesquisa sobre hábitos dos consumidores?

201. Existe algum instituto de pesquisa ou qualquer outro tipo de instituição semelhante que publique informações sobre os consumidores potenciais?

202. Quais ações de promoção são mais direcionadas ao público-alvo? Quais os critérios utilizados para identificar essas ações?

203. Apresentar um cronograma com as ações de promoção:

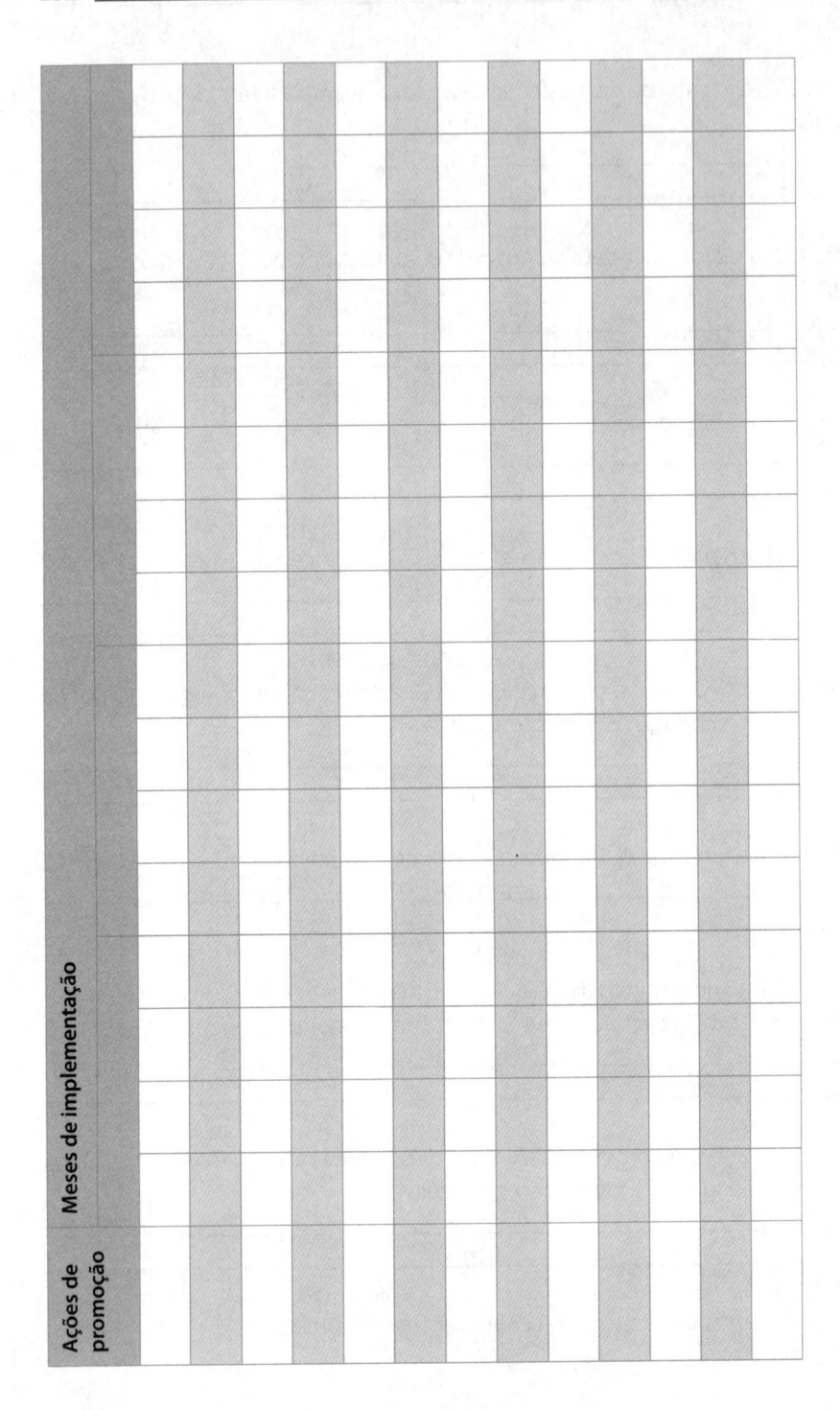

Ações de promoção	Meses de implementação											

204. Qual é o método utilizado para se fazer a previsão de vendas? Por que esse método foi escolhido?
___
___

205. O horizonte de tempo da previsão é suficiente para permitir a implementação de possíveis mudanças?
___
___

206. O grau de exatidão da previsão de vendas está explicitado? A previsão de vendas está expressa em unidades significativas?
___
___

207. Como a previsão de vendas é monitorada ao longo do tempo?
___
___

208. Preencher as tabelas a seguir com a previsão de vendas para os próximos 12 meses, sendo a primeira otimista e a segunda, pessimista. Lembrar que essas previsões devem estar vinculadas às análises *top-down* e *bottom-up*, à capacidade de produção e às ações do plano de *marketing*.

Produtos	Previsão das vendas para 12 meses – otimista					
	Jan	Fev	Mar	Abr	Mai	

Produtos	Previsão das vendas para 12 meses – pessimista					
	Jan	Fev	Mar	Abr	Mai	

209. Qual é o tipo de arranjo físico (*layout*) escolhido? Por que esse modelo foi adotado?
_____
_____

Anexo 1

	Jun	Jul	Ago	Set	Out	Nov	Dez

	Jun	Jul	Ago	Set	Out	Nov	Dez

210. Qual é o consumo estimado de energia elétrica na produção?
_____
_____

211. O processo demanda uso de água? Qual é o consumo estimado?
_____
_____

212. O processo gera algum tipo de resíduo? Qual? Quem fará a coleta?
_____
_____

213. O processo demanda a utilização de redes de ar comprimido?
_____
_____

214. As máquinas ou equipamentos necessitam de fundação? Citar quais têm essa necessidade.
_____
_____

215. A empresa trabalha com algum material perecível?
_____
_____

216. Existe algum material de uso limitado pela legislação?
_____
_____

217. A empresa utiliza materiais inflamáveis ou explosivos?
_____
_____

218. Como será feita a movimentação interna dos materiais?
_____
_____

219. Existem áreas para estocagem de materiais, adequadas e devidamente organizadas?

220. Existe espaço demarcado e sinalizado para a circulação das pessoas?

221. O prédio atende às exigências da Vigilância Sanitária e da Cetesb quanto às condições de higiene, iluminação e ventilação?

222. Qual é a capacidade de produção da empresa?

223. Existem gargalos no fluxo de processo?

224. Qual é o tipo de processo escolhido? (sobre projeto, *jobbing*, em série, em massa ou contínuo)

225. Qual é o sistema de planejamento e controle adotados? (gráficos de controle, mapas de carregamento, emissão de OSS, *just-in-time/kanban* ou MRP)

226. Qual é o *software* utilizado para controle da produção?

227. Quais são os pontos críticos do processo?

228. É possível implantar células de manufatura? Descrever em qual parte do processo.
_____
_____

229. Existem atividades que não agregam valor ao produto, no fluxo produtivo? Quais?
_____
_____

230. Existem procedimentos operacionais para todas as operações fundamentais? Os procedimentos contêm informações relevantes para o bom desempenho do trabalho?
_____
_____

231. A empresa possui política da qualidade?
_____
_____

232. A empresa possui manual da qualidade, procedimentos e instruções de operações?
_____
_____

233. Relacionar, na tabela a seguir, a sequência de operações na produção da empresa:

Op.	Descrição da operação	N. da operação	Máquinas, equipamentos e ferramentas	Tempo Set-up (mín.)	Tempo da operação (s)

234. A empresa utiliza os indicadores da qualidade para a tomada de decisão? Quais indicadores da qualidade são utilizados?

235. A empresa está certificada ou em processo de certificação por algum organismo? Qual?

236. Os produtos da empresa possuem alguma certificação da qualidade? Qual?

237. Existem áreas para a segregação de materiais ou produtos?

238. Os materiais ou os produtos estão claramente identificados, com o seu *status* de inspeção? Como a empresa faz isso?

239. Existem planos de inspeção e controle? Os critérios de aceitação/rejeição, os métodos e os pontos de controle estão definidos nos planos de inspeção?

240. A empresa utiliza métodos estatísticos na prevenção de problemas? Quais?

241. A empresa utiliza algum método para a melhoria contínua de seus processos de produção? Quais?

242. Como a empresa envolve seus empregados nas questões ligadas à qualidade?

243. Relacionar, na tabela a seguir, os pontos de controle, os métodos de controle e os critérios de aceitação/rejeição apresentados nos planos de inspeção.

Op.	Descrição da operação	Característica de controle	Método de controle	Critérios de aceitação

244. Qual é o sistema de produção adotado? Por que esse sistema foi escolhido?
_____
_____

245. Como são feitos o planejamento e o controle da produção?
_____
_____

246. Existe algum *software* de gestão utilizado para programar a produção? Qual?
_____
_____

247. Os operários estão devidamente treinados e qualificados em suas atividades?
_____
_____

248. Existem planos de contingência para os casos de problemas com a programação?
_____
_____

249. Existe um plano de tecnologia da informação voltado para a gestão da produção? Quais são os pontos principais desse plano?

250. A empresa utiliza robô, máquinas CNC ou automatização intensiva em sua linha de produção? Detalhar quais recursos e em qual área são utilizados.

251. Qual é o sistema de armazenamento utilizado pela empresa, tanto para seus produtos acabados quanto para sua matéria-prima?

252. Existem contratos com operadores logísticos para a distribuição dos produtos ou para a coleta de materiais?

253. Qual é o nível dos estoques de segurança? Quantos dias de produção estão garantidos por esses estoques?

254. A empresa adota o sistema Fifo ou estoque médio?

255. Quais são os tipos de transporte utilizados pela empresa?

256. Existe algum *software* para auxiliar no gerenciamento da cadeia de suprimentos? Qual?

257. Como é a relação da empresa com a sua cadeia de suprimentos?
_____
_____

258. A empresa mantém um Serviço de Atendimento ao Consumidor (SAC)?
_____
_____

259. A empresa mantém um conjunto de manuais ou de instruções de uso de seus produtos? Esses manuais são adequados? Para os produtos da empresa, não são necessários manuais?
_____
_____

260. A empresa dá garantia para o consumidor no uso dos produtos? De quanto tempo?
_____
_____

261. A empresa faz pesquisa de satisfação com seus clientes? Com qual frequência?
_____
_____

262. A empresa oferece um serviço de assistência técnica? É realizado por uma rede de lojas franqueadas ou pelo pessoal da própria empresa?
_____
_____

263. Os clientes costumam retornar? Com qual frequência isso acontece?
_____
_____

264. Qual é o tamanho do mercado no Brasil e no exterior (se tiver potencial para exportação)?
_____
_____

265. Qual é a evolução da participação no mercado ao longo dos anos?
_____
_____

266. Qual é a curva de preços esperada?
___
___

267. O que pode ser esperado das campanhas de *marketing* com relação à participação no mercado?
___
___

268. Quais serão os custos operacionais?
___
___

269. Quais investimentos serão necessários?
___
___

270. Quais resultados econômico-financeiros serão obtidos?
___
___

271. Qual é o valor presente líquido (VPL) do negócio?
___
___

272. Qual é a taxa interna de retorno?
___
___

273. Qual é o *pay-back* da operação?
___
___

274. Como se comporta o fluxo de caixa do negócio ao longo de 5 anos?
___
___

Planilha de despesas fixas

Discriminação	Total do ano anterior	Mês a mês – ano atual				
		1	2	3	4	
Água						
Energia elétrica						
Manutenção e reparos						
Seguros						
Materiais auxiliares						
Materiais de limpeza						
Taxas e impostos fixos						
Leasing de equipamentos						
Manutenção de veículos						
Despesas com combustíveis						
Material de escritório e impressos						
Telefone, fax e taxas postais						
Brindes e propagandas						
Associação e sindicato patronal						
Despesas de viagens						
Aluguel de imóveis						
Despesas com lanches e refeições						
Despesas bancárias						
Internet/hospedagem de site						
Rateio da incubadora						
Depreciação de máquinas e imóveis						
Honorário de escritório contábil						
Assinaturas de jornais e revistas						
TOTAL						

5	6	7	8	9	10	11	12	Total do ano atual

Planilha de demonstrativo salarial

Discriminação	Total do ano anterior	Mês a mês – ano atual						
		1	2	3	4	5	6	
Salário do pessoal da produção								
Encargos sociais								
Provisão para férias e 13º salário								
Benefícios – pessoal produtivo								
Número de empregados na produção								
Total de salários – produção								
Salários do pessoal da administração								
Encargos sociais								
Provisão para férias e 13º salário								
Benefícios – pessoal administrativo								
Número de empregados na administração								
Total de salários – administração								
Pró-labore dos sócios								
Encargos (INSS dos sócios)								
Número de sócios atuantes								
Total do pró-labore								
TOTAL GERAL DOS SALÁRIOS								

7	8	9	10	11	12	Total do ano atual

Projeção de vendas – em quantidades

Discriminação	Total do ano anterior	Mês a mês – ano atual												Total do ano atual
		1	2	3	4	5	6	7	8	9	10	11	12	
Produtos (em unidades)														
Serviços (em horas)														
Contratos (em unidades)														

Projeção de vendas – em R$

Discriminação	Total do ano anterior	Mês a mês – ano atual												Total do ano atual
		1	2	3	4	5	6	7	8	9	10	11	12	
Produtos (em R$)														
Total de vendas de produtos														
Serviços (em R$)														
Total de vendas de serviços														
Contratos (em R$)														
Total de vendas de contratos														

Projeção dos investimentos

Descrição	Total do ano anterior	Mês a mês – ano atual												Total do ano atual
		1	2	3	4	5	6	7	8	9	10	11	12	
Investimentos pré-operacionais														
Projetos														
Registros														
Investimentos fixos														
Máquinas														
Instalações														
Imóveis (obras civis)														
Móveis e utensílios														
Equipamentos														
Veículos														
Computadores e *softwares*														
Capital de giro														
Capacitação de pessoal														
TOTAL DOS INVESTIMENTOS														

Impostos incidentes sobre vendas

Descrição	Total do ano anterior	Mês a mês – ano atual												Total do ano atual
		1	2	3	4	5	6	7	8	9	10	11	12	
Simples federal														
Simples estadual														
ICMS														
IPI														
PIS														
Finsocial														
IRRF														
ISS														

Custos de matéria-prima

Descrição	Total do ano anterior	Mês a mês – ano atual												Total do ano atual
		1	2	3	4	5	6	7	8	9	10	11	12	
TOTAL														

Demonstrativo de resultados

Discriminação	Total do ano anterior	Mês a mês – ano atual													Total do ano atual
		1	2	3	4	5	6	7	8	9	10	11	12	
1. Receita bruta de vendas														
1.1. Vendas de produtos														
1.2. Vendas de serviços														
1.3. Outras vendas														
2. Deduções														
2.1. Impostos sobre vendas de produtos														
2.2. Impostos sobre vendas de serviços														
3. Receita líquida de vendas														
4. Custo dos produtos/serviços														
4.1. Custo da matéria-prima														

(continua)

Demonstrativo de resultados *(continuação)*

Discriminação	Total do ano anterior	Mês a mês – ano atual												Total do ano atual
		1	2	3	4	5	6	7	8	9	10	11	12	
4.2. Custo da mão de obra operacional														
4.3. Fretes														
4.4. Reposição de garantia														
5. Margem de contribuição														
6. Despesas operacionais														
6.1. Despesas administrativas														
6.2. Despesas financeiras														
6.3. Despesas de marketing														
6.4. Comissão de vendedores														

(continua)

Demonstrativo de resultados (continuação)

Discriminação	Total do ano anterior	Mês a mês – ano atual												Total do ano atual
		1	2	3	4	5	6	7	8	9	10	11	12	
6.5. Despesas gerais														
6.6. Despesas de mão de obra administrativa														
7. Resultado operacional														
8. Depreciações														
9. Amortizações														
10. EBITDA														
11. Receitas financeiras														
12. Outras receitas														
13. Resultado antes do Imposto de Renda														
14. Imposto de Renda (15%)														
15. Lucro líquido														

Fluxo de caixa

Descrição	Total do ano anterior	Mês a mês – ano atual												Total do ano atual
		1	2	3	4	5	6	7	8	9	10	11	12	
1. Investimento														
2. Saldo de caixa inicial														
3. Total de entradas														
3.1. Receitas de vendas														
3.2. Receitas financeiras														
3.3. Empréstimos														
3.4. Outras receitas														
4. Total de saídas														
4.1. Pagamentos de fornecedores														
4.2. Despesas gerais														
4.3. Despesas administrativas														
4.4. Despesas com fretes e reposição														

(continua)

Fluxo de caixa (continuação)

Descrição	Total do ano anterior	Mês a mês – ano atual												Total do ano atual
		1	2	3	4	5	6	7	8	9	10	11	12	
4.5. Comissão para vendedores														
4.6. Despesas com *marketing*														
4.7. Impostos														
4.8. Amortizações														
4.9. Provisões para Imposto de Renda														
4.10. Salários e encargos sociais														
4.11. Despesas financeiras														
5. Saldo no período														
6. Reserva de capital														
7. Fluxo líquido de caixa														

Balanço/balancete mensal

Detalhamento	Total do ano anterior	Mês a mês – ano atual												Total do ano atual
		1	2	3	4	5	6	7	8	9	10	11	12	
1. ATIVO														
1.1. ATIVO CIRCULANTE														
1.1.1. Caixas e bancos														
1.1.2. Duplicatas a receber														
1.1.3. Outras contas a receber														
1.1.4. Adiantamentos														
1.1.5. Estoques														
Total do ativo circulante														
1.2. REALIZAÇÃO a longo prazo														
1.2.1. Títulos a receber														
1.2.2. Impostos a recuperar														
Total do realizável a longo prazo														
1.3. Ativo PERMANENTE														
1.3.1. Imobilizado														
1.3.2. (-) Depreciação acumulada														
1.3.3. Investimentos														
Total do ativo permanente														

(continua)

Balanço/balancete mensal *(continuação)*

Detalhamento	Total do ano anterior	Mês a mês – ano atual												Total do ano atual
		1	2	3	4	5	6	7	8	9	10	11	12	
ATIVO TOTAL														
2. PASSIVO														
2.1. PASSIVO CIRCULANTE														
2.1.1. Salários e encargos a pagar														
2.1.2. Impostos e contribuições														
2.1.3. Fornecedores														
2.1.4. Bancos														
2.1.5. Outros														
Total do passivo circulante														
2.2. EXIGÍVEL A LONGO PRAZO														
2.2.1. Financiamentos														
2.2.2. Títulos de longo prazo														
Total do exigível a longo prazo														
2.3. patrimônio líquido														
2.3.1. Capital social														
2.3.2. Lucros/prejuízos acumulados														
Total do patrimônio líquido														
PASSIVO TOTAL														

Anexo 2

Diagnóstico de Oportunidades – *Check-list*

Check-list para diagnóstico de oportunidades

Questões	Status
01. A empresa tem acesso a laboratórios de pesquisa e desenvolvimento de grandes empresas, universidades, etc.?	( ) Sim ( ) Parcialmente ( ) Não
02. A empresa conhece os processos de seus clientes a ponto de identificar defeitos e falhas nesses processos?	( ) Sim ( ) Parcialmente ( ) Não
03. A empresa conhece a filosofia de qualidade de seus clientes a ponto de sugerir modificações e aprimoramentos?	( ) Sim ( ) Parcialmente ( ) Não
04. Existem novas tendências ou mudanças identificadas que determinam alterações no comportamento do consumidor?	( ) Sim ( ) Parcialmente ( ) Não

Questões	Status
05. Existem processos conhecidos que, combinados, podem dar origem a um benefício maior que a soma das partes?	( ) Sim ( ) Parcialmente ( ) Não
06. A legislação (municipal, estadual ou federal) em vigor pode alavancar o desempenho da empresa?	( ) Sim ( ) Parcialmente ( ) Não
07. Existem itens, não atendidos pelo mercado no Código de Defesa do Consumidor, que a empresa está capacitada a atender?	( ) Sim ( ) Parcialmente ( ) Não
08. Existem itens, não atendidos pelo mercado na legislação ambiental, que a empresa está apta a atender?	( ) Sim ( ) Parcialmente ( ) Não
09. A empresa pode fazer agora algo que não poderia ter feito antes, em função dos avanços da tecnologia?	( ) Sim ( ) Parcialmente ( ) Não
10. Existem *hobbies* ou modismos nos hábitos dos consumidores que a empresa gostaria de atender?	( ) Sim ( ) Parcialmente ( ) Não
11. Existem negócios de sucesso que a empresa poderia aprimorar e incorporar ao seu negócio?	( ) Sim ( ) Parcialmente ( ) Não
12. A empresa tem acesso às informações das associações profissionais às quais ela é filiada?	( ) Sim ( ) Parcialmente ( ) Não

Anexo 2

Questões	Status
13. A empresa tem acesso às informações de agências de publicidade e propaganda?	( ) Sim ( ) Parcialmente ( ) Não
14. A empresa tem acesso a políticos, sejam municipais, estaduais ou federais?	( ) Sim ( ) Parcialmente ( ) Não
15. Existem pontos em que a tecnologia utilizada pela empresa é superior à utilizada pelo mercado?	( ) Sim ( ) Parcialmente ( ) Não
16. Existem causas, dentro do ambiente financeiro, que podem alavancar o desempenho da empresa (inflação, juros, flutuação do câmbio, etc.)?	( ) Sim ( ) Parcialmente ( ) Não
17. A empresa conhece o perfil dos seus clientes ou do seu público-alvo?	( ) Sim ( ) Parcialmente ( ) Não
18. A empresa conhece o valor do tempo para seus clientes ou público-alvo?	( ) Sim ( ) Parcialmente ( ) Não
19. A empresa conhece o valor da qualidade para seus clientes ou público-alvo?	( ) Sim ( ) Parcialmente ( ) Não
20. A empresa conhece e atende aos fatores que levam o cliente ou o público-alvo a comprar seus produtos ou serviços?	( ) Sim ( ) Parcialmente ( ) Não

Questões	Status
21. A empresa conhece o número de clientes potenciais no mercado, divididos por faixa de renda ou por tamanho de empresa?	( ) Sim ( ) Parcialmente ( ) Não
22. A empresa conhece maneiras de melhor atender ao consumidor do que os concorrentes?	( ) Sim ( ) Parcialmente ( ) Não
23. A empresa sabe identificar e combater os meios que os concorrentes vão utilizar para impedir sua entrada no mercado?	( ) Sim ( ) Parcialmente ( ) Não
24. A empresa conhece as fraquezas básicas dos concorrentes e sabe como as explorar?	( ) Sim ( ) Parcialmente ( ) Não
25. A empresa sabe quantos e quais novos produtos os concorrentes lançaram no mercado nos últimos 2 anos?	( ) Sim ( ) Parcialmente ( ) Não
26. A empresa sabe quantas e quais mudanças os concorrentes promoveram nos seus produtos nos últimos 2 anos?	( ) Sim ( ) Parcialmente ( ) Não
27. A empresa consegue identificar mudanças na matéria-prima que possam alavancar o desempenho dos produtos?	( ) Sim ( ) Parcialmente ( ) Não
28. A empresa possui alternativas que possam assegurar a manutenção do fornecimento do material?	( ) Sim ( ) Parcialmente ( ) Não

Questões	Status
29. Existe processo, dentro da empresa, cuja qualidade é controlada por métodos estatísticos, auditorias ou tem qualidade assegurada?	( ) Sim ( ) Parcialmente ( ) Não
30. A empresa utiliza a tecnologia para se relacionar com os fornecedores?	( ) Sim ( ) Parcialmente ( ) Não
31. A empresa pode utilizar mecanismos para suspender as barreiras internacionais à exportação?	( ) Sim ( ) Parcialmente ( ) Não
32. A empresa pode utilizar mecanismos para impedir a importação de produtos similares?	( ) Sim ( ) Parcialmente ( ) Não
33. Os produtos da empresa apresentam vantagens quando comparados aos similares importados?	( ) Sim ( ) Parcialmente ( ) Não
34. Os empregados estão treinados para realizar as principais atividades da empresa?	( ) Sim ( ) Parcialmente ( ) Não
35. Existem itens na legislação trabalhista que o mercado não consegue atender, mas que a empresa está apta a fazê-lo?	( ) Sim ( ) Parcialmente ( ) Não
36. Existem itens que indiquem a empresa como um empregador preferencial?	( ) Sim ( ) Parcialmente ( ) Não

Questões	Status
37. Existem indicadores de que a empresa está evoluindo para um sistema de gestão participativo?	( ) Sim ( ) Parcialmente ( ) Não
38. As medidas de desempenho estão acima da média divulgada pelas empresas do mesmo setor?	( ) Sim ( ) Parcialmente ( ) Não
39. A empresa é assinante e o pessoal lê com frequência revistas e jornais especializados em negócios ou direcionados ao setor de atuação?	( ) Sim ( ) Parcialmente ( ) Não
40. A empresa possui produtos ou processos patenteados?	( ) Sim ( ) Parcialmente ( ) Não
41. Representantes da empresa mantêm contatos regulares com câmaras de comércio de outros países?	( ) Sim ( ) Parcialmente ( ) Não
42. Representantes da empresa mantêm contatos regulares com agentes de comércio exterior (*traders*)?	( ) Sim ( ) Parcialmente ( ) Não
43. Representantes da empresa consultam regularmente catálogos e publicações estrangeiras?	( ) Sim ( ) Parcialmente ( ) Não
44. Representantes da empresa visitam regularmente feiras internacionais ou participam de missões comerciais no exterior?	( ) Sim ( ) Parcialmente ( ) Não

Anexo 3

Diagnóstico de Ameaças – *Check-list*

Check-list para diagnóstico de ameaças

Questões	Status
01. Existem itens no Código de Defesa do Consumidor que a empresa não está capacitada a atender?	( ) Sim ( ) Parcialmente ( ) Não
02. Existem itens na legislação ambiental que a empresa não está capacitada a atender?	( ) Sim ( ) Parcialmente ( ) Não
03. A legislação em vigor, municipal, estadual ou federal, pode afetar o desempenho da empresa?	( ) Sim ( ) Parcialmente ( ) Não
04. Existe tecnologia necessária que a empresa não domina?	( ) Sim ( ) Parcialmente ( ) Não

Questões	Status
05. Existem riscos de obsolescência da tecnologia utilizada pela empresa em curto prazo (1 ou 2 anos)?	( ) Sim ( ) Parcialmente ( ) Não
06. Existem causas dentro do ambiente financeiro que podem afetar o desempenho da empresa (inflação, juros, flutuação do câmbio, etc.)?	( ) Sim ( ) Parcialmente ( ) Não
07. Existem características no perfil dos clientes ou do público-alvo que a empresa desconhece?	( ) Sim ( ) Parcialmente ( ) Não
08. A empresa desconhece ou não atende aos fatores que levam o cliente ou o público-alvo a comprarem seu produto ou serviço?	( ) Sim ( ) Parcialmente ( ) Não
09. O mercado tem barreiras à entrada de novos concorrentes?	( ) Sim ( ) Parcialmente ( ) Não
10. A empresa não consegue combater alguns meios que os concorrentes vão utilizar para impedir sua entrada no mercado?	( ) Sim ( ) Parcialmente ( ) Não
11. A empresa conhece a força dos concorrentes que ela julga não ser capaz de enfrentar?	( ) Sim ( ) Parcialmente ( ) Não

Questões	Status
12. Existem lançamentos de produtos efetuados pelos concorrentes no mercado que a empresa desconhece ou com os quais não consegue competir?	( ) Sim ( ) Parcialmente ( ) Não
13. Existem mudanças que os concorrentes efetuaram nos seus produtos que a empresa desconhece ou não consegue acompanhar?	( ) Sim ( ) Parcialmente ( ) Não
14. Existem possibilidades de mudanças na matéria-prima que possam afetar o desempenho do produto?	( ) Sim ( ) Parcialmente ( ) Não
15. A empresa utiliza materiais que a tornam dependente de um único fornecedor?	( ) Sim ( ) Parcialmente ( ) Não
16. Existem processos dentro da empresa cuja qualidade é controlada por seleção depois do trabalho realizado?	( ) Sim ( ) Parcialmente ( ) Não
17. O relacionamento com os fornecedores é totalmente efetuado por meio de documentos e correspondências registradas em papel?	( ) Sim ( ) Parcialmente ( ) Não
18. Existem barreiras internacionais intransponíveis à exportação?	( ) Sim ( ) Parcialmente ( ) Não

Questões	Status
19. Existem produtos similares cuja importação a empresa não consegue impedir?	( ) Sim ( ) Parcialmente ( ) Não
20. Os produtos da empresa apresentam desvantagens, quando comparados aos similares importados?	( ) Sim ( ) Parcialmente ( ) Não
21. Existem atividades que o pessoal não está suficientemente capacitado para executar na empresa?	( ) Sim ( ) Parcialmente ( ) Não
22. Existem itens na legislação trabalhista que a empresa tem dificuldades em atender?	( ) Sim ( ) Parcialmente ( ) Não
23. Em uma situação de pleno emprego, existem fatores que poderiam dificultar o preenchimento das vagas na empresa?	( ) Sim ( ) Parcialmente ( ) Não
24. Existem indicadores de que a empresa possui um sistema de gestão autoritário e centralizador?	( ) Sim ( ) Parcialmente ( ) Não
25. As medidas de desempenho estão abaixo da média divulgada pelas empresas do setor?	( ) Sim ( ) Parcialmente ( ) Não

Questões	Status
26. Existem processos ou produtos da empresa sem a proteção de patentes?	( ) Sim ( ) Parcialmente ( ) Não
27. Agentes de comércio exterior (*traders*) têm trazido regularmente novidades estrangeiras que podem afetar o desempenho da empresa?	( ) Sim ( ) Parcialmente ( ) Não
28. As feiras internacionais sempre apresentam novidades no setor que demonstram vantagens sobre os produtos da empresa?	( ) Sim ( ) Parcialmente ( ) Não
29. Catálogos e publicações estrangeiras indicam tendências no setor que dificilmente a empresa conseguirá acompanhar?	( ) Sim ( ) Parcialmente ( ) Não
30. Entre as empresas estrangeiras em missão comercial no país, sempre há empresas do setor?	( ) Sim ( ) Parcialmente ( ) Não

Anexo 4

Análise do Desempenho de Forças e Fraquezas – *Check-list*

Check-list para análise de desempenho de forças e fraquezas

	Desempenho					Grau de importância		
	Força importante	Força não importante	Neutro	Fraqueza importante	Fraqueza não importante	Alta	Média	Baixa
Marketing								
Reputação da empresa								
Participação no mercado								
Qualidade do produto								
Qualidade do serviço								
Eficácia do preço								
Eficácia da distribuição								
Eficácia da promoção								
Eficácia da força de vendas								
Eficácia da propaganda								
Eficácia da inovação								
Força da marca								
Formulação de estratégias								
Lealdade do cliente								
Diferenciação de produtos								

(continua)

(continuação)

	Desempenho					Grau de importância		
	Força importante	Força não importante	Neutro	Fraqueza importante	Fraqueza não importante	Alta	Média	Baixa
Cobertura geográfica								
Finanças								
Disponibilidade de capital								
Custo								
Fluxo de caixa								
Estabilidade financeira								
Produção								
Sistema de controle								
Controle da qualidade								
Pesquisa e desenvolvimento								
Tecnologia								
Sistema de informações								
Administração de estoques								
Compras								
Instalações								

(continua)

(continuação)

	Desempenho					Grau de importância		
	Força importante	Força não importante	Neutro	Fraqueza importante	Fraqueza não importante	Alta	Média	Baixa
Economia de escala								
Capacidade								
Habilidade dos empregados								
Habilidade de produção pontual								
Técnica de produção								
Organização								
Conselho de administração								
Visão de liderança								
Dedicação dos funcionários								
Orientação empreendedora								
Tomada de decisões								
Relações públicas								
Recursos humanos								
Lobbies junto ao governo								
Estrutura organizacional								
Flexibilidade/responsabilidade								

Anexo 5

Diagnóstico de Posicionamento Estratégico

Observações:

1. Escolher somente uma resposta para cada questão, colocando um *x* no espaço da coluna *status* da resposta que mais se aproximar da realidade da empresa.
2. O diagnóstico permite somente dois tipos de resposta para cada questão; no caso de respostas intermediárias, deve ser escolhida aquela que mais se aproximar da adequada para a empresa.
3. O direcionamento estratégico será dado pelo conjunto de respostas, e não por uma resposta individualmente.

Questões	Status
1. Complexidade (relativo à facilidade de uso do produto/serviço)	
A. SIMPLES (uma criança pode usar na primeira tentativa)	
B. COMPLEXO (Albert Einstein poderia ter problemas com o produto)	
2. Benefícios (relativo aos benefícios do produto, proporcionados ao cliente após a compra)	
A. INACEITÁVEIS (abaixo das expectativas em todas as características)	
B. FORA DO PADRÃO (excede as expectativas em todas as características)	
3. Objetivos de mercado (tipo de cliente que a empresa pretende atender)	
A. CONSUMIDORES (público em geral)	
B. NEGÓCIOS (outras empresas)	
4. Participação no mercado passado	
A. ALTÍSSIMA (empresas com liderança absoluta do mercado)	
B. BAIXÍSSIMA (empresas iniciantes ou com pouca participação)	
5. Estágio do mercado	
A. CRESCIMENTO (vendas crescendo, vários concorrentes entrando)	
B. DECLÍNIO (vendas esgotando, alguns concorrentes saindo do mercado)	
6. Estabilidade do mercado	
A. ESTÁVEL (poucas inovações, com *market share* definido)	
B. TURBULENTO (inovações constantes e grande concorrência)	
7. Complexidade da decisão de compra	
A. SIMPLES (tão fácil quanto selecionar um pão como alimento)	
B. COMPLEXA (uma decisão crítica envolvendo a vida de muitas pessoas)	
8. Preços comparados aos da concorrência	
A. CUSTO BAIXO (o custo é mais baixo que o da maioria dos concorrentes)	
B. CUSTO ALTO (o custo é mais alto que o da maioria dos concorrentes)	
9. Preços comparados aos recursos envolvidos	
A. CUSTO BAIXO (o custo é uma porção insignificante da previsão de recursos)	
B. CUSTO ALTO (o custo representa a maior porção da previsão de recursos)	
10. Estratégia de preços	
A. PENETRAÇÃO (para buscar a liderança do mercado em longo prazo)	
B. AGRESSIVA (para entrar em um mercado e sair rapidamente)	
11. Experiência com *marketing* (das pessoas-chave da empresa)	
A. PRINCIPIANTE (a pessoa de *marketing* tem apenas noções do mercado)	
B. EXPERIENTE (a pessoa de *marketing* já atuou nessa área por alguns anos)	
12. Experiência com vendas (das pessoas-chave da empresa)	
A. PRINCIPIANTE (a pessoa de vendas tem apenas noções da atividade)	
B. EXPERIENTE (a pessoa de vendas já atuou nessa área por alguns anos)	

Questões	Status
13. Estratégia de promoção	
A. EMPURRAR (utilizam-se os distribuidores, com generosa política de descontos)	
B. PUXAR (utilizam-se promoções diretas ao público consumidor)	
14. Acessibilidade aos canais de distribuição	
A. SIMPLES (os distribuidores querem iniciar o negócio com seus produtos)	
B. IMPOSSÍVEL (os distribuidores não querem trabalhar com seus produtos)	
15. Força do canal de distribuição	
A. FORTE (os distribuidores são adequados e interferem pouco na competição)	
B. FRACO (os distribuidores não são adequados aos produtos da empresa)	
16. Comprometimento da publicidade e propaganda	
A. MÍNIMO (pouco ou nenhum esforço ou recursos serão despendidos)	
B. INTENSO (esforços e recursos substanciais serão despendidos)	
17. Número de concorrentes	
A. MUITOS (3 ou mais concorrentes diretos)	
B. POUCOS (no máximo 2 concorrentes diretos)	
18. Dimensão dos concorrentes diretos	
A. MÉDIAS E GRANDES EMPRESAS	
B. MICRO E PEQUENAS EMPRESAS	
19. Comprometimento dos concorrentes diretos	
A. INTENSO (a participação é central para a continuidade do negócio)	
B. NENHUM (eles gostariam de deixar o mercado e não o fazem por causa de barreiras)	
20. Participação no mercado dos concorrentes diretos	
A. ALTA (eles possuem expressivas fatias do mercado)	
B. BAIXA (eles possuem uma pequena fatia do mercado)	
21. Dimensão da empresa (tamanho da empresa que está elaborando o plano de negócios)	
A. MÉDIA OU GRANDE	
B. MICRO OU PEQUENA	
22. Tipo de empresa (composição acionária da empresa que está elaborando o plano de negócios)	
A. RESPONSABILIDADE LIMITADA OU SOCIEDADE ANÔNIMA	
B. ÚNICO PROPRIETÁRIO OU EMPRESA FAMILIAR	
23. Posição do caixa (da empresa que está elaborando o plano de negócios)	
A. INTENSIVA (fluxo de caixa competitivo para qualquer empreendimento)	
B. NENHUMA (o caixa não é avaliado)	

Questões	Status
24. Disposição para correr riscos (do principal administrador da empresa)	
A. CONSERVADOR (requer alta probabilidade de sucesso para tomar a ação)	
B. AVENTUREIRO (corre riscos quase sem chances de atingir os objetivos)	
25. Experiência em gerenciamento geral (das pessoas-chave da empresa)	
A. INTENSIVA (há poucas pessoas no mercado com mais experiência)	
B. INEXISTENTE (ninguém possui essa forma de experiência prévia)	
26. Pesquisa e desenvolvimento	
A. NULOS (não existe um departamento de engenharia ou de desenvolvimento)	
B. INTENSOS (o departamento de desenvolvimento ou engenharia é atuante)	
27. Dependência de fornecedor	
A. NÃO COOPERATIVO (o fornecedor coopera somente quando lhe interessa)	
B. COOPERATIVO (o fornecedor responde imediatamente a qualquer requisição)	
28. Influência governamental	
A. CONSTRUTIVA (benefícios significativos ao negócio)	
B. DESTRUTIVA (limitações significativas ao negócio)	
29. Tendências sociais (influências de questões demográficas, cultura, tecnologia ou economia)	
A. SUPORTÁVEIS (as mudanças são consistentes com o direcionamento da empresa)	
B. ROMPEDORAS (as mudanças são contrárias ao direcionamento da empresa)	
30. Alianças estratégicas (a empresa é apoiada por grandes clientes, entidades de classe, etc.)	
A. INTENSAS (empresa apoiada por diversas alianças estratégicas, de vários segmentos)	
B. NULAS (a empresa não possui nenhum contrato de parceria)	

Anexo 6

Formulário para Análise de Produtos e Serviços

1. Qual é a denominação dos produtos e dos serviços a serem oferecidos?
_____
_____
_____
_____

2. Qual é o principal tipo de material utilizado? (somente para produtos)
_____
_____
_____
_____

3. Quais são os modelos principais? (somente para produtos)
_____
_____
_____
_____

4. Quais são os tamanhos oferecidos? (somente para produtos)
_____
_____
_____
_____

5. Qual é o tipo de embalagem utilizada? (somente para produtos)
_____
_____
_____
_____

6. Qual é a classificação dos produtos? (somente para produtos)
_____
_____
_____
_____

7. Quais são as vantagens sobre o produto ou serviço dos concorrentes?
_____
_____
_____
_____

8. Por que a empresa se julga apta a fornecer esses tipos de serviços? (somente para serviços)
_____
_____
_____
_____

9. Como os serviços são fornecidos? (somente para serviços)
_____
_____
_____
_____

10. Quem fará o trabalho? (somente para serviços)
_____
_____
_____
_____

11. Onde o serviço será realizado? (somente para serviços)
_____
_____
_____
_____

12. Quais são as características únicas do produto ou serviço?
_____
_____
_____
_____

13. Os produtos estão patenteados ou registrados? Qual é o prazo de validade?
_____
_____
_____
_____

14. Quais são as garantias oferecidas ao cliente sobre os produtos ou os serviços?
_____
_____
_____
_____

15. Em qual fase do ciclo de vida os produtos ou serviços se encontram? (nascimento, crescimento, manutenção ou declínio)
_____
_____
_____
_____

16. Qual é a classificação do produto no mercado? (produto novo no mercado atual, produto atual no mercado novo, produto atual no mercado atual ou produto novo no mercado novo)
_____
_____
_____
_____

17. Como a empresa introduz novos produtos no mercado? (pesquisas com questionários ou grupos de discussão com apresentação do produto para avaliação)
_____
_____
_____
_____

18. Como a empresa pretende retirar os produtos do mercado?
_____
_____
_____
_____

19. Como a empresa avalia a satisfação do cliente?
_____
_____
_____
_____

20. Quais são as tecnologias mais importantes utilizadas em cada elo da cadeia de valores?
_____
_____
_____
_____

21. Quanto a empresa pretende investir em P&D (Pesquisa e Desenvolvimento)? (% de faturamento)
_____
_____
_____

22. Quais são as alianças estratégicas que a empresa utiliza ou pretende utilizar?

23. A empresa contrata serviços de consultoria? De quais empresas ou entidades?

24. Quais critérios são utilizados para selecionar o *mix* de produtos?

Anexo 7

Formulário para Análise do Consumidor

Quem está comprando? (pessoa)

1. Dados pessoais			
Nome:			
Rua:		Nº	Apto.:
Bairro:	CEP:	Cidade:	UF:
Idade:	Sexo:	Estado civil:	
Nº de filhos:	Idade dos filhos:		
Formação acadêmica:			
Profissão:		Renda:	
Nome do(a) esposo(a):			Idade:
Nacionalidade:	Naturalidade:	Religião:	
2. O que gosta de fazer?			
Passatempo:			
Programa de TV:			
Filme:			
Jornal:			
Revista:			
Livro:			
Alimento:			
Férias:			
Esporte:			
Música:			

3. O que possui?	
Imóveis: 1. Casa/Apartamento próprio 2. Casa/Apartamento na praia Motocicleta 3. Chácara 4. Terreno 5. Casa para renda	Veículos de lazer: 1. Bicicleta 2. 3. *Jet-ski* 4. Barco 5. Avião
Automóvel:	
Eletrodomésticos: 1. Geladeira 2. *Freezer* 3. Telefone celular *player* 4. Internet 5. TV a cabo/satélite	Som/vídeo: 1. TV 2. DVD *player* 3. Som com CD 4. *Home theater*
Tecnologia: 1. Computador 2. *Notebook* 3. Telefone celular 4. Internet 5. TV a cabo/satélite 6. Tablet	|//
4. Como se comporta
Quando foi a última vez que mudou de emprego?
Quando foi a última vez que mudou de residência?
Quando foi a última vez que participou de um seminário profissional?
Idioma estrangeiro:

Quais as preferências dos consumidores?

Fatores decisivos para a compra	Alto	Médio	Baixo	Nulo
Preço				
Qualidade do produto				
Marca				
Recursos do produto				
Vendedor				
Ofertas/descontos especiais				
Publicidade				
Embalagem				
Comodidade na hora do uso				
Comodidade na hora da compra				
Local das compras				
Ambiente/decoração da loja				
Qualidade do serviço				
Crédito				
Manutenção				
Garantia				
Atendimento				
Indicação de amigos				

Como utilizam o produto?

Frequência com que usam o produto	Pouco	Moderado	Muito
Habilidade em usar o produto	Novato	Intermediário	Especialista
Utilização do produto	Lazer	Educação	Negócios
Tipos de clientes	Consultores	Revendedores	Usuários
Como tomam conhecimento do produto?	Rádio	TV	Revistas
Adquirem em promoções?	Descontos	Cupons	Desenhos
Observam a manutenção do produto?	Garantias	Troca	Pós-venda
Como costumam comprar?	Financiamento	*Leasing*	À vista
Onde compram?	Depósitos	Loja de fábrica	Lojas de departamento
	Internet	Catálogos	Boutique

Obs.: para que estes formulários sejam utilizados em seus potenciais máximos, eles deverão ser aplicados somente em pessoas físicas e no maior número possível. Quanto maior a quantidade de pessoas entrevistadas, maior será a precisão da metodologia.

Quem está comprando? (empresas)

1. Dados cadastrais
Razão social:
Rua: Nº   Apto.:
Bairro: CEP: Cidade: UF:
Data de fundação: Ramo de atividade:
Principais produtos:

Nº de funcionários: Faturamento mensal:
Nome dos sócios:

2. Compromisso social da empresa
Proteção ao meio ambiente:
Eventos beneficentes:
Programas sociais:
Entidade patronal:
Incentivo à cultura:
Patrocínio esportivo:
Integração na comunidade:
Promoção de eventos:

3. Valores empresariais
Plano de carreira para empregados:
Tipo de administração:
Investimentos em treinamentos:
Programa de benefícios aos empregados:
Participação dos empregados nos resultados:

4. Tecnologias
Página na internet:
Programa de gerenciamento:
Rede interna de computadores:
Tecnologia de ponta no processo:
Certificação do sistema da qualidade:
Relações com instituto de pesquisa:
Mercado internacional:
Investimentos em P&D:
Tipo de *layout*:
Sistema de custeio:

Quem está comprando? (pessoa encarregada da compra na empresa)

1. Dados pessoais

Nome:			
Rua:		Nº	Apto.:
Bairro:	CEP:	Cidade:	UF:
Idade:	Sexo:	Estado civil:	
Nº de filhos:	Idade dos filhos:		
Formação acadêmica:			
Profissão:		Renda:	
Nome do(a) esposo(a):			Idade:
Nacionalidade:	Naturalidade:	Religião:	

2. O que gosta de fazer?

Passatempo:
Programa de TV:
Filme:
Jornal:
Revista:
Livro:
Alimento:
Férias:
Esporte:
Música:

3. O que possui?

Imóveis: 1. Casa/Apartamento próprio 2. Casa/Apartamento na praia 3. Chácara 4. Terreno 5. Casa para renda	Veículos de lazer: 1. Bicicleta 2. Motocicleta 3. *Jet-ski* 4. Barco 5. Avião
Automóvel:	
Eletrodomésticos: 1. Geladeira 2. *Freezer* 3. Telefone celular 4. Internet 5. TV a cabo/satélite	Som/vídeo: 1. TV 2. DVD *player* 3. Som com CD *player* 4. *Home theater*
Tecnologia: 1. Computador 2. *Notebook* 3. Telefone celular 4. Internet 5. TV a cabo/satélite 6. Tablet	

4. Como se comporta
Quando foi a última vez que mudou de emprego?
Quando foi a última vez que mudou de residência?
Quando foi a última vez que participou de um seminário profissional?
Idioma estrangeiro:

Quais as preferências de compra das empresas?

Fatores decisivos para a compra	Alto	Médio	Baixo	Nulo
Preço				
Qualidade do produto				
Marca				
Recursos do produto				
Vendedor				
Ofertas/descontos especiais				
Publicidade				
Embalagem				
Especificações de projeto				
Comodidade na hora da compra				
Local das compras				
Demanda				
Qualidade do serviço				
Crédito				
Manutenção				
Garantia				
Atendimento				
Perspectiva econômica				
Custo do dinheiro				
Mudanças tecnológicas				
Desenvolvimento competitivo				
Desenvolvimento legal				

Obs.: para que os formulários sejam utilizados em seus potenciais máximos, eles deverão ser aplicados somente em empresas e nos principais clientes, limitando-se a um número mínimo de 5. Quanto maior a quantidade de empresas entrevistadas, maior será a precisão da metodologia.

Anexo 8

Formulário para Análise da Concorrência

1. Quais concorrentes procuram a mesma clientela-alvo da empresa?
A. _____
B. _____
C. _____
D. _____

2. Qual é o volume estimado de vendas dos concorrentes diretos citados?
A. _____
B. _____
C. _____
D. _____

3. Qual é a lucratividade média do setor?
_____
_____
_____
_____

4. Tabela de atributos (notas de 0 a 10) para os produtos da concorrência e os da empresa.

Percepção dos clientes	Empresa	Concorrentes			
		A	B	C	D
Durabilidade					
Desempenho					
Satisfação das necessidades					
Comodidade da embalagem					
Imagem da empresa					
Preço visto pelos clientes					
Facilidade de compra					
Horários de atendimento					
Assistência técnica					
Design/apresentação					
Fidelidade dos clientes					
Atendimento aos clientes					
Compromisso social					
Questões ambientais					
Capacidade financeira					
Perfil gerencial					
Moral da equipe					
Poder de barganha					
Política de crédito					
Prazos de entrega					
Unanimidade da gerência					
Capacidade de acordos					
TOTAL DE PONTOS					

5. Qual é o perfil de reação dos concorrentes?
A. _____
B. _____
C. _____
D. _____

Anexo 9

Plano de Negócios para uma Empresa Industrial

Mogfer Ferramentaria Ltda.

Avenida Maestro Isaías Belcunifé, 212

CEP 13300-000 – Itu – sp

Tel.: (11) 4022-2029

PLANO DE NEGÓCIOS

Elaborado por Márcio José Di Santi

Agosto/2001

N. 005/Edição 01

Índice

Sumário executivo 000
Descrição da empresa 000
Produtos 000
Análise de mercado 000
Plano de *marketing* 000
Plano operacional 000
Plano financeiro 000

Sumário executivo

Mogfer Ferramentaria Ltda.

A Mogfer Ferramentaria Ltda. é uma empresa do ramo industrial, fundada em 26/2/1996. A empresa tem como missão *gerar riqueza por meio da aplicação de conhecimentos tecnológicos na fabricação de moldes e matrizes*. O empreendimento está localizado na rua Maestro Isaías S. Belcunifé, nº 212, bairro Padre Bento, na cidade de Itu/SP, e é gerenciado pelos Srs. Márcio José Di Santi, Marco Antonio Tintino e Odair Chiquito. Por intermédio do Núcleo de Desenvolvimento Empresarial de Itu, a empresa possui estreita parceria com a Federação das Indústrias do Estado de São Paulo (Fiesp), que é uma das principais responsáveis pelo sucesso do empreendimento.

A empresa está buscando aumentar sua oferta de produtos e serviços, incorporando uma linha de injeção de plásticos, o que permitirá ampliar seu leque de consumidores, uma vez que um grande número de clientes potenciais já manifestou o interesse em adquirir os produtos gerados pela nova linha, em vez de adquirir somente o ferramental.

O planejamento de *marketing* e a análise de mercado indicam que existe demanda para os produtos gerados nessa nova linha de fabricação, sendo que a principal vantagem competitiva da empresa nesse novo segmento é o fornecimento do conjunto completo de serviços, desde a execução do ferramental até a produção da mercadoria final.

Este Plano de Negócios foi desenvolvido visando à absorção da tecnologia pela empresa e à análise da possibilidade de utilizar este instrumento para balizamento e planejamento estratégico das suas operações.

Márcio José Di Santi

1. Descrição da empresa

A Mogfer Ferramentaria Ltda. é uma empresa do ramo industrial e de serviços, fundada em 1996 e utiliza como nome fantasia sua própria razão social, ou seja, Mogfer. O empreendimento está localizado na rua Maestro Isaías S. Belcunifé, nº 212, bairro Padre Bento, na cidade de Itu, estado de São Paulo.

A Mogfer Ferramentaria Ltda. é uma sociedade por cotas limitadas, sendo constituída, assim, em razão de aconselhamento da assessoria contábil.

A empresa foi fundada a partir da ideia de seus fundadores, os Srs. Márcio José Di Santi, Marco Antonio Tintino, Odair Chiquito e Genivaldo dos Santos, com o propósito inicial de garantir renda para os sócios; porém, com o passar do tempo, estes foram percebendo que a responsabilidade social era muito maior e que a empresa não poderia sobreviver com um único propósito financeiro.

Alguns fatos ganham destaque na história do empreendimento, tais como: contrato de fornecimento com a Siemens Automotive Ltda. e com a ATI Indústria e Comércio Ltda., aquisição de um centro de usinagem, início da produção da linha de injeção de plásticos, graduação no Núcleo de Desenvolvimento Empresarial de Itu (Fiesp/Sebrae) e mudança para as novas instalações.

A empresa é gerenciada pelos seus proprietários atuais, os Srs. Márcio José Di Santi (gerente administrativo), Marco Antonio Tintino (gerente industrial) e Odair Chiquito (gerente de desenvolvimento e compras). Todos têm muita experiência na função, e a empresa foi orientada pelo Núcleo de Desenvolvimento Empresarial de Itu (Fiesp/Sebrae) nos 2 primeiros anos de existência.

A empresa está localizada em uma região residencial/comercial. Tal local foi escolhido em função da área construída disponível, dentre outros analisados no Distrito Industrial de Itu e na cidade de Salto. O local conta com as seguintes facilidades: serviço de correio, telefone, serviço de cópias, água tratada da rede pública, esgoto doméstico tratado, serviços de despachos, iluminação pública, rede elétrica com 15.000 kW de disponibilidade, calçamento das vias públicas e estacionamento com 25 vagas. As instalações estão plenamente aprovadas pelos seguintes órgãos: Cetesb, Corpo de Bombeiros, Vigilância Sanitária Municipal e Zoneamento Urbano Municipal.

A empresa mantém relacionamento com a Itaú Seguros S/A e a Bradesco Seguros S/A, com as quais mantém contrato de seguro de vida em grupo, seguro predial, de veículos e de máquinas e equipamentos.

Semanalmente, todos os pedidos de compras ou contratos de fornecimento de produtos recebidos dos clientes são analisados pelos gerentes, em reunião formal; as ocorrências são registradas em ata e comunicadas aos clientes para as devidas providências.

As mercadorias recebidas também são analisadas de acordo com as especificações de compra, sendo que aquelas que estiverem em desacordo serão devolvidas ao fornecedor, acompanhadas de relatório especificando as razões da devolução.

A empresa utiliza assessoria contábil da Contábil Assessoria Organizacional S/C, cujos trabalhos são acompanhados por auditor independente contratado a cada 3 meses.

Visão

A Mogfer Ferramentaria Ltda. é uma empresa voltada para o futuro e expressa isso em sua visão: "ser uma empresa preferencial na prestação de serviços de ferramentaria e injeção de plásticos, reconhecida em todo o Brasil".

Missão

A missão da Mogfer Ferramentaria Ltda. é: "gerar riqueza por meio da aplicação de conhecimentos tecnológicos na fabricação de moldes e matrizes".

Posicionamento estratégico

A Mogfer Ferramentaria Ltda. entende que sua cadeia de valores – representada por assistência ao cliente/pré-venda, planejamento, projeto e produção, *marketing* e avaliação, e complementada pelas habilidades de oferecer a melhor tecnologia disponível e o melhor atendimento – poderá transformar a estratégia de diferenciação em benefícios para os clientes.

Objetivos

1. Conquistar a liderança no mercado de ferramentas para empresas de autopeças.
2. Desenvolver a integração com a comunidade.
3. Ser empregador preferencial regional.

Metas

1. Implantar um plano de carreira para os empregados até o final de 2002.
2. Implantar um plano de segurança no trabalho até o final de 2003.
3. Realizar uma ação social – Natal Comunitário – com a comunidade em 2001.
4. Adotar uma escola de periferia durante o ano de 2003.
5. Implantar um laboratório para ensaios de materiais até o final de 2004.
6. Implantar um sistema da qualidade adequado até o final de 2003.

7. Atingir 50% de participação no mercado da microrregião de Itu até 2006.

2. Produtos

A Mogfer Ferramentaria Ltda. é uma empresa do segmento metalúrgico, fabricante dos seguintes produtos:

a. Moldes de matrizes: fabricados em aço e comercializados segundo as especificações do cliente, sendo, portanto, um produto fabricado sob encomenda ou sob projeto. A principal tecnologia envolvida com o produto é a utilização de centros de usinagem CNC na fabricação e o desenvolvimento do projeto por meio de sistemas CAD. Sua principal vantagem competitiva, quando comparados com outros produtos similares oferecidos pelos concorrentes, é a relação qualidade × prazo de entrega.
b. Produtos em plástico injetado: fabricados em plástico, segundo as especificações do cliente, sendo, portanto, um produto feito sob encomenda. A principal tecnologia envolvida é a utilização de máquinas injetoras CNC. Sua principal vantagem competitiva, quando comparados com outros produtos similares oferecidos pelos concorrentes, é o ciclo completo de industrialização, desde a construção do molde e a execução do *try-out* até a fabricação do produto.

3. Análise de mercado

A Mogfer Ferramentaria Ltda. atua no eixo Campinas-Sorocaba, em um mercado estimado de 552 empresas, de acordo com o Proder e com a Fiesp, com as quais a Mogfer tem perspectivas de manter relacionamento comercial.

Os clientes são indústrias do ramo de autopeças ou montadoras de veículos que decidem pela aquisição de um produto, levando em conta o cumprimento das especificações técnicas, o atendimento e a qualidade do produto/serviço – características que a empresa está perfeitamente apta a satisfazer.

O mercado formado pelos atuais clientes projeta uma demanda mensal de 13.200 horas para os serviços de ferramentaria e, com o crescimento da atividade econômica, projeta-se um aumento em torno de 3% ao ano. A Mogfer atende somente a 23,18% deste mercado e, assim, a curto prazo, a empresa não prevê a necessidade de ampliar o leque de clientes, mas apenas conquistar mais espaço entre os já existentes.

Atuando no mesmo mercado-alvo, na região que abrange as cidades de Itu, Salto, Indaiatuba e Porto Feliz, existem 8 empresas que podem ser consideradas concorrentes diretas ou que têm capacidade para competir com a Mogfer nos itens tecnologia, prazo de entrega, atendimento e qualidade, sendo a Mogfer a líder de mercado. Todas as concorrentes diretas apresentam um perfil conservador quanto à entrada de novos competidores no mercado.

Mantendo a atual forma de atuação, principalmente no relacionamento com os clientes, a empresa pretende atingir uma participação de 50% no mercado regional dentro de 5 anos; somente depois de alcançar esse objetivo, partirá para a ampliação da gama de clientes.

4. Plano de *marketing*

Após analisar o perfil dos clientes-alvo, os fatores que influenciam suas decisões de compra, a política de preços da concorrência e levantar todos os custos envolvidos na fabricação dos produtos, a Mogfer Ferramentaria Ltda. concluiu que a melhor estratégia de preços a ser adotada é aumentar os preços quando os concorrentes o fazem, ampliando, assim, as margens de lucro e mantendo o arranjo geral do mercado. O principal objetivo, ao adotar essa política de preços, é conservar a parcela já conquistada e, com a melhor margem de lucro, criar um fundo de caixa suficiente para adotar uma estratégia mais agressiva no futuro e, finalmente, conseguir atingir as metas de participação no mercado estabelecidas no plano.

A empresa pretende distribuir os produtos por canais próprios, com entregas ponto a ponto, pois, nesse momento, a infraestrutura de distribuição é suficiente para atender o mercado da microrregião de Itu – mercado-alvo para os próximos 5 anos.

A Mogfer não atua com publicidade na mídia, sendo seus produtos e serviços divulgados por meio de visitas comerciais regulares aos clientes existentes e pelo forte serviço de pré-venda, no qual a empresa auxilia o cliente no esboço do ferramental e na definição das especificações do produto, direcionando o projeto para a produção.

Pela análise do potencial do mercado e pela participação esperada, as vendas foram projetadas de duas formas: uma otimista, supondo-se que as metas serão plenamente alcançadas, e outra pessimista, supondo-se alterações na demanda, decorrentes de questões econômicas; ambas estão demonstradas nos quadros a seguir:

Projeção de vendas otimista (em horas)

Atual	2002	2003	2004	2005	2006
36.717	46.563	56.967	67.954	79.548	91.777

Projeção de vendas pessimista (em horas)

Atual	2002	2003	2004	2005	2006
31.821	27.938	34.180	40.772	47.729	55.066

5. Plano operacional

Estrutura funcional

A Mogfer Ferramentaria Ltda. tem 3 níveis hierárquicos em sua estrutura funcional, o que representa um nível de integração e velocidade na tomada de decisões adequado às suas necessidades. A matriz de responsabilidades, demonstrada a seguir, destaca o pessoal-chave, seus cargos e respectivas responsabilidades.

Nome	Cargo	Responsabilidade
Márcio José Di Santi	Gerente administrativo	Vendas e administração
Marco Antonio Tintino	Gerente industrial	Planejamento
Odair Chiquito	Gerente de desenvolvimento	Projetos, produção e qualidade
José Prudêncio Filho	Supervisor de produção	
Carlos Vieira Spinoso	Supervisor de ferramentaria	Manutenção e produção
Edna de Souza Ferreira	Logística	Compras e distribuição

A empresa oferece aos seus empregados, como complementação salarial, os seguintes benefícios: assistência médica, seguro de vida em grupo, alimentação e vale-transporte.

Dentro dos planos de crescimento da empresa, pode-se prever um aumento na oferta de emprego, conforme demonstrado no quadro a seguir:

	Atual	2002	2003	2004	2005	2006
Mão de obra direta	20	22	27	32	37	42
Mão de obra indireta	8	9	11	13	15	17
TOTAL	28	31	38	45	52	59

Descrição da unidade física

A empresa está instalada em uma área de 750 m^2, sendo que a área construída ocupa 600 m^2, distribuídos entre produção (550 m^2) e administração (50 m^2).

As seguintes facilidades estão disponíveis no local:

- energia elétrica: 15.000 kw;
- água: com tratamento da rede pública e esgoto doméstico tratado;
- telefone: duas linhas;
- estacionamento: 25 vagas;

- condições higiênico-sanitárias: piso industrial, com carpete na área administrativa. Iluminação natural por meio de *domus* e janelas laterais. Estrutura metálica com cobertura em telhas de amianto.

Sistema produtivo

A produção está capacitada para atender a uma demanda mensal de 3.050 horas, contando com os seguintes equipamentos:

Tipo do equipamento	Quantidade
Eletroerosão de penetração	3
Fresadora ferramenteira	3
Torno universal	2
Retífica plana	1
Retífica cilíndrica	1
Centro de usinagem	1
Estação de trabalho cad	1
Injetora de plástico	4
Estufa	1
Moinho	1

O *layout* da produção é um misto do tipo por processo e do tipo posicional, em função da relação volume/variedade de produtos da empresa.

Embalagem

Os produtos da empresa são embalados em caixa de madeira, de modo a permitir segurança no transporte, sendo que a empresa entende ser sua responsabilidade a chegada do produto em perfeitas condições de funcionamento às mãos do cliente.

Serviço pós-venda

A empresa oferece assistência técnica por meio de visitas constantes aos clientes, contando, para tal, com pessoal treinado e capacitado pela própria empresa.

6. Plano financeiro

Plano de investimentos

Descrição dos investimentos	2001	2002	2003	2004	2005
Investimentos pré-operacionais					
1. Projetos	9.000,00				
2. Registros	1.000,00				
Investimentos fixos					
1. Máquinas e equipamentos	250.000,00				
2. Instalações	40.000,00				
3. Imóveis	---				
4. Veículos	35.000,00				
Capital de giro	50.000,00				
Capacitação de pessoal	3.000,00				
Total dos investimentos	388.000,00				

Balanço patrimonial (valores em R$)

Exercício findo em:	2001	2002	2003	2004	2005
1. ATIVO					
1.1. Ativo circulante	50.000	70.000	100.000	140.000	160.000
1.1.1. Caixa e bancos	19.865	16.296	31.402	26.221	40.288
1.1.2. Duplicatas a receber	7.342	7.649	17.386	9.765	17.153
1.1.3. Estoques					
Total do ativo circulante	77.207	93.945	148.788	175.986	218.441
1.2. Realizável a longo prazo					
1.2.1. Ações de outras empresas	85.303	285.346	159.417	178.686	241.007
1.2.2. Aplicações de longo prazo	---	---	---	---	---
Total do realizável a longo prazo	85.303	285.346	159.417	178.686	241.007
1.3. Ativo permanente					
1.3.1. Imobilizado	285.000	285.000	285.000	285.000	285.000
1.3.2. (-) Depreciação acumulada	(57.000)	(114.000)	(171.000)	(228.000)	(285.000)
1.3.3. Diferido	5.000	5.000	5.000	5.000	5.000
Total do ativo permanente	233.000	176.000	119.000	62.000	5.000
ATIVO TOTAL	**395.510**	**555.291**	**427.205**	**461.672**	**464.448**
2. PASSIVO					
2.1. Passivo circulante	29.780	35.964	53.252	64.562	80.728
2.1.1. Salários e encargos a pagar	5.135	7.089	33.154	41.495	51.004
2.1.2. Impostos e contribuições	24.475	28.118	29.835	34.732	40.269
2.1.3. Fornecedores	---	---	---	---	---
2.1.4. Bancos	---	---	---	---	---
2.1.5. Outros					
Total do passivo circulante	59.390	71.171	116.241	140.789	172.001
2.2. Exigível a longo prazo					
2.2.1. Financiamentos	---	---	---	---	---
2.2.2. Empréstimos	---	---	---	---	---
Total do exigível a longo prazo	---	---	---	---	---
2.3. Patrimônio líquido					
2.3.1. Capital social	300.000	400.000	500.000	500.000	500.000
2.3.2. Lucros/prejuízos acumulados	36.120	84.120	(189.036)	(179.117)	(207.553)
Total do patrimônio líquido	336.120	484.120	310.964	320.883	292.447
PASSIVO TOTAL	**395.510**	**555.291**	**427.205**	**461.672**	**464.448**

Demonstrativo de resultados (valores em R$)

Discriminação	2001	2002	2003	2004	2005
1. Receita bruta de vendas	780.000	977.800	1.256.119	1.573.299	1.933.824
2. (-) Deduções	92.820	124.180	448.103	560.877	689.405
3. Receita líquida de vendas	687.180	853.620	808.016	1.012.422	1.244.419
4. (-) Custo de produtos vendidos	330.400	401.149	499.637	611.151	769.234
5. Margem de contribuições	356.780	452.471	308.379	401.271	475.185
6. (-) Despesas operacionais	320.660	367.855	497.415	580.388	682.738
6.1. Despesas administrativas	139.860	168.492	272.656	326.880	396.743
6.2. Despesas de *marketing*	5.200	5.460	5.733	6.019	6.320
6.3. Despesas gerais	118.600	136.903	162.026	190.489	222.675
6.4. Depreciação acumulada	57.000	57.000	57.000	57.000	57.000
7. Resultado operacional	36.120	84.120	(189.036)	(179.117)	(207.553)
8. Receitas financeiras	---	---	---	---	---
9. (-) Juros de financiamento	---	---	---	---	---
10. Resultado antes do IR	36.120	84.120	(189.036)	(179.117)	(207.553)
11. (-) IR alíquota – 15%	---	---	---	---	---
12. Lucro líquido	36.120	84.120	(189.036)	(179.117)	(207.553)

Fluxo de caixa (valores em R$)

Descrição	2001	2002	2003	2004	2005
1. Investimento inicial	388.000				
2. Saldo de caixa inicial	50.000	143.120	284.736	152.700	30.553
3. Total de entradas	780.000	977.800	1.256.119	1.573.299	1.933.824
3.1. Receita de vendas	780.000	977.800	1.256.119	1.573.299	1.933.824
3.2. Receitas financeiras	---	---	---	---	---
3.3. Empréstimos	---	---	---	---	---
3.4. Outras receitas	---	---	---	---	---
4. Total de saídas	743.880	893.184	1.445.155	1.752.446	2.141.377
4.1. (-) Despesas com produção	330.400	401.149	499.637	611.151	769.234
4.2. (-) Despesas com pessoal administrativo	68.160	77.770	149.031	181.113	228.792
4.3. Despesas com autônomos	16.000	16.800	17.640	18.552	19.448
4.4. (-) Despesas com diretoria	54.000	72.000	103.500	124.200	144.900
4.5. (-) Despesas com vendas e *marketing*	5.200	5.460	5.733	6.019	6.320
4.6. (-) Despesas gerais	113.700	131.895	157.235	185.895	218.257
4.7. (-) Manutenção e conservação	3.000	3.150	3.307	3.472	3.646
4.8. (-) Seguros	3.600	3.780	3.969	4.167	4.375
4.9. (-) Impostos	61.620	85.068	397.859	497.946	612.053
4.10. (-) Ampliações futuras	---	---	---	---	---
4.11. (-) Provisão para ir	---	---	---	---	---
4.12. (-) Despesas financeiras	31.200	39.112	50.244	62.931	77.352
4.13. (-) Depreciações (não desembolsáveis)	(57.000)	(57.000)	(57.000)	(57.000)	(57.000)
5. Saldo do período	86.120	227.736	95.700	26.447	177.000
6. (-) Reserva de capital	---	---	---	---	---
7. (+) Depreciação	57.000	57.000	57.000	57.000	57.000
8. Fluxo líquido de caixa	143.120	284.736	152.700	30.553	(120.000)

Demonstrativos de custos e despesas

Mão de obra direta (valores em R$)

Descrição dos cargos	2001	2002	2003	2004	2005
1. Operador de injetoras (4)	24.000	25.200	52.920	55.560	58.344
2. Fresador ferramenteiro (3)	28.800	30.240	31.752	33.339	58.343
3. Operador de eletroerosão	19.200	20.160	21.168	44.452	46.674
4. Ferramenteiro de bancada (5)	60.000	88.200	92.610	97.240	116.688
5. Torneiro ferramenteiro (2)	19.200	20.160	21.168	22.226	35.005
6. Operador de centro de usinagem	14.400	15.120	15.876	16.669	35.004
7. Ajudantes (3)	14.400	15.120	15.876	33.339	35.006
Subtotal	180.000	214.200	251.370	302.831	385.064
Encargos sociais	36.000	42.840	99.989	120.459	153.169
Benefícios à mão de obra direta	19.200	24.768	35.137	46.150	56.169
Total da mão de obra direta	235.200	281.808	386.496	469.440	595.049

Mão de obra indireta (valores em R$)

Descrição dos cargos	2001	2002	2003	2004	2005
1. Supervisor de produção	12.000	12.600	13.230	27.783	29.172
2. Supervisor de ferramentaria	15.600	16.380	34.398	36.117	37.922
3. Escriturária	6.000	6.300	13.230	20.837	21.878
4. Copeira/limpeza	3.600	7.560	7.938	8.334	13.126
5. Projetista	15.600	16.380	17.199	18.058	37.922
Subtotal	52.800	59.220	85.995	111.129	140.020
Encargos sociais	10.560	11.844	53.316	56.552	71.254
Pró-labore	54.000	72.000	90.000	108.000	126.000
Encargos sociais sobre pró-labore	---	---	13.500	16.200	18.900
Benefícios à mão de obra indireta	4.800	6.706	9.720	13.432	17.518
Total da mão de obra indireta	122.160	149.770	252.531	305.313	373.692

Custos variáveis (valores em R$)

Descrição	2001	2002	2003	2004	2005
Matéria-prima					
1. Aços especiais para ferramental	12.000	15.043	14.261	17.862	21.956
2. Bases e colunas pré-fabricadas	14.000	17.550	16.638	20.840	25.615
3. Resinas termoplásticas	65.200	81.734	77.489	97.055	119.296
4.	---	---	---	---	---
5.	---	---	---	---	---
Total da matéria-prima	91.200	114.327	108.388	135.757	166.867
Fretes	---	---	---	---	---
Embalagens	4.000	5.014	4.753	5.954	7.318
Total da mão de obra direta	235.200	281.808	386.496	469.440	595.049
Total dos custos variáveis	330.400	401.149	499.637	611.151	769.234

Custos fixos (valores em R$)

Descrição	2001	2002	2003	2004	2005
Serviços de terceiros	16.000	16.800	17.604	18.522	19.448
Água	2.400	2.657	3.257	3.857	4.457
Energia elétrica	48.000	60.172	77.299	96.818	119.004
Manutenção e reparos	3.000	3.150	3.307	3.472	3.646
Seguros	3.600	3.780	3.969	4.167	4.375
Materiais auxiliares	17.200	21.561	27.699	34.693	42.643
Materiais de limpeza	6.000	6.300	6.615	6.945	7.293
Aluguel	18.000	18.000	18.000	18.000	18.000
Leasing de equipamentos	---	---	---	---	---
Combustíveis	8.000	8.400	8.820	9.261	9.724
Material de escritório	1.600	1.680	1.764	1.852	1.944
Telefone, fax e taxas postais	9.600	10.080	10.584	11.113	11.668
Brindes e propagandas	5.200	5.460	5.733	6.019	6.320
Associação e sindicato patronal	---	---	---	---	---
Despesas de viagem	2.400	2.520	2.646	2.778	2.917
Taxas e impostos fixos	500	525	551	578	607
Depreciação de máquinas e equipamentos	57.000	57.000	57.000	57.000	57.000
Total da mão de obra indireta	122.160	149.770	252.531	305.313	373.692
Total dos custos fixos	320.660	367.855	497.415	580.388	682.738

Impostos e contribuições (valores em R$)

Descrição	Alíquotas	2001	2002	2003	2004	2005
IPI	10%	---	---	125.911	157.329	193.382
ICMS	18%	---	---	226.101	283.193	348.088
PIS	0,65%	---	---	8.164	10.226	12.569
Cofins	3%	---	---	37.683	47.198	58.014
Simples	7,9%	61.620	85.068	---	---	---
IRPJ	15%	---	---	---	---	---
Adicional do IRPJ	10%	---	---	---	---	---
CLS	9%	---	---	---	---	---
IRF	27,8%	---	---	---	---	---
ISS	2%	---	---	---	---	---
Total dos impostos		61.620	85.068	397.859	497.946	612.053

Receitas e deduções

Discriminação	2001	2002	2003	2004	2005
Receita com vendas à vista (produtos)	---	---	---	---	---
Receita com vendas à vista (serviços)	---	---	---	---	---
Receita com vendas a prazo (produtos)	780.000	977.800	1.256.119	1.573.299	1.933.824
Receita com vendas a prazo (serviços)	---	---	---	---	---
Total das receitas com vendas	780.000	977.800	1.256.119	1.573.299	1.933.824
Receitas financeiras	---	---	---	---	---
Total das receitas	780.000	977.800	1.256.119	1.573.299	1.933.824
Impostos sobre vendas	61.620	85.068	397.859	497.946	612.053
Despesas financeiras com vendas	31.200	39.112	50.244	62.931	77.352
Comissões sobre vendas	---	---	---	---	---
Total da receita líquida	687.180	853.620	808.016	1.012.422	1.244.419

Análise do plano de negócios da Mogfer Ferramentaria Ltda.

Uma análise do plano de negócios da empresa, objeto do estudo de caso, permite tecer as conclusões a seguir:

1. A empresa não mantém nenhum registro junto ao INPI, nem de produtos, processos ou da marca, o que pode ser prejudicial, principalmente quanto ao último, uma vez que os processos são de domínio público e os produtos, fabricados sob especificação do cliente. A empresa também não possui logomarca.
2. A empresa não possui um programa de segurança no trabalho formalizado, porém ainda está em fase de crescimento e, segundo a atual linha de pensamento dos proprietários, não deverá demorar muito tempo para implantar algo do gênero.
3. A empresa não possui um sistema formalizado de identificação e arquivamento de documentos.
4. A manutenção de uma auditoria independente sobre os serviços de contabilidade prestados por empresa contratada é um ponto bastante positivo, pois evita transtornos futuros com fiscalização.
5. A empresa demonstra pleno conhecimento de suas forças competitivas, de suas fraquezas e possui um firme propósito social, tanto no relacionamento com seus empregados quanto com a comunidade onde está inserida.
6. A empresa se posiciona mais como uma prestadora de serviços e não possui um plano de investimentos em pesquisa e desenvolvimento (P&D), nem conta com o apoio estratégico de um instituto de pesquisa no desenvolvimento de seus produtos.
7. O único indicativo de mensuração da satisfação do cliente é informal e trata-se do retorno do próprio cliente.
8. A empresa conhece somente o mercado onde atua, não dispondo de nenhuma estratégia para atingir um mercado mais amplo, sendo as vendas baseadas apenas no relacionamento existente entre os proprietários e as pessoas das empresas-clientes.
9. A empresa não possui um sistema de avaliação de fornecedores, utilizando o preço como referencial na decisão para a compra, assim como também não utiliza um sistema de custeio para a tomada de decisão, ficando restrita somente ao custo contábil desenvolvido pela empresa que lhe presta assessoria na área.
10. A empresa não possui nenhum sistema de gestão informatizado nem sistema de qualidade implantado, não estando aprovada, portanto, por qualquer organismo de certificação.
11. É importante destacar que, durante a elaboração do plano de negócios, os proprietários da empresa entenderam a importância desse tipo de organização

e controle, tanto que alguns dos sistemas ausentes foram incorporados como metas da empresa para os próximos anos, como é o caso de um sistema de qualidade.
12. A situação financeira da empresa é estável, com baixo índice de endividamento e excelente liquidez seca.
13. A empresa necessita mudar sua estratégia de preços ou suas metas de participação no mercado, pois, segundo o demonstrativo de resultados, a partir do ano de 2003, a empresa deixará de ser optante da tributação Simples e passará ao regime de lucro presumido ou lucro real e, neste caso, a incidência de tributos provocará prejuízos.

Anexo 10

Plano de Negócios para uma Empresa Comercial

Distriplast Comercial Ltda.

Avenida dos Capixabas, 223 – Interlagos

São Paulo/ SP – CEP: 05421-930

Tel: (11) 4520-1311

PLANO DE NEGÓCIOS

Elaborado por José Álvaro da Cunha

Agosto/2002

N. 001/Edição 01

Nota: os dados apresentados neste estudo de caso são reais; porém, por questão de confidencialidade, foi criada uma denominação fictícia para a empresa e seu endereço, bem como para seus sócios.

Índice

Sumário executivo 000
1. Descrição da empresa 000
2. Produtos 000
3. Análise de mercado 000
4. Plano de *marketing* 000
5. Plano operacional 000
6. Plano financeiro 000

Sumário executivo

Distriplast Comercial Ltda.

A Distriplast Comercial Ltda. é uma empresa do ramo comercial, fundada em agosto de 2002. A empresa tem como missão fornecer produtos e serviços que encantem o cliente de tal forma que ele veja na Distriplast a extensão da sua empresa. O empreendimento está localizado na Avenida dos Capixabas, nº 223, bairro Interlagos, na cidade de São Paulo/SP, e é gerenciado pelos Srs. José Álvaro da Cunha e Cláudio da Cunha. A empresa possui estreita parceria com o Instituto de Pesquisas Tecnológicas (IPT) para análise e laudos técnicos dos materiais comercializados.

A empresa está buscando investir em uma oportunidade de mercado ligada à comercialização e à distribuição de plásticos, com objetivos e metas estipuladas por um forte planejamento estratégico e uma operação perfeitamente equilibrada em todo o território nacional e Mercosul, em um futuro de médio tempo.

O planejamento de *marketing* e a análise de mercado indicam que existe demanda para os produtos a serem distribuídos e comercializados, sendo que a principal vantagem da empresa é o fornecimento de produtos a preços competitivos para clientes com pouco volume de compras.

Este plano de negócios foi desenvolvido com o intuito de analisar uma oportunidade de negócios e testar a viabilidade econômica de várias alternativas de investimento.

José Álvaro da Cunha

1. Descrição da empresa

A Distriplast Comercial Ltda. é uma empresa do ramo comercial que atua como atacadista e distribuidora de materiais plásticos, fundada em 2002. A empresa utiliza como nome fantasia sua própria razão social, ou seja, Distriplast. O empreendimento está localizado na Avenida dos Capixabas, nº 223, bairro Interlagos, na cidade de São Paulo/SP.

A Distriplast Comercial Ltda. é uma sociedade por cotas limitadas, sendo constituída dessa forma em razão de aconselhamento da assessoria contábil.

A empresa foi criada a partir da ideia de seus fundadores, os Srs. José Álvaro da Cunha e Cláudio da Cunha, com o propósito inicial de atender a um incontável número de empresas transformadoras de plásticos que, pelo pequeno volume de compras, acabam ficando à margem do processo de comercialização liderado pelas empresas petroquímicas de grande porte.

Alguns fatos ganham destaque na história do empreendimento, tais como: contrato de distribuição e representação com a Polibrasil S/A, contrato de distribuição com a GE e parceria com o Instituto de Pesquisas Tecnológicas (IPT).

A empresa é gerenciada pelos seus proprietários, José Álvaro da Cunha (gerente administrativo e de vendas) e Cláudio da Cunha (gerente de logística e distribuição), ambos com grande experiência na função, adquirida em grandes e tradicionais empresas do ramo de materiais plásticos.

A empresa está localizada em uma região residencial/comercial, e tal local foi escolhido em função da área construída disponível, entre outros analisados na capital e no interior do estado de São Paulo. O local conta com as seguintes facilidades: serviço de correio, telefone, serviço de cópias, água tratada da rede pública, esgoto doméstico tratado, serviços de despachos, iluminação pública, rede elétrica com 15.000 kW de disponibilidade, calçamento das vias públicas, pátio externo para manobras de caminhões, quatro docas para carga e descarga e estacionamento com 20 vagas. As instalações estão plenamente aprovadas pelos seguintes órgãos: Cetesb, Corpo de Bombeiros, Vigilância Sanitária Municipal e Zoneamento Urbano Municipal.

A empresa mantém relacionamento com a Bradesco Seguros S/A, com a qual mantém contrato de seguro de vida em grupo, seguro predial, seguro de veículos, seguro de máquinas e equipamentos e seguro dos materiais, inclusive durante o transporte.

Semanalmente, todos os pedidos de compra ou contratos de fornecimento de produtos recebidos dos clientes são analisados pelos gerentes, em reunião formal, e as ocorrências são registradas em ata e comunicadas aos clientes para as devidas providências.

As mercadorias recebidas também são analisadas de acordo com as especificações de compra, sendo utilizado o sistema *skip*-lote para selecionar as amostras enviadas ao IPT para análise. As mercadorias em desacordo são devolvidas ao fornecedor, acompanhadas de relatório especificando as razões da devolução.

A empresa efetua sua própria contabilidade, com profissional credenciado e registrado no Conselho Regional de Contabilidade (CRC), devidamente contratado para essa finalidade, cujos trabalhos são acompanhados por auditor independente contratado a cada ano.

Visão

A Distriplast Comercial Ltda. é uma empresa voltada para o futuro e expressa isso em sua visão: "ser uma empresa preferencial na distribuição e comercialização de termoplásticos, para obter a liderança deste segmento em todo o Brasil".

Missão

A missão da Distriplast Comercial Ltda. é: "fornecer produtos e serviços que encantem o cliente de tal forma que ele veja na Distriplast a extensão da sua empresa".

Posicionamento estratégico

A Distriplast Comercial Ltda. entende que sua cadeia de valores, representada por Pesquisa e Desenvolvimento (P&D), aquisição, *marketing*, distribuição, pós-venda e serviços, e complementada pelas habilidades de oferecer ao cliente a melhor tecnologia disponível e o melhor atendimento, poderá transformar a estratégia de diferenciação em benefícios para os clientes.

Objetivos

1. Conquistar a liderança no mercado nacional de distribuição de termoplásticos.
2. Exportar para os países do Mercosul.

Metas

1. Conquistar 2% do mercado no primeiro ano de atividades.
2. Conquistar 10% do mercado nacional até 2007.
3. Fazer contrato para importação e distribuição com um fabricante de termoplásticos de atuação internacional até dezembro de 2004.

4. Obter a certificação do ISO 14000 por organismo credenciado no *National Accreditation Council for Certification Bodies* (NACCB), na Inglaterra, até dezembro de 2003.
5. Montar três escritórios de vendas nas cidades de Buenos Aires, Montevidéu e Santiago do Chile, até dezembro de 2007.

2. Produtos

A Distriplast Comercial Ltda. é uma empresa do segmento atacadista, que distribui os seguintes produtos:

- polipropileno (PP): resina termoplástica, translúcida em seções espessas, comercializada em sacos de 25 kg, apresentando uma densidade menor que a água e um material duro e rígido. Ao queimar, exibe uma chama amarela com um traço azul claro ao fundo. É bastante utilizado na fabricação de eletrodomésticos e brinquedos;
- polietileno de alta ou de baixa densidade (PEAD ou PEBD): resina termoplástica, translúcida em seções espessas, comercializada em sacos de 25 kg, apresentando uma densidade menor que a água e um material razoavelmente flexível, macio e com superfície cerosa. Ao queimar, exibe uma chama azul, com topo amarelo e pouca fumaça. É utilizado na fabricação de garrafas, brinquedos e utilidades domésticas;
- poliestireno (PS): resina termoplástica, transparente quando não há incorporação de borracha, fibras ou pigmentos, comercializada em sacos de 25 kg, apresentando uma densidade maior que a água e um material razoavelmente flexível, duro e rígido, sendo difícil de cortar. Ao queimar, exibe uma chama alaranjada, com muita fumaça. É utilizado na fabricação de utilidades domésticas e carcaças de aparelhos eletrônicos.

A principal vantagem competitiva oferecida pelos produtos distribuídos pela Distriplast Comercial Ltda., quando comparados com outros similares oferecidos pelos concorrentes, é a disponibilidade de entrega e o custo atrativo, mesmo para pequenos lotes.

A Distriplast identifica novos produtos por meio da análise de oportunidades efetuadas no planejamento estratégico, ratificadas pelas análises de mercado.

A empresa acompanha o desempenho da sua logística de distribuição e dos produtos distribuídos por meio de uma pesquisa trimestral de mensuração da satisfação do cliente.

3. Análise de mercado

Em uma análise comparativa com os dados disponíveis anteriormente, o ano de 2001 foi muito difícil, conturbado e contraditório. Iniciou-se um pouco confuso, ainda sob as consequências da crise asiática, aberta ao final do ano anterior. As apreensões aumentaram ainda mais no início do segundo semestre, com as ameaças sobre a Argentina e, posteriormente, sobre o Brasil. Todos esses fatos acabaram por refletir no setor de transformação de material plástico como um todo, confirmando a atribuição dada a esse setor como um dos termômetros da economia nacional.

Em 2001, o setor produziu 5% a mais em relação ao ano anterior, porém o faturamento não refletiu o mesmo crescimento, caindo de US$ 9,4 bilhões para US$ 8,9 bilhões, o mesmo ocorrendo com o nível de emprego do setor, que reduziu 6.400 postos diretos de trabalho. A tabela a seguir demonstra o desempenho do setor de transformação de plástico no Brasil nos últimos 5 anos.

Discriminação	1997	1998	1999	2000	2001
Número de estabelecimentos	5.123	5.583	5.346	5.286	5.160
Produção de resinas (1.000 t)	2.553	2.625	2.735	3.039	3.212
Consumo (1.000 t)	1.993	2.498	2.679	3.058	3.321
Volume de importação (1.000 t)	183	397	474	511	607
Volume de exportação (1.000 t)	743	524	530	492	497
Faturamento (US$ milhões)	3.406	6.086	8.452	9.667	9.346

O mercado de distribuição

Foi elaborada uma pesquisa com um questionário enviado por fax a 30 empresas de transformação na área, apurando-se os seguintes resultados:

- local onde adquire resinas: 63% em distribuidores; 13% direto da usina; 24% em ambos;
- consumo mensal: 63% até 40 t/mês; 13% de 40 a 100 t/mês; 24% acima de 100 t/mês;
- distância média do fornecedor: 100% num raio de 100 km.

Dados da Fiesp/Ciesp apontam que 56% dos estabelecimentos dedicados à transformação de plásticos no Brasil estão localizados no estado de São Paulo, e que 38% estão instalados em um raio de aproximadamente 100 km da capital. Isso significa um total de 1.960 estabelecimentos, em que 63% adquirem a matéria-prima em distribuidores, ou seja, 1.234 empresas.

Tais empresas transformam em média 24.680 toneladas (t) de resina por mês, que, segundo a mesma pesquisa, estão distribuídas da seguinte forma:

- poliestireno (ps): 42%, o que corresponde a 10.365 t/mês;
- polietileno de alta ou baixa densidade (PEAD e PEBD): 34%, o que corresponde a 8.391 t/mês;
- polipropileno (pp): 23%, o que corresponde a 5.676 t/mês;
- outros: 1%, o que corresponde a 2.468 t/mês.

Os concorrentes no mercado de distribuição

Dentre os inúmeros distribuidores de plásticos na região da Grande São Paulo, foram analisados os três mais lembrados na pesquisa realizada entre as empresas de transformação: Plásticos Ruttino Ltda., Riopolymer e Piramidal Distribuição de Termoplásticos.

Essas empresas estão instaladas em uma área coberta, em média de 2.500 m^2, possuem estoques de 1.000 t/mês, frota própria para a distribuição, capacitada a entregar até 130 t/dia e garantem entrega em 24 horas. O sistema de vendas é feito por telefone e internet, sendo o pagamento em 28 DDL e a cobrança por boleto bancário. Também é oferecida aos clientes a opção da compra via cartão de crédito, pelos sistemas Visa, Credicard e American Express. Todas as concorrentes oferecem assistência técnica para orientar os clientes sobre como utilizar melhor a matéria-prima, otimizando o desempenho de suas máquinas e a durabilidade dos seus produtos. Somente a Ruttino está certificada pela ISO 9002. A distribuição é feita por frota própria, com frete gratuito para quantidades acima de 2.000 kg, em um raio de 100 km da capital. Para quantidades abaixo de 2.000 kg, o cliente precisa entrar no roteiro de carga ou indicar uma transportadora com frete correndo por conta dele.

4. Plano de *marketing*

Produto

1. Características: em função do potencial de mercado, recomenda-se iniciar a distribuição e a comercialização de plásticos pelos produtos de maior consumo, ou seja: polipropileno (PP), polietileno de alta ou baixa densidade (PEAD e PEBD) e poliestireno (PS). Tais materiais podem ser adquiridos diretamente das usinas, mantidos em estoque e distribuídos à medida que os clientes forem solicitando.
2. Vantagem competitiva: na pesquisa realizada, perguntou-se qual razão levaria o consumidor a trocar de fornecedor, sendo identificados 3 itens básicos: qualidade, preço e disponibilidade de material. Isso significa que o estabeleci-

mento de contratos de fornecimento com qualidade assegurada pode ser uma excelente vantagem competitiva.

Preço

Os seguintes preços médios estão sendo praticados:

- PE (PEAD e PEBD) – R$ 2,47/kg;
- PP – R$ 2,30/kg;
- PS – R$ 2,54/kg.

Esses preços referem-se exclusivamente a materiais virgens. Para início, um bom preço estaria em 5% abaixo da média do mercado; assim, o preço de venda inicial deverá ser R$ 2,31/kg para os três produtos.

Canais de distribuição

As vendas são executadas por colaboradores comissionados, que utilizam instrumentos de vendas *on-line* (telefone e internet) e visitas diretamente ao cliente.

Publicidade e promoção

Tratando-se de venda direta, com alianças comerciais estabelecidas diretamente com o consumidor, dispensa-se a publicidade intensiva ou a promoção como fator de alavancagem das vendas. As despesas com publicidade e propaganda são resumidas a uma verba anual para a confecção de folhetos, anúncios em edições especiais de revistas especializadas e brindes.

Projeção de vendas otimista (em toneladas de material)

2002	2003	2004	2005	2006	2007
750	5.400	6.000	10.000	20.000	30.000

Projeção de vendas pessimista (em toneladas de material)

2002	2003	2004	2005	2006	2007
550	4.050	4.500	7.500	15.000	22.500

5. Plano operacional

Como a comercialização e a distribuição de plásticos não envolvem atividades industriais, o item produção e processos fica relegado somente às estratégias de aquisição, distribuição e entrega dos materiais. Outro ponto fundamental diz respeito à distribuição do material, em que foram estipuladas duas opções:

- A: entrega de material por transportadoras;
- B: entrega de material por frota própria.

Estratégias de aquisição

Para a manutenção de um fluxo constante e homogêneo de material na praça, é importante firmar contratos de representação e distribuição junto a grandes fabricantes (usinas) de materiais plásticos. Isso favorecerá a negociação dos preços de compra, como também dará confiabilidade à empresa junto ao cliente, uma vez que, sendo distribuidora de somente uma marca, a empresa estará aliando a marca do produto ao serviço de distribuição. Preço ideal para aquisição: R$ 1,77/kg.

Plano de investimentos

Investimentos fixos	Opção A (R$)	Opção B (R$)
Máquinas e equipamentos	81.300,00	81.300,00
Equipamento para transporte		157.200,00
Móveis e utensílios	12.000,00	12.000,00
Construção civil e instalações	18.000,00	18.000,00
Eventuais e diversos	5.000,00	5.000,00
Subtotal (1)	116.300,00	273.500,00
Capital de giro estimado para 1 mês de giro	365.000,00	365.000,00
Subtotal (2)	365.000,00	365.000,00
TOTAL	481.300,00	638.500,00

Descrição dos investimentos

1. Máquinas e equipamentos: empilhadeira, uma balança para piso, uma balança eletrônica para laboratório, uma balança com rodas, um dispositivo para Melt--index e um dispositivo para Vicat-point.
2. Transporte: 3 caminhões Mercedes 914 para 5 t (somente para opção de entrega B).

3. Móveis e utensílios: 6 cadeiras estofadas para escritório, 4 mesas com 4 gavetas, 2 arquivos de aço com 4 gavetas, 4 máquinas de calcular, 3 linhas telefônicas comerciais e 2 computadores com impressora.
4. Construção civil: pequenas reformas para adaptação do prédio. É necessário um galpão com 1.000 m² de área coberta, com entrada lateral para a instalação da balança de chão. É necessária a construção da base para a balança e de instalações elétricas e hidráulicas necessárias.
5. O capital de giro foi colocado em função de um estoque estático de 500 t de material.

Plano operacional

1. Capacidade de distribuição: 500 t de material por mês, divididos em PP, PS e PE (PEAD e PEBD).
2. Número de empregados (opção de entrega A): 3 ajudantes, 1 empilhadeirista, 1 técnico de laboratório, 2 técnicos para assistência técnica, 4 escriturários e 1 gerente.
3. Número de empregados (opção de entrega B): 3 ajudantes, 1 empilhadeirista, 1 técnico de laboratório, 2 técnicos para assistência técnica, 4 escriturários, 3 ajudantes de caminhão, 3 motoristas e 1 gerente.

Custos fixos estimados

Custos fixos	Opção A (R$)	Opção B (R$)
Salários	10.550,00	13.100,00
Encargos	5.486,00	6.812,00
Previsão de férias e 13º (21%)	2.215,00	2.751,00
Pró-labore	1.200,00	1.200,00
Carnê do empregador	273,00	273,00
Serviços de terceiros	300,00	300,00
Água	50,00	50,00
Energia elétrica	250,00	250,00
Manutenção e reparos	50,00	250,00
Combustíveis	---	2.450,00
Aluguel	10.000,00	10.000,00
Seguros	422,00	1.499,00
Telefone/fax/taxas postais	1.000,00	1.000,00
Brindes e propagandas	1.200,00	1.200,00
Despesas gerais	200,00	500,00
Fretes	18.600,00	---
Total dos custos	**51.796,00**	**41.635,00**

Como encargos sociais, foram considerados os seguintes multiplicadores:

- INSS – 21%;
- FGTS – 8%;
- Aviso prévio – 8,33%;
- Faltas justificadas – 3,33%;
- Senai/Sesi – 4,8%;
- Multa demissional – 3,2%;
- Vale-transporte – 4%.

6. Plano financeiro

Fluxo de caixa projetado (opção A)

	1º trimestre Ano 1	2º trimestre Ano 1	3º trimestre Ano 1	4º trimestre Ano 1
Faturamento	346.500,00	1.386.000,00	2.425.500,00	3.349.500,00
Pagamentos	473.785,00	1.428.998,00	2.384.206,00	3.233.279,00
Custos operacionais	373.300,00	1.027.058,00	1.680.811,00	2.261.924,00
Despesas de comercialização	17.325,00	69.300,00	121.275,00	167.475,00
Amortização de investimentos	---	---	---	---
Despesas financeiras	20.790,00	83.160,00	145.530,00	200.970,00
Impostos e taxas	62.370,00	249.480,00	436.590,00	602.910,00
SALDO	(-127.285,00)	(-42.998,00)	41.294,00	116.221,00
Faturamento	3.465.000,00	3.465.000,00	3.465.000,00	3.465.000,00
Pagamentos	3.339.414,00	3.339.414,00	3.339.414,00	3.339.414,00
Custos operacionais	2.334.564,00	2.334.564,00	2.334.564,00	2.334.564,00
Despesas de comercialização	173.250,00	173.250,00	173.250,00	173.250,00
Amortização de investimentos	---	---	---	---
Despesas financeiras	207.900,00	207.900,00	207.900,00	207.900,00
Impostos e taxas	623.700,00	623.700,00	623.700,00	623.700,00
SALDO	125.586,00	125.586,00	125.586,00	125.586,00

Demonstrativo dos resultados anuais (opção A)

Discriminação	Ano 1 (R$)	Ano 2 (R$)	Ano 3 (R$)	Ano 4 (R$)
Receita bruta	7.507.500,00	13.860.000,00	13.860.000,00	13.860.000,00
(-) Deduções (ICMS, 18%)	1.351.350,00	2.494.800,00	2.494.800,00	2.494.800,00
(=) Receita líquida	6.156.150,00	11.365.200,00	11.365.200,00	11.365.200,00
(-) Custos do período	5.343.082,00	9.338.256,00	9.338.256,00	9.338.256,00
(=) Lucro bruto	813.068,00	2.026.944,00	2.026.944,00	2.026.944,00
(-) Despesas não operacionais	825.825,00	1.524.600,00	1.524.600,00	1.524.600,00
(+) Receitas não operacionais	---	---	---	---
(=) Lucro antes do IR	(12.757,00)	502.344,00	502.344,00	502.344,00
(-) Imposto de Renda	---	40.187,00	40.187,00	40.187,00
(=) Lucro líquido	(12.757,00)	462.156,00	462.156,00	462.156,00

Análise econômica do investimento (opção A)

Indicadores	Valores
Ponto de equilíbrio	%
Rentabilidade	%
Lucratividade	%
Retorno do investimento	24 meses

Fluxo de caixa projetado (opção B)

	1º trimestre Ano 1	2º trimestre Ano 1	3º trimestre Ano 1	4º trimestre Ano 1
Faturamento	346.500,00	1.386.000,00	2.425.500,00	3.349.500,00
Pagamentos	443.307,00	1.368.515,00	2.353.723,00	3.202.796,00
Custos operacionais	342.822,00	966.575,00	1.650.328,00	2.231.441,00
Despesas de comercialização	17.325,00	69.300,00	121.275,00	167.475,00
Amortização de investimentos	---	---	---	---
Despesas financeiras	20.790,00	83.160,00	145.530,00	200.970,00
Impostos e taxas	62.370,00	249.480,00	436.590,00	602.910,00
SALDO	(-96.807,00)	17.485,00	71.777,00	146.704,00
Faturamento	3.465.000,00	3.465.000,00	3.465.000,00	3.465.000,00
Pagamentos	3.308.931,00	3.308.931,00	3.308.931,00	3.308.931,00
Custos operacionais	2.304.081,00	2.304.081,00	2.304.081,00	2.304.081,00
Despesas de comercialização	173.250,00	173.250,00	173.250,00	173.250,00
Amortização de investimentos	---	---	---	---
Despesas financeiras	207.900,00	207.900,00	207.900,00	207.900,00
Impostos e taxas	623.700,00	623.700,00	623.700,00	623.700,00
SALDO	156.069,00	156.069,00	156.069,00	156.069,00

Demonstrativo dos resultados anuais (opção B)

Discriminação	Ano 1 (R$)	Ano 2 (R$)	Ano 3 (R$)	Ano 4 (R$)
Receita bruta	7.507.500,00	13.860.000,00	13.860.000,00	13.860.000,00
(-) Deduções (ICMS 18%)	(-1.351.350,00)	2.494.800,00	2.494.800,00	2.494.800,00
(=) Receita líquida	6.156.150,00	11.365.200,00	11.365.200,00	11.365.200,00
(-) Custos do período	5.191.166,00	9.216.324,00	9.216.324,00	9.216.324,00
(=) Lucro bruto	964.984,00	2.148.876,00	2.148.876,00	2.148.876,00
(-) Despesas não operacionais	(-825.825,00)	1.524.600,00	1.524.600,00	1.524.600,00
(+) Receitas não operacionais	---	---	---	---
(=) Lucro antes do IR	139.159,00	624.276,00	624.276,00	624.276,00
(-) Imposto de Renda	11.132,00	49.942,00	49.942,00	49.942,00
(=) Lucro líquido	128.027,00	574.334,00	574.334,00	574.334,00

Análise econômica do investimento (opção B)

Indicadores	Valores
Ponto de equilíbrio	%
Rentabilidade	%
Lucratividade	%
Retorno do investimento	22 meses

OBS.: para a elaboração de um plano de negócios somente para testar a viabilidade econômica da oportunidade, pode-se dispensar o balanço patrimonial projetado.

Análise do plano de negócios da Distriplast Comercial Ltda.

Uma análise do plano de negócios da empresa objeto deste estudo de caso permite tecer as seguintes conclusões:

1. Como se trata de analisar a melhor alternativa de investimento, a opção B oferece o melhor retorno – 22 meses.
2. Para atingir seus objetivos estratégicos, a empresa precisará investir muito mais que o projetado no plano, afinal, nesse tipo de atividade, não basta apenas montar escritórios de vendas, mas, sim, centros de distribuição com capacidade de atendimento rápido.
3. A empresa poderá enfrentar um mercado com fortes barreiras para a entrada de novos concorrentes, além da falta de fidelidade dos clientes, o que dificultará a formalização de contratos de fornecimento por períodos longos.
4. A empresa necessita desenvolver um logotipo, bem como providenciar o registro da marca no Inpi.

5. A empresa parece ter informações sustentáveis do mercado obtidas por meio de pesquisas e de banco de dados de associações de classe, o que dá ao plano de negócios uma grande credibilidade.
6. A empresa necessitará implantar um plano de mensuração da satisfação do cliente para que possa tomar decisões identificadas com sua visão e missão.
7. O capital disponível para investimentos é adequado para a fase inicial de operação, não devendo criar maiores dificuldades para a empresa nos primeiros anos.
8. Recomenda-se a aquisição de um sistema de gestão informatizado, bem como a implantação de um sistema da qualidade, de preferência ISO 9000.

Anexo 11

Plano de Negócios para uma Empresa de Serviços

SOLARIS CONSULTING S/C

Praça Gaspar Ricardo, 50 – Box 11 – Centro

CEP: 13300-000 – Itu – SP

Tel: (11) 4022-4216

PLANO DE NEGÓCIOS

Elaborado por Luiggi Biaggioni

Agosto/2002

N. 001/Edição 01

Nota: os dados apresentados neste estudo de caso são reais; porém, por questão de confidencialidade, foi criada uma denominação fictícia para a empresa e seu endereço, bem como para seus sócios.

Índice

Sumário executivo 000
1. Descrição da empresa 000
2. Produtos e serviços 000
3. Análise de mercado 000
4. Plano de *marketing* 000
5. Plano operacional 000
6. Plano financeiro 000

Sumário executivo

Solaris Consulting S/C

A Solaris Consulting S/C é uma empresa do ramo de serviços, fundada em agosto de 1996. A empresa tem como missão potencializar o capital intelectual de seus parceiros comerciais por meio da prestação de serviços de consultoria e treinamento em gestão empresarial. O empreendimento está localizado no Núcleo de Desenvolvimento Empresarial de Itu – Incubadora de Itu, localizado na Praça Gaspar Ricardo, nº 50, Box 11, Centro, na cidade de Itu/SP, e é gerenciado pelos Srs. Luiggi Biaggioni e Marcelo Biaggioni. A empresa possui estreita parceria com a Federação das Indústrias do Estado de São Paulo (Fiesp), da qual recebe apoio gerencial por meio do Núcleo de Desenvolvimento Empresarial de Itu.

A empresa pretende investir em uma oportunidade de mercado ligada a treinamentos *in company* e treinamentos *on-line* via internet, com objetivos e metas estipuladas por um forte planejamento estratégico.

O planejamento de *marketing* e a análise de mercado indicam que existe demanda para os produtos a serem distribuídos e comercializados, sendo que a principal vantagem competitiva da empresa é o fornecimento de produtos a preços competitivos para os clientes, aliado à forte credibilidade de seus consultores.

Este plano de negócios foi desenvolvido com o intuito de analisar uma oportunidade de negócios e testar a viabilidade econômica e a possibilidade de implantação.

Luiggi Biaggioni

1. Descrição da empresa

A Solaris Consulting S/C é uma empresa do ramo de serviços, fundada em agosto de 1996. A empresa utiliza como nome fantasia Solaris Consulting e presta serviços de consultoria e treinamento em vários segmentos da gestão empresarial, especialmente voltados para as micro e pequenas empresas. O empreendimento está localizado no Núcleo de Desenvolvimento Empresarial de Itu – Incubadora de Itu, localizado na Praça Gaspar Ricardo, nº 50, Box 11, Centro, na cidade de Itu/sp.

A Solaris Consulting S/C é uma sociedade civil, sendo assim constituída em função da legislação vigente e por orientação da assessoria contábil.

A empresa foi criada a partir da ideia de seu sócio fundador, o Sr. Luiggi Biaggioni, com o propósito de oferecer serviços de treinamento *in company* para as empresas instaladas na região, encontrando-se atualmente em um processo de reestruturação das linhas de serviços oferecidos, em função das novas oportunidades de negócios que surgiram ao longo do tempo.

Alguns fatos ganham destaque na história do empreendimento, tais como: contrato com a Federação das Indústrias do Estado de São Paulo (Fiesp) para efetuar a coordenação do Núcleo de Desenvolvimento Empresarial de Itu e oferecer consultoria para as empresas residentes no projeto; contrato com a Unicamp/Funcamp para a prestação de serviços de análise de valor no Projeto HP03 do Instituto de Pesquisas Eldorado; e contrato com o Sebrae-SP para oferecer o seminário Brasil Empreendedor às micro e às pequenas empresas da região por meio de uma parceria com a Associação Comercial e Industrial de Itu e com a Escola Senai Ítalo Bologna.

A empresa é gerenciada pelos Srs. Luiggi Biaggioni (sócio-gerente administrativo e operacional) e Marcelo Biaggioni (sócio-gerente de vendas e *marketing*). O Sr. Luiggi Biaggioni é formado em engenharia industrial e possui mestrado em engenharia de fabricação, com pós-graduação em administração da produção, tendo atuado como consultor por 20 anos. Também é professor universitário na Faculdade Politécnica de Jundiaí. O Sr. Marcelo Biaggioni é formado em economia e atua há mais de 10 anos em empresas de grande porte na área de vendas e *marketing*.

A empresa está localizada no Núcleo de Desenvolvimento Empresarial de Itu, região escolhida em função das facilidades oferecidas e pela estrutura propícia ao desenvolvimento de micro e pequenas empresas, dentre outras localizações também analisadas. O local conta com as seguintes facilidades: serviço de correio, telefone, serviço de cópias, água tratada da rede pública, esgoto doméstico tratado, serviços de despachos, iluminação pública, rede elétrica com 50 kW de disponibilidade, calçamento das vias públicas e estacionamento com 30 vagas. Além disso, o local conta ainda com a infraestrutura da Incubadora, que oferece serviços como: internet de alta velocidade, serviço de copa/limpeza, serviço de segurança 24 horas por dia, fax, serviço de recepção e participação em um intenso programa de treinamento gerencial. As instalações estão plenamente aprovadas pelos seguintes órgãos: Cetesb, Corpo de Bombeiros, Vigilância Sanitária Municipal e Zoneamento Urbano Municipal.

A empresa utiliza assessoria contábil da Evolução Contábil, cujos trabalhos são acompanhados pelos próprios sócios-gerentes com base em relatórios mensais. Os documentos pertinentes à contabilidade da empresa não possuem um sistema de identificação e rastreabilidade e são arquivados no próprio escritório de contabilidade pelo período exigido pela legislação em vigor.

Sendo uma empresa prestadora de serviços, a Solaris Consulting não mantém nenhum sistema de avaliação de mercadorias compradas, uma vez que as compras se limitam a material de consumo, e não à matéria-prima.

A empresa mantém relacionamento com a Itaú Seguradora S/A, que dá cobertura contra roubo e sinistros aos bens pertencentes ao patrimônio da empresa.

Visão

A Solaris Consulting S/C é uma empresa voltada para o futuro e expressa isso em sua visão: "ser considerada uma empresa de referência nacional na prestação de serviços de consultoria e treinamento em gestão empresarial".

Missão

A missão da Solaris Consulting S/C é: "potencializar o capital intelectual de seus parceiros comerciais por meio da prestação de serviços de consultoria e treinamento em gestão empresarial".

Posicionamento estratégico

A Solaris Consulting S/C entende que sua cadeia de valores, representada por pesquisa e desenvolvimento (P&D), orientação, capacitação e educação, *marketing* e acompanhamento, e complementada pelas habilidades de oferecer ao cliente a melhor tecnologia disponível e o melhor atendimento, poderá transformar a estratégia de diferenciação em benefícios para os clientes.

Objetivos

1. Conquistar a liderança do mercado regional.
2. Ampliar a oferta de serviços para as micro e pequenas empresas.
3. Desenvolver um conjunto de publicações especializadas.

Metas

1. Visitar 4 clientes potenciais por mês, até dezembro de 2003.
2. Lançar 4 novos produtos ou serviços até dezembro de 2003.
3. Lançar um boletim mensal de atividades até dezembro de 2002.
4. Elaborar pesquisa de mercado para identificação de oportunidades até julho de 2003.
5. Elaborar página na internet até dezembro de 2002.
6. Lançar programa de treinamento a distância até dezembro de 2002.

2. Produtos e serviços

A Solaris Consulting S/C é uma empresa de consultoria e treinamento, oferecendo os seguintes serviços voltados para a gestão empresarial:

1. Treinamento *in company*: conjunto de cursos de curta duração voltados para as áreas de gestão empresarial, adaptados para as necessidades de cada cliente. Todos os cursos têm duração máxima de 40 horas e mínima de 8 horas, e incluem: material didático, certificado, CD-Rom com atividades extraclasse, quando for o caso, etc. A tabela a seguir discrimina os cursos oferecidos.
2. Consultoria em gestão empresarial: conjunto de consultorias pontuais, customizadas para cada cliente, abordando questões estratégicas do gerenciamento das empresas, tais como: custos, finanças, produção, logística, análise de valor, etc.
3. Cursos *on-line*: conjunto de cursos de especialização e aperfeiçoamento profissional voltados para as áreas de gestão empresarial, apresentados via internet, sendo permitido ao participante devidamente inscrito a execução de *download* (vide a relação dos cursos na tabela a seguir).

Nome	Objetivos do curso	Duração (em horas)
Planejamento e controle da produção	Fornecer aos participantes condições para aplicação das técnicas de planejamento, programação e controle da produção	16
Sistema de custeio ABC	Fornecer aos participantes uma metodologia de análise das atividades com base no valor real que elas representam	16
Administração de materiais	Fornecer aos participantes uma visão geral da área de suprimentos e de sua importância como órgão gerador de lucratividade para a empresa	16
Técnicas de chefia e supervisão	Fornecer aos participantes ferramentas para obter melhores resultados de sua equipe de trabalho, para entender os principais fatores que interferem no seu desempenho e corrigir eventuais posturas de comportamento gerencial	16
Set-up rápido	Fornecer aos participantes condições para aplicação das técnicas de redução do tempo de preparação de máquinas e equipamentos	8
Uso do tempo	Fornecer aos participantes condições para a avaliação das causas desperdiçadoras de tempo, para melhor eficácia no trabalho e também em sua vida pessoal	8
Certificação ISO 9000	Fornecer aos participantes informações necessárias para a interpretação das normas ISO série 9000 e sua respectiva implantação	16
Qualidade total	Proporcionar aos participantes uma visão das necessidades de mudança durante a preparação da empresa rumo à qualidade total	8
Formação de auditores internos da qualidade	Formar um grupo de profissionais capacitados a realizar um programa de auditoria interna no sistema de garantia da qualidade de uma empresa	24
Gestão da qualidade	Proporcionar aos participantes uma visão gerencial sobre os conceitos e as práticas das modernas técnicas de administração da qualidade, por meio da exposição dos resultados alcançados por empresas que anteciparam o uso dessas tecnologias, e pela indicação de formas para implementá-las	24

(continua)

(continuação)

Nome	Objetivos do curso	Duração (em horas)
Gestão do processo de produção	Proporcionar aos participantes uma visão gerencial sobre os conceitos e as práticas das modernas técnicas de administração do processo de manufatura, por meio da exposição dos resultados alcançados por empresas de classe mundial que anteciparam o uso dessas tecnologias e pela indicação de formas para implementá-las	24
Gestão de estoques	Proporcionar aos participantes do curso informações sobre a gestão dos estoques, tendo em vista os custos que implicam, os riscos de obsolescência e os investimentos financeiros estacionados	16
Qualidade em serviços	Proporcionar aos participantes uma visão global sobre a utilização dos sistemas de garantia da qualidade com base nas normas ISO 9000, voltadas ao setor de serviços, demonstrando, por meio de estudos de caso, o sucesso logrado pelas empresas que trilharam esse caminho	8
Controle estatístico do processo	Desenvolver nos participantes a necessidade de utilizar métodos estatísticos na prevenção de defeitos e ensiná-los a implantar, construir e interpretar as cartas de controle	40
Kanban	Fornecer aos participantes uma ferramenta eficaz no controle da produção e, ao mesmo tempo, econômica, simples e altamente competitiva	8
FMEA	Fornecer aos participantes uma ferramenta para prevenir defeitos e analisar o impacto que podem causar junto ao cliente	8
Planejamento de experimentos	Fornecer aos participantes uma ferramenta mais eficiente e econômica para obter conclusões sobre a avaliação de um produto ou processo	24
Just-in-time	Fornecer aos participantes o conhecimento de uma moderna estratégia de administração, que explora todo o potencial de produção da empresa	16
Desdobramento da função qualidade	Fornecer aos participantes uma ferramenta capaz de gerar produtos e serviços que respondam rapidamente às oportunidades detectadas no mercado, ao mesmo tempo em que servirá como um canal de comunicação permanentemente aberto entre o cliente e todas as fases de desenvolvimento de um produto	16
Gestão de custos	Fornecer aos participantes informações para a implementação de um sistema de custeio adequado à atividade da empresa	16

(continua)

(continuação)

Nome	Objetivos do curso	Duração (em horas)
Gestão financeira	Fornecer aos participantes as ferramentas para controle e planejamento financeiro da empresa	16
Desenvolvimento de normas e procedimentos	Fornecer aos participantes a metodologia, as práticas e os modelos de normas e procedimentos para a elaboração de manuais operacionais ou manuais da qualidade	8
Elaboração do manual da qualidade	Fornecer aos participantes a metodologia, as práticas e os modelos para a elaboração do manual da qualidade e dos manuais de procedimentos setoriais	8
Gestão de projetos	Fornecer aos participantes a metodologia para planejamento, desenvolvimento e implementação de novos projetos	16
Fluxo de caixa	Fornecer aos participantes noções básicas do funcionamento e da utilização do fluxo de caixa como instrumento de tomada de decisão	
Formação do preço de venda	Fornecer aos participantes uma metodologia para a elaboração do preço de venda de seus produtos	
Plano de negócios	Fornecer aos participantes noções básicas do funcionamento e da utilização do plano de negócios para alavancar o crescimento da empresa	
Custos	Fornecer aos participantes uma metodologia para o cálculo e a implementação de um sistema de custos	
Análise de oportunidades	Fornecer aos participantes uma metodologia para a análise e a escolha das oportunidades consideradas mais viáveis	
Demonstrativo de resultados	Fornecer aos participantes noções básicas do funcionamento e da utilização do demonstrativo de resultados como instrumento de tomada de decisão	
Análise de balanços	Fornecer aos participantes noções básicas do funcionamento e da utilização do balanço ou balancete como instrumento de tomada de decisão	
Controle de estoques	Fornecer aos participantes uma metodologia para o controle de estoques dentro da empresa	
Fluxo de processos	Fornecer aos participantes uma metodologia para controlar e analisar o fluxo de trabalho dentro da empresa	
Projeto de investimentos	Fornecer aos participantes uma metodologia para o desenvolvimento de planos de investimentos	

3. Análise de mercado

A Solaris Consulting S/C atua em uma região que apresenta um dos maiores índices de desenvolvimento urbano do Estado de São Paulo – o eixo Campinas-Sorocaba –, atendendo, mais especificamente, às empresas instaladas nos municípios de Itu, Salto, Indaiatuba, Porto Feliz, Campinas e Sorocaba, o que não impede que empresas instaladas em outras regiões do Estado sejam clientes da Solaris Consulting. Os municípios específicos da área de atuação da empresa formam um mercado estimado de 5 mil empresas, com as quais a Solaris tem perspectivas de manter um relacionamento comercial.

A indústria de transformação, embora não seja o maior setor em número de estabelecimentos, é o principal em geração de empregos, com 1.611 instituições, proporcionando 91.276 postos de trabalho. Dados da Jucesp indicam que 18,3% dessas empresas possuem de 1 a 9 empregados, o que representa 295 estabelecimentos industriais de micro e pequeno porte. Se forem considerados aqueles com até 50 empregados, esse número cresce para 752 estabelecimentos, ou seja, 46,77% do total.

Não existem dados precisos que possam confirmar a necessidade dos serviços da Solaris Consulting S/C pelas empresas da região, e, em função disso, uma pesquisa de mercado deve ser realizada para tabular e identificar essa necessidade, mesmo porque isso seria útil para que a previsão de demanda da Solaris pudesse ser mais acurada.

Todavia, como ponto inicial de operação, a Solaris deverá considerar o mercado formado pelas cidades de Indaiatuba, Porto Feliz, Itu e Salto, e definir seu universo de clientes-alvo, como micro ou pequenas empresas estabelecidas que tenham até 50 empregados e necessitem de orientações e acompanhamento para continuarem a desenvolver-se de forma sólida e estável. O tamanho do mercado é de 457 empresas.

Da mesma forma que não existem dados precisos sobre a dimensão mercadológica regional, também não existem dados sobre a concorrência existente, podendo-se afirmar que muitos consultores têm de se deslocar dos grandes centros para a região, o que acirra ainda mais a concorrência local. A Solaris precisará de todo o seu potencial de criatividade para desenvolver um plano de *marketing* sustentável e para ganhar competitividade, direcionando seus esforços para a diferenciação de serviços.

4. Plano de *marketing*

A Solaris Consulting S/C não poderá estipular uma estratégia de preços enquanto não possuir uma pesquisa com a análise do perfil dos clientes-alvo e os fatores que influenciam suas decisões de compras. No momento, a Solaris poderá fazer somente uma avaliação intuitiva e fixar os preços em um patamar inferior aos da concorrência, com o objetivo inicial de entrar no mercado.

A divulgação dos produtos e serviços da Solaris será realizada por 3 canais: mala direta, internet e propaganda nos jornais e nas revistas regionais. Deverá ser elaborada uma apresentação em multimídia da empresa para divulgação junto às associações e às entidades empresariais das cidades da região ou às grandes corporações.

A empresa pretende distribuir os produtos por canais de distribuição próprios, por meio de visitas dos representantes comerciais junto aos clientes ou por consulta dos clientes diretamente ao serviço de recepção da Solaris.

Apesar de não contar com dados precisos do mercado, o que somente estará disponível após a pesquisa que a empresa pretende efetuar, as vendas foram estimadas de duas formas: uma otimista, supondo-se que as metas serão plenamente alcançadas, e outra pessimista, supondo-se alterações na demanda em virtude de questões econômicas; ambas as estimativas estão demonstradas nos quadros seguintes:

Projeção otimista de vendas

Tipo de serviço	2002	2003	2004	2005	2006
Cursos *in company*	24	30	36	48	48
Consultorias	6	9	12	12	12
Cursos *on-line*	120	200	240	300	350

Projeção pessimista de vendas

Tipo de serviço	2002	2003	2004	2005	2006
Cursos *in company*	18	22	27	36	36
Consultorias	4	7	9	9	9
Cursos *on-line*	90	150	180	225	262

5. Plano operacional

Estrutura funcional

A Solaris Consulting S/C tem a sua estrutura funcional com 2 níveis hierárquicos, o que representa um nível de integração e velocidade na tomada de decisões adequados às suas necessidades. A matriz de responsabilidades, demonstrada a seguir, destaca o pessoal-chave, seus cargos e respectivas responsabilidades.

Nome	Cargo	Responsabilidade
Luiggi Biaggioni	Sócio-gerente administrativo	Administração e operação
Marcelo Biaggioni	Sócio-gerente de mercado	Vendas e *marketing*
Andreia Mendes	Secretária	Suporte e material didático

A empresa oferece aos seus empregados, como complementação salarial, os seguintes benefícios: assistência médica, seguro de vida em grupo, alimentação e vale-transporte.

Descrição da unidade física

A empresa está instalada em uma área de 50 m², no Núcleo de Desenvolvimento Empresarial de Itu, contando com as seguintes facilidades disponíveis no local:

- energia elétrica: 50 kW;
- água: rede pública com tratamento;
- telefone: duas linhas;
- serviços: copiadora, fax, rede de computadores compartilhada, copa/limpeza, biblioteca, sala de reuniões, recepção, etc.;
- internet: provedor Terra®, com conexão Speedy®;
- estacionamento: 20 vagas;
- condições higiênico-sanitárias: piso industrial com pintura epóxi, iluminação natural através de janelas laterais, estrutura metálica com cobertura em telhas de amianto e forro de isopor.

Equipamentos

- 2 microcomputadores;
- 1 escâner de mesa;
- 1 impressora deskjet;
- 1 impressora/copiadora *laser*;
- 1 aparelho de fax;
- 1 *notebook*;
- 1 projetor;
- 1 retroprojetor para transparência.

Fornecedores

A empresa contrata serviços de consultores autônomos e de instrutores para os diversos cursos ou consultorias que são oferecidos. A empresa seleciona os serviços contratados por meio de um sistema de pontuação/classificação, em que são levados em conta os seguintes fatores: experiência anterior do consultor/instrutor e pontuação obtida na avaliação do cliente nos últimos trabalhos contratados.

Sistema de gestão

A empresa adota como sistema de gestão o *software* Empresário 2, controlando as áreas de vendas, custos e finanças, fornecedores, recursos humanos e operacional. O sistema foi escolhido pela facilidade de operação e adequação às condições da empresa.

Sistema de custeio

Para a tomada de decisão, a empresa adota o sistema de custeio ABC, em razão da qualidade de informações que o sistema oferece. A empresa acompanha a evolução dos custos por meio de um plano de contas demonstrado no plano financeiro.

6. Plano financeiro

Demonstrativo de custos e despesas

Mão de obra indireta

Descrição dos cargos	2002	2003	2004	2005	2006
Secretária	6.000,00	6.000,00	6.000,00	6.000,00	6.000,00
Consultor sênior	---	---	---	---	---
Consultor júnior	---	---	---	---	---
Recepção	---	---	---	---	---
Copeira/limpeza	---	---	3.600,00	3.600,00	3.600,00
Subtotal	6.000,00	6.000,00	9.600,00	9.600,00	9.600,00
Encargos sociais	3.833,33	3.833,33	6.133,28	6.133,28	6.133,28
Pró-labore	6.000,00	12.000,00	18.000,00	24.000,00	24.000,00
Encargos sociais sem pró-labore	900,00	1.800,00	2.700,00	3.600,00	3.600,00
Benefícios à mão de obra direta	---	---	---	---	---
Total da mão de obra indireta	16.733,33	23.633,33	36.433,28	43.333,28	43.333,28

Custos variáveis

Descrição	2002	2003	2004	2005	2006
Matéria-prima					
Papel sulfite para cópias	315,00	390,00	480,00	630,00	630,00
Capa para apostilas	787,50	975,00	1.200,00	1.575,00	1.575,00
Cd-Rom	105,00	175,00	210,00	263,00	306,00
Caixa para cd-Rom	157,50	262,50	315,00	394,50	459,00
Transparências	1.620,00	1.620,00	1.620,00	1.620,00	1.620,00

(continua)

Custos variáveis (*continuação*)

Descrição	2002	2003	2004	2005	2006
Disquetes	525,00	650,00	800,00	1.050,00	1.050,00
Etiquetas para cd-Rom	30,00	30,00	30,00	60,00	30,00
Total da matéria-prima	3.540,00	4.102,50	4.655,00	5.592,50	5.670,00
Consultores/instrutores	10.500,00	13.000,00	16.000,00	21.000,00	21.000,00
Hospedagem dos consultores	1.470,00	1.820,00	2.240,00	2.940,00	2.940,00
Viagens dos consultores	1.764,00	2.184,00	2.688,00	3.528,00	3.528,00
Alimentação dos consultores	630,00	780,00	960,00	1.260,00	1.260,00
Total da mão de obra direta	14.364,00	17.784,00	21.888,00	28.728,00	28.728,00
Total dos custos variáveis	17.904,00	21.886,50	26.543,00	34.320,50	34.398,00

Custos fixos

Descrição	2002	2003	2004	2005	2006
Água	240,00	240,00	720,00	720,00	720,00
Energia elétrica	1.200,00	1.200,00	1.200,00	1.200,00	1.200,00
Manutenção e reparos	600,00	600,00	600,00	600,00	600,00
Seguros	1.200,00	1.200,00	1.200,00	1.200,00	1.200,00
Materiais auxiliares	360,00	360,00	360,00	360,00	360,00
Materiais de limpeza	600,00	600,00	600,00	600,00	600,00
Aluguel	---	---	6.000,00	6.000,00	6.000,00
Leasing de equipamentos	---	---	---	---	---
Combustíveis	1.920,00	1.920,00	1.920,00	1.920,00	1.920,00
Material de escritório	1.200,00	1.200,00	1.200,00	1.200,00	1.200,00
Telefone, fax e taxas postais	1.800,00	1.800,00	1.800,00	1.800,00	1.800,00
Brindes e propagandas	3.600,00	3.600,00	3.600,00	3.600,00	3.600,00
Associação e sindicato patronal	---	---	---	---	---
Despesas de viagem	2.400,00	2.400,00	2.400,00	2.400,00	2.400,00
Taxas e impostos fixos	300,00	300,00	300,00	300,00	300,00
Depreciação de equipamentos	4.000,00	4.000,00	4.000,00	4.000,00	4.000,00
Outras despesas fixas	3.600,00	3.600,00	3.600,00	3.600,00	3.600,00
Total da mão de obra indireta	16.733,33	23.633,33	36.433,28	43.333,28	43.333,28
Total dos custos fixos	39.753,33	46.653,33	65.933,28	72.833,28	72.833,28

Impostos e contribuições

Descrição	Alíquotas	2002	2003	2004	2005	2006
IPI	10%	---	---	---	---	---
ICMS	18%	---	---	---	---	---
PIS	0,65%	435,43	555,68	672,36	767,59	781,56
Cofins	3%	2.009,70	2.564,70	3.103,22	3.542,70	3.607,20
Simples	Variável	---	---	---	---	---
irpj	15%					
Adicional do IRPJ	10%					
CSL	9%					
IRF	1,5%	1.004,85	1.282,35	1.551,61	1.771,35	1.803,60
ISS	2%	1.339,80	1.709,80	2.068,81	2.361,80	2.404,80
Total dos impostos		4.789,79	6.112,54	7.396,00	8.443,44	8.597,17

Demonstrativo de resultados

Discriminação	2002	2003	2004	2005	2006
1. Receita bruta de vendas	66.990,12	85.490,12	103.440,65	118.090,12	120.240,12
2. (-) Deduções	4.789,79	6.112,54	7.396,00	8.443,44	8.597,17
3. Receita líquida de vendas	62.200,33	79.377,58	96.044,65	109.646,68	111.642,95
4. (-) Custo dos produtos vendidos	17.904,00	21.886,50	26.543,00	34.320,50	34.398,00
5. Margem de contribuição	44.296,33	57.491,08	69.501,65	75.326,18	77.244,95
6. (-) Despesas operacionais	39.753,33	46.653,33	65.933,28	72.833,28	72.833,28
6.1. Despesas administrativas	20.933,33	27.833,33	40.633,28	47.533,28	47.533,28
6.2. Despesas de marketing	3.600,00	3.600,00	3.600,00	3.600,00	3.600,00
6.3. Despesas gerais	11.220,00	11.220,00	17.700,00	17.700,00	17.700,00
6.4. Depreciação	4.000,00	4.000,00	4.000,00	4.000,00	4.000,00
7. Resultado operacional	4.543,00	6.837,75	3.568,37	2.492,90	4.411,67
8. Receitas financeiras	---	---	---	---	---
9. (-) Juros de financiamento	---	---	---	---	---
10. Resultado antes do IR	4.543,00	10.837,75	3.568,37	2.492,90	4.411,67
11. (-) IR alíquota - 15%	681,45	1.625,66	535,25	373,94	661,75
12. Lucro líquido	3.861,55	9.212,09	3.033,12	2.118,96	3.749,92

Fluxo de caixa

Descrição	2002	2003	2004	2005	2006
1. Investimento inicial	5.000,00	---	---	---	---
2. Saldo de caixa inicial	---	7.861,55	21.073,64	28.106,76	34.225,72
3. Total de entradas	66.990,12	85.490,12	103.440,65	118.090,12	120.240,12
3.1. Receitas de vendas	66.990,12	85.490,12	103.440,65	118.090,12	120.240,12
3.2. Receitas financeiras	---	---	---	---	---
3.3. Empréstimos	---	---	---	---	---
3.4. Outras receitas	---	---	---	---	---
4. Total de saídas	63.128,57	76.278,03	100.407,53	115.971,16	116.490,20
4.1. (-) Despesas com produção	3.540,00	4.102,50	4.655,00	5.592,50	5.670,00
4.2. (-) Despesas com pessoal administrativo	9.833,33	9.833,33	15.733,28	15.733,28	15.733,28
4.3. (-) Despesas com autônomos	14.364,00	17.784,00	21.888,00	28.728,00	28.728,00
4.4. (-) Despesas com diretoria	6.900,00	13.800,00	20.700,00	27.600,00	27.600,00
4.5. (-) Despesas com V&M	3.600,00	3.600,00	3.600,00	3.600,00	3.600,00
4.6. (-) Despesas gerais	13.320,00	13.320,00	19.800,00	19.800,00	19.800,00
4.7. (-) Manutenção e conservação	600,00	600,00	600,00	600,00	600,00
4.8. (-) Seguros	1.200,00	1.200,00	1.200,00	1.200,00	1.200,00
4.9. (-) Impostos	5.089,79	6.412,54	7.696,00	8.743,44	8.897,17
4.10. (-) Ampliações futuras	---	---	---	---	---
4.11. (-) Provisão para IR	681,45	1.625,66	535,25	373,94	661,75
4.12. (-) Despesas financeiras	---	---	---	---	---
4.13. (-) Depreciações (não desembolsável)	4.000,00	4.000,00	4.000,00	4.000,00	4.000,00
5. Saldo no período	3.861,55	17.073,64	24.106,76	30.225,72	37.975,64
6. (-) Reserva de capital	---	---	---	---	---
7. (+) Depreciação	4.000,00	4.000,00	4.000,00	4.000,00	4.000,00
8. Fluxo líquido de caixa	7.861,55	21.073,64	28.106,76	34.225,72	41.975,64

Balanço patrimonial

Exercício findo em:	2002	2003	2004	2005	2006
1. ATIVO					
1.1. Ativo circulante					
1.1.1. Caixas e bancos	8.000,00	21.000,00	28.000,00	34.000,00	42.000,00
1.1.2. Duplicatas a receber	6.582,00	7.120,00	8.620,00	9.840,00	10.020,00
1.1.3. Estoques	---	---	---	---	---
Total do ativo circulante	14.582,00	28.120,00	36.620,00	43.840,00	52.020,00
1.2. Realizável a longo prazo					
1.2.1. Ações de outras empresas	---	---	---	---	---
1.2.2. Aplicações de longo prazo	---	---	---	---	---
Total do realizável a longo prazo	---	---	---	---	---
1.3. Ativo permanente					
1.3.1. Imobilizado	20.000,00	20.000,00	20.000,00	20.000,00	20.000,00
1.3.2. (-) Depreciação acumulada	(4.000,00)	(8.000,00)	(12.000,00)	(16.000,00)	(20.000,00)
1.3.3. Diferido	3.000,00	3.000,00	3.000,00	3.000,00	3.000,00
Total do ativo permanente	19.000,00	15.000,00	11.000,00	7.000,00	3.000,00
ATIVO TOTAL	**33.585,00**	**43.120,00**	**47.620,00**	**50.840,00**	**55.020,00**
2. PASSIVO					
2.1. Passivo circulante					
2.1.1. Salários e encargos a pagar	1.394,00	1.969,00	3.036,00	3.611,00	3.611,00
	399,00	509,00	616,00	703,00	716,00
2.1.2. Impostos e contribuições	7.930,45	11.429,91	20.934,88	24.407,04	26.943,08
2.1.3. Fornecedores	---	---	---	---	---
2.1.4. Bancos e financeiras	---	---	---	---	---
2.1.5. Outros					
Total do passivo circulante	9.723,45	13.907,91	24.586,88	28.721,04	31.270,08
2.2. Exigível a longo prazo					
2.2.1. Financiamentos	---	---	---	---	---
2.2.2. Empréstimos	---	---	---	---	---
Total do exigível a longo prazo	---	---	---	---	---
2.3. Patrimônio líquido					
2.3.1. Capital social	20.000,00	20.000,00	20.000,00	20.000,00	20.000,00
2.3.2. Lucros/prejuízos acumulados	3.861,55	9.212,09	3.033,12	2.118,96	3.749,92
Total do patrimônio líquido	23.861,55	29.212,09	23.033,12	22.118,96	23.749,92
PASSIVO TOTAL	**33.585,00**	**43.120,00**	**47.620,00**	**50.840,00**	**55.020,00**

Anexo 12

Plano de Negócios para uma Instituição sem Fins Lucrativos

NÚCLEO DE DESENVOLVIMENTO EMPRESARIAL

INCUBADORA DE ITU

Praça Gaspar Ricardo, 50 – Bairro da Liberdade

CEP: 13301-009 – Itu – SP

Tel: (11) 4022-6776

Plano de Negócios

Elaborado por Luiz Arnaldo Biagio

N. 001/Edição 02

ITU/2008

Índice

Sumário executivo 000

1 Descrição do empreendimento **000**
1.1 Histórico 000
1.2 Definição do negócio 000
1.3 Missão 000
1.4 Visão 000
1.5 Instituições de apoio 000
   1.5.1 Associação Comercial e Industrial de Itu (ACII) 000
   1.5.2 Prefeitura da Estância Turística de Itu 000
   1.5.3 Serviço Brasileiro de Apoio às Micro e Pequenas Empresas
   de São Paulo (Sebrae-SP) 000
1.6 Análise estratégica 000
   1.6.1 Cenário macroeconômico 000
   1.6.2 Perfil econômico da região 000
   1.6.3 Instituições geradoras de tecnologia e/ou empreendedorismo 000
1.7 Matriz SWOT 000
   1.7.1 Análise do ambiente externo 000
   1.7.2 Análise do ambiente interno 000
   1.7.3 Fatores críticos de sucesso 000
1.8 Objetivos e metas 000
   1.8.1 Objetivos específicos 000
   1.8.2 Metas 000
1.9 Estrutura legal 000
1.1.0 Estrutura organizacional 000

1.1.1 Manutenção de registros 000
1.1.2 Seguro 000
1.1.3 Segurança 000

2 Serviços **000**
2.1 Descrição 000
2.2 Espaço físico e instalações 000
2.3 Equipamentos e materiais permanentes 000
2.4 Fluxo do processo e seleção 000

3 Mercado **000**
3.1 Análise do mercado consumidor 000
3.2 Análise da concorrência 000

4 Plano de *marketing* **000**
4.1 Produtos 000
4.2 Preços 000
   4.2.1 Incubadora de empresas 000
   4.2.2 Programas de capacitação de empreendedores e gestão de negócios ... 000
   4.2.3 Consultorias pontuais 000
4.3 Canais de distribuição 000
4.4 Propaganda e promoção 000

5 Plano financeiro **000**
5.1 Custos e despesas (período de janeiro a dezembro de 2009) 000
5.2 Fluxo de caixa 000
5.3 Análise do plano de negócios da Incubadora de Itu 000

Sumário executivo

Núcleo de desenvolvimento empresarial – INCUBADORA DE ITU

O Núcleo de Desenvolvimento Empresarial de Itu é uma incubadora de empreendimentos orientada para o desenvolvimento local e setorial, fundada em 1991. O empreendimento pretende ser considerado um centro de referência nacional na formação do pensamento empreendedor e no desenvolvimento de micro e pequenas empresas dotadas de postura ética na comercialização dos produtos e no respeito ao meio ambiente, capazes de aceitar os desafios tecnológicos e ter no homem e na sua qualidade de vida a fonte de crescimento. Para tanto, sua missão é transformar ideias em riquezas por meio da gestão do conhecimento nos ambientes empreendedores.

A fim de cumpri-la, o Núcleo de Desenvolvimento Empresarial – Incubadora de Itu – graduou, nesses 16 anos de existência, 49 empresas, além de outras 10 que estão em fase de desenvolvimento, gerando ao todo 342 postos de trabalho na região. O empreendimento está localizado na Praça Gaspar Ricardo, nº 50, Bairro da Liberdade, na Estância Turística de Itu/SP, e é gerenciado pela Associação Comercial e Industrial de Itu (ACII), em parceria com o Sebrae-SP e a Prefeitura Municipal da Estância Turística de Itu.

Com o objetivo de difundir a cultura empreendedora na região e aumentar o intercâmbio do comércio regional – fortalecendo a área comercial das empresas residentes –, o empreendimento busca ampliar sua capacidade de atendimento, com a implementação de novos programas e, com o aumento da oferta de serviços, acrescentar módulos para incubação de novas empresas. Para isso, espera encontrar investimentos junto aos parceiros.

O planejamento de *marketing* indica que existe demanda na região, e o planejamento financeiro sinaliza que uma ampliação dos serviços prestados pela Incubadora levará o projeto à autossuficiência financeira.

1. Descrição do empreendimento

1.1 Histórico

O Núcleo de Desenvolvimento Empresarial de Itu foi criado pela Lei Municipal nº 3.230, de 21/1/1991, que autoriza o Executivo a celebrar contrato de comodato com o Centro das Indústrias do Estado de São Paulo (Ciesp), visando à instalação de Incubadora – Projeto Cidade de Itu.

Desde o início, o projeto ocupou um prédio situado à Praça Gaspar Ricardo, nº 50, Bairro da Liberdade, de propriedade da Prefeitura da Estância Turística de Itu, que detém a imissão de posse por desapropriação à Ferrovia Paulista S/A (Fepasa). Em tempos remotos, essa construção foi utilizada como armazém da extinta Ferrovia Sorocabana S/A.

Em um primeiro momento, 3 entidades compunham a gestão do projeto: a Prefeitura da Estância Turística de Itu, o Ciesp e a Fundação Armando Álvares Penteado (FAAP). Depois de algum tempo, a FAAP e o Centro das Indústrias do Estado de São Paulo afastaram-se do projeto, que passou a ser gerenciado pelo Departamento de Desenvolvimento da Micro e Pequena Indústria (Desempi), da Federação das Indústrias do Estado de São Paulo (Fiesp).

No ano de 1995, a Fiesp passou a integrar a Associação Nacional das Entidades Promotoras de Empreendimentos de Tecnologias Avançadas (Anprotec) e a Incubadora de Itu passou a receber o apoio do Serviço Brasileiro de Apoio às Micro e Pequenas Empresas do Estado de São Paulo (Sebrae-SP).

Em 2000, foi implantado o sistema de acompanhamento mensal das incubadoras, cujo modelo está sendo usado pelo Sebrae para acompanhar aquelas que não integram o Programa Fiesp. Além disso, em 2000, foi desenvolvido, sob orientação da equipe gestora do mesmo programa, um *software* para gerenciamento de empresas instaladas, que despertou o interesse do Sebrae Nacional para utilização em pequenas empresas, instaladas ou não nas incubadoras brasileiras.

No ano de 2003, a Incubadora de Itu visava novos aportes financeiros para as atividades desenvolvidas, quando foi contemplada com o Edital 2/2003 do Sebrae Nacional, o que agregou maior visibilidade ao projeto, aumentando a demanda, atraindo novos empreendedores e possibilitando maior apoio às empresas instaladas no projeto.

As empresas graduadas pelo Núcleo de Desenvolvimento Empresarial de Itu foram objeto de publicações em bibliografias especializadas, com destaque para a Mogfer Ferramentaria Ltda., a TSA Tecnologia em Sistemas Automotivos Ltda., a Silbran Isolamentos Industriais Ltda. e a Trafolux Eletroeletrônica Ltda. Além disso, a Incubadora de Itu já foi estudo de caso para uma dissertação de mestrado, defendida na Unicamp, em 2001.

Em 2006, foi criado o Conselho Orientativo, formado por um representante da Prefeitura Municipal de Itu (no caso, o secretário de Desenvolvimento Industrial), um representante do Sebrae-SP (o gerente do Escritório Regional de Sorocaba), um representante da Fiesp (o diretor do Departamento de Ação Regional – Depar) e o Coordenador da Incubadora. Esse conselho promove as articulações necessárias ao projeto e dá aval às ações rotineiras do gerenciamento.

Até outubro de 2007, 3 entidades compunham a gestão do projeto: a Prefeitura da Estância Turística de Itu, a Fiesp e o Sebrae-SP. O gerenciamento da Incubadora era realizado diariamente pela Fiesp, por meio do Departamento da Micro e Pequena Indústria (Dempi).

A partir de novembro do mesmo ano, a Incubadora de Itu trocou de entidade gestora, substituindo a Fiesp pela Fundação Parque de Alta Tecnologia de São Carlos (Parqtec) – um passo importante para se aproximar mais das necessidades dos empreendedores locais e oferecer melhor apoio tecnológico às empresas residentes, além de agregar inovação e tecnologia de ponta nos processos e nos produtos dessas empresas.

No fim de 2008, tendo o Parqtec concluído a fase de transição, permitiu, por solicitação da Prefeitura da Estância Turística de Itu, que uma entidade local assumisse a gestão da Incubadora, o que iria proporcionar maior identificação com os empresários locais. A Associação Comercial e Industrial de Itu foi escolhida para os desafios dessa nova etapa.

Nessa época, foram graduadas duas empresas: a Mazzucco Serviços de Impressão Ltda. e a Luna Injeção Plástica Ltda.

Durante o ano de 2008, graças a um rearranjo do *layout*, o empreendimento aumentou sua capacidade de incubação para 12 empresas. Ainda nesse ano, a categoria empresa assistida foi criada, contemplando 6 empresas que não estavam instaladas fisicamente na Incubadora, mas que também seriam beneficiadas pelos serviços de capacitação gerencial oferecidos aos empresários.

1.2 Definição do negócio

O Núcleo de Desenvolvimento Empresarial de Itu é uma Incubadora de Empresas, fundada em 18/01/1991, que opera por meio de uma parceria entre a Associação Comercial e Industrial de Itu (ACII), o Serviço Brasileiro de Apoio às Micro e Pequenas Empresas do Estado de São Paulo (Sebrae-SP) e a Prefeitura da Estância Turística de Itu, com o objetivo de fomentar e sustentar o crescimento de micro e pequenas empresas na região do Vale do Médio Tietê. Nesses 16 anos de existência, a Incubadora já graduou 53 empresas e possui outras 12 em estágio de desenvolvimento, o que pode ser visto como um resultado expressivo, uma vez que, segundo o Sebrae, o índice de mortalidade das pequenas empresas no primeiro ano de existência atinge 65%, ao passo que, para as integrantes do projeto, esse índice cai para apenas 5%, diferença atribuída ao serviço de assessoria técnico-administrativa oferecida pelas entidades de suporte do projeto.

O Núcleo de Desenvolvimento Empresarial de Itu é uma incubadora de empreendimentos que estejam orientados para o desenvolvimento local e setorial, isto é, compreende empresas de qualquer ramo de atividade industrial, desde que atendam aos requisitos da municipalidade, no que se refere à expedição de gases poluentes, aos níveis de ruído e às necessidades de desenvolvimento local e setorial. Atualmente, a Incubadora conta com 12 empresas instaladas, sendo 2 na área de ferramentaria, 1 na de alimentação, 1 na de instrumentação eletrônica, 1 na de injeção de termoplásticos, 1 na de soldas especiais, 1 na de usinagem e outra na de CNC, 1 no ramo de materiais odontológicos, 1 na área de suprimentos para informática, 1 na de projetos técnicos e a última na de selos mecânicos.

Dentro de um processo de ampliação de atividades, a Incubadora possui ainda 6 empresas não residentes apoiadas, isto é, que participam dos programas oferecidos pela Incubadora, mas não estão fisicamente instaladas nela. A partir de 2009, esse número foi ampliado para 12 empresas.

O potencial empreendedor do município sempre responde rapidamente à oferta de módulos do projeto, que atualmente conta com 3 empresas em fase de preparação do plano de negócios para, em um breve futuro, ocuparem a posição de empresas residentes. As atuais empresas instaladas na Incubadora de Itu são:

1. Cláudio Moraes Arruda Ferramentaria – ME: a empresa ocupa o Box 4 da Incubadora e atua com a denominação fantasia de Precifer Precisão em Ferramentas na fabricação de moldes e matrizes para injeção de termoplásticos e estamparia de chapas metálicas. CNPJ 06.914.877/0001-74, de propriedade do Sr. Cláudio Moraes Arruda.
2. Julio Vaz de Lima Itu – ME: a empresa ocupa o Box 1 e atua na fabricação de produtos em termoplásticos injetados. CNPJ 62.661.541/0001-18, de propriedade do Sr. Julio Vaz de Lima.
3. I.T. Instrumentos de Medição e Controle Ltda. – ME: a empresa ocupa o Box 10 e atua sob denominação fantasia de Inotech Instrumentos de Medição, na fabricação de instrumentos de medida, teste e controle de análises físicas. CNPJ 08.054.040/0001-28, de propriedade da Sra. Lidiane da Costa Borges Eller e do Sr. Daniel Ângelo de Sá Eller.
4. Corelux Equipamentos Eletrônicos Ltda. – ME: a empresa está em fase de registro junto à Anvisa. Está instalada no Box 7 e atuará na fabricação de equipamentos eletroeletrônicos para fins odontológicos. CNPJ 07.003.404/0001-88, de propriedade dos Srs. Arnaldo Adam Wahl e Edson Henrique Klabunde.

5. Embraseal Representações e Soluções Técnicas Ltda. – EPP: a empresa está instalada no Box 9 e atua no desenvolvimento de projetos e fabricação de selos mecânicos. CNPJ 04.726.249/0001-30, de propriedade da Sra. Beatrice Busiaux Pisanelli e do Sr. Bruno Busiaux Pisanelli.
6. Edson Antonio Gavioli Itu – ME: a empresa está instalada no Box 8 e atua na fabricação de peças mecânicas usinadas em geral. CNPJ 62.687.801/0001-24, de propriedade do Sr. Edson Antonio Gavioli.
7. Chfer Indústria Mecânica Ltda.: a empresa está instalada no Box 3 e atua na prestação de serviços em tornos e centros de usinagem CNC. CNPJ 04.927.211/0001-25, de propriedade do Sr. Marcelo Crucello e da Sra. Fernanda Santinon Crucello.
8. Maria Aparecida de Oliveira Informática – ME: a empresa está instalada no Box 11 e atua na fabricação de equipamentos para a recarga de cartuchos de tinta para impressoras, utilizando a denominação fantasia de Tele Print. CNPJ 058.308.899/0001-93, de propriedade da Sra. Maria Aparecida de Oliveira e do Sr. Ivanir Purificação.
9. Fregonese & Oliveira Ltda. – ME: a empresa está instalada no Box 2 e atua na prestação de serviços de soldas especiais. CNPJ 03.201.412/0001-86, de propriedade do Sr. Jefferson Fregonese.
10. Sandra Aparecida Varolli Pitarello – ME: a empresa está instalada no Box 12 e atua na fabricação de produtos alimentícios, especialmente conformados de chocolate, sob denominação fantasia de Doce Mídia. CNPJ 66.028.242/0001-00, de propriedade da Sra. Sandra Aparecida Varolli Pitarello.
11. Equipe Ferramentaria e Usinagem Ltda. – ME: a empresa está em fase de instalação no Box 5 e atuará na fabricação de moldes para injeção plástica e estampos para chapas metálicas. CNPJ em andamento, de propriedade dos Srs. Alexandre Sabino Martins, Edison Pitarello, Enio Canovas e Geraldo Padovani.
12. Box 6 (vago).

Atualmente, as empresas não residentes apoiadas pela Incubadora de Itu são:

1. Alfa-Itu Indústria Metalúrgica Ltda. – ME: a empresa está instalada na Rua B, nº 76, Jardim das Indústrias, Itu/SP, e atua na fabricação de peças em chapas metálicas pelo processo de estamparia leve. CNPJ 56.426.810/0001-69, de propriedade do Sr. Valter Roberto Rizzi e Sra. Marilene Zeratin.
2. Marcos Roberto de Oliveira Itu – EPP: a empresa está instalada na Rua Inácio Rodrigues D'Ávila, nº 16-A, Jardim Padre Bento, Itu/SP, e atua na fabricação de peças plásticas pelo processo de injeção. CNPJ 05.371.029/0001-01, de propriedade do Sr. Marcos Roberto de Oliveira.
3. Metaltec-Itu Ferramentaria Ltda.: a empresa está instalada na Rua Inácio Rodrigues D'Ávila, nº 16-B, Jardim Padre Bento, Itu/SP, e atua na área de ferramentaria. CNPJ

02.303.413/0001-70, de propriedade dos Srs. Genivaldo dos Santos Bastos e Antonio Ortega Júnior.
4. Silbran Isolamentos Industriais Ltda.: a empresa está instalada na Rua Prof. Mario Macedo, nº 28, Vila Prudente de Moraes, Itu/SP, e atua na área de fabricação de mantas para isolamento industrial para caldeiras e turbinas. CNPJ 01.085.899/0001-55, de propriedade do Sr. Valdemir Silveira.
5. Ecolav Indústria e Comércio Ltda.: a empresa está instalada na Av. Caetano Ruggieri, nº 5281, Parque das Indústrias, Itu/SP, e atua na fabricação de sistemas para economia de energia elétrica. CNPJ 07.703.581/0001-77, de propriedade do Sr. Agnaldo de Oliveira e Sra. Florinda Iraídes Belon da Silva.
6. Vaga.

A curto prazo, a manutenção das instalações prediais é condição básica para o desenvolvimento das atividades com mínima qualidade e, para tanto, está em andamento um projeto de construção de novas instalações na Incubadora, patrocinado pela Prefeitura da Estância Turística de Itu, que visa a melhorar e ampliar a capacidade de incubação para 20 empresas residentes e 20 empresas apoiadas (ou não residentes), além de auditório, refeitório e instalações para o posto de atendimento do Sebrae.

A médio prazo, um programa de ampliação das atividades da Incubadora se faz necessário e, dentro desse, a implementação dos projetos Empreendedor do Futuro e Mandala, e dos programas Itudesign, Ituiso, Inovaitu e Ituexport. Ainda dentro do projeto das novas instalações, com a ampliação da capacidade de incubação, está inclusa a pré-incubação – uma atividade preparatória para que uma empresa possa, no futuro, ocupar um espaço dentro da Incubadora.

1.3 Missão

Transformar ideias em riquezas por meio da gestão do conhecimento nos ambientes empreendedores.

1.4 Visão

Ser considerada um centro de referência nacional na formação do pensamento empreendedor e no desenvolvimento de micro e pequenas empresas dotadas de postura ética na comercialização de produtos e no respeito ao meio ambiente, capazes de aceitar os desafios tecnológicos e ter no homem, e na sua qualidade de vida, a fonte de crescimento.

1.5 Instituições de apoio

1.5.1 Associação Comercial e Industrial de Itu (ACII)

A Associação Comercial e Industrial de Itu (ACII) é uma entidade de direito privado, sem fins lucrativos, fundada em 2/8/1957, por um grupo de empresários de Itu, composta por industriais, comerciantes e profissionais liberais, com o intuito de formar uma entidade representativa dos setores citados, lutando por seus direitos e pelo progresso e desenvolvimento desse município. Baseada no princípio associativo, ela busca constantemente aperfeiçoar e atualizar as regras da livre concorrência e da defesa dos interesses de seus associados, abrindo espaço para a participação de todos os empresários com base no desenvolvimento próprio ou por parcerias, oferecendo aos seus associados vários serviços de suporte, fundamentais para a realização de negócios.

Sempre acompanhou com interesse os trabalhos desenvolvidos no Núcleo de Desenvolvimento Empresarial – Incubadora de Itu, onde já apoiou, com recursos econômicos, eventos realizados pela Fiesp (antiga gestora da Incubadora), especialmente o Encontro de Gerentes de Incubadoras do Estado de São Paulo, realizado em Itu, em julho de 2004, e o Programa Brasil-Empreendedor.

A ACII também mantém parceria com o Sebrae-SP, realizando ações pertinentes ao escritório regional-Sorocaba, por intermédio do Posto de Atendimento de Itu.

1.5.2 Prefeitura da Estância Turística de Itu

Apesar da vocação histórica de Itu voltada para o turismo, a Prefeitura da Estância Turística de Itu, por meio da Secretaria de Desenvolvimento Industrial, apoia a Incubadora com alocação de recursos econômicos, cessão do prédio em comodato, oferta de serviço de vigilância realizado pela Guarda Municipal, além do serviço de copa/limpeza das áreas comuns.

A Prefeitura da Estância Turística de Itu apoia o empreendimento desde a sua criação em janeiro de 1991.

1.5.3 Serviço Brasileiro de Apoio às Micro e Pequenas Empresas de São Paulo (Sebrae-SP)

A partir de 1998, o Sebrae-SP estabeleceu um canal permanente de contato com o Núcleo de Desenvolvimento Empresarial de Itu, principalmente após a realização do I Encontro de Gerentes de Incubadoras do Estado de São Paulo, realizado na cidade de São Carlos, durante os dias 17 e 18 de fevereiro de 1998. Tal apoio se solidificou ainda mais na última reestruturação da entidade, que aproximou os gerentes das agências regionais às incubadoras.

O Sebrae-SP apoia o projeto, alocando recursos financeiros, tanto para a infra-estrutura básica de operação quanto para programas de capacitação das pessoas que compõem o *staff* da Incubadora, ou ainda para os empresários e seus colaboradores.

1.6 Análise estratégica

1.6.1 Cenário macroeconômico

Segundo dados da Associação Nacional de Entidades Promotoras de Empreendimentos Inovadores (Anprotec), existem no Brasil, atualmente, em torno de 300 incubadoras em operação; destas, 78 estão localizadas no Estado de São Paulo, operando nos mesmos moldes da Incubadora de Itu. Ainda segundo a entidade, "o termo Incubadora de Empresas designa empreendimentos que ofereçam espaço físico, por tempo limitado, para a instalação de empresas de base tecnológica e/ou tradicional, e que disponham de uma equipe técnica para dar suporte e consultoria a estas empresas".

Essa mesma pesquisa aponta ainda que, do total de incubadoras brasileiras, 18% são chamadas mistas, 52% atuam na área multissetorial e 47% têm capacidade para abrigar até 10 empresas.

Por outro lado, em recente pesquisa elaborada pelo Sebrae/Fipe, intitulada Estudo da Mortalidade das Empresas Paulistas, concluiu-se que, das empresas abertas no estado de São Paulo, 43% deixaram de existir ou trocaram de atividade durante o primeiro ano, percentual que aumenta para 54% e 63% no segundo e terceiro anos, respectivamente. Dentro de uma Incubadora, esse índice de "mortalidade infantil" das empresas gira em torno de 15%.

Normalmente, o setor de base tecnológica tem sido o mais rico em oportunidades para as incubadoras, sendo que 59% das brasileiras possuem tal finalidade. Contudo, as iniciativas culturais vêm ganhando força, principalmente em função de investimentos estrangeiros no setor, além das incubadoras mistas, com a função clara de gerar empregos e renda e, assim, conquistar dividendos políticos e econômicos para as entidades participantes, uma vez que o desemprego é uma preocupação unânime dos brasileiros.

1.6.2 Perfil econômico da região

Itu possui um parque industrial efetivo, em função da localização geográfica, já que está situada no centro de um quadrado formado pelas cidades de Campinas, Sorocaba, Jundiaí e Piracicaba, a apenas 92 km de distância da capital, e servida por modernas rodovias.

A indústria de transformação é o principal ramo da atividade econômica do município, sendo bastante diversificado, com 20 setores representados; porém, apresenta uma tendência acentuada de queda de oferta de emprego (-14% entre 1995 e 1997) e do número de estabelecimentos (-4,5% entre 1995 e 1997).

No município, a indústria concentra-se em 7 setores: produtos alimentícios e bebidas; minerais não metálicos; fabricação de produtos de metal; máquinas e equipamentos; fabricação e montagem de veículos automotores, reboques e carrocerias; fabricação de materiais eletrônicos, aparelhos e equipamentos de comunicação; artigos de borracha e plástico. Em 1997, esses setores representavam 83% do emprego formal setorial e 61% dos estabelecimentos industriais.

O comércio, por sua vez, apresentou aumento de 5% no número de estabelecimentos entre 1995 e 1997, e também na oferta de emprego formal em 1996; porém, em 1997, apresentou queda (-3%). Os setores comerciais mais dinâmicos, quanto ao emprego, foram o varejista e o comércio de reparação de veículos.

O setor de serviços, bem diversificado no município, contava em 1997 com 18 subsetores e apresentou crescimento do emprego formal (12% entre 1995 e 1997), bem como no número de estabelecimentos (10% no mesmo período). Destacavam-se no setor 7 subsetores mais importantes: serviços prestados às empresas; saúde e serviços sociais; transporte terrestre; alojamento e alimentação; educação; atividades associativas; atividades auxiliares de intermediação financeira, como de seguros e de previdência privada. Essas empresas eram responsáveis por 85% dos estabelecimentos e 90% do emprego setorial em 1997.

A análise da atividade econômica em seus 3 setores básicos, vista pela estrutura de tamanho, aponta a existência de grandes e médias empresas industriais no município, nos setores de produtos alimentícios e bebidas; artigos de borracha e plástico; materiais eletrônicos, aparelhos e equipamentos de comunicação; edição, impressão e reprodução de gravações; minerais não metálicos; metalurgia básica; produtos metálicos, como máquinas e equipamentos; fabricação e montagem de máquinas e equipamentos; fabricação de máquinas, aparelhos e material elétrico; material eletrônico; fabricação e montagem de veículos automotores, reboques e carrocerias; móveis e indústrias diversas. As pequenas empresas industriais estavam presentes em todos os setores da indústria e representavam, em 1997, cerca de 93% dos estabelecimentos e 44,5% das pessoas ocupadas no setor industrial.

O comércio da cidade, por outro lado, era constituído praticamente por pequenas empresas, que eram responsáveis por 99,8% dos estabelecimentos e 95% do pessoal ocupado em 1997. Atualmente, o município conta com 1 hipermercado e 1 shopping center.

O setor de serviços de Itu possui uma grande empresa na área de saúde e serviços sociais, que ocupa 10,3% do pessoal; médias empresas nos subsetores de serviços prestados às empresas, educação, atividades imobiliárias, atividades associativas, alojamento e alimentação, e transporte terrestre; pequenas empresas em 18 dos 19 setores, que eram responsáveis, em 1997, por 98,5% dos estabelecimentos da área de serviços e por 64% das pessoas ocupadas. Cabe destacar, também, o segmento de serviços prestados às empresas, resultado claro do recente processo de reestruturação e terceirização dos grandes e médios empreendimentos.

Recentemente, em pesquisa realizada pela Federação das Indústrias do Estado do Rio de Janeiro (Firjan) quanto à medida do Índice de Desenvolvimento Humano (IDH), a cidade de Itu ficou classificada em 40º dentre os municípios brasileiros.

1.6.3 Instituições geradoras de tecnologia e/ou empreendedorismo

A cidade conta ainda com o Centro Universitário Nossa Senhora do Patrocínio, que oferece formação acadêmica de nível superior para todas as cidades do chamado Vale do Médio Tietê, com cursos nas áreas de engenharia, administração, ciências contábeis e pedagogia. Deve-se ressaltar também a Faculdade Prudente de Moraes, uma instituição isolada, tida como um centro de referência na formação de administradores de empresas, publicitários, jornalistas e tecnólogos em sistemas da informação, notadamente reconhecidos nas últimas avaliações do MEC. Cabe ainda destacar o MBA da Faculdade Prudente de Moraes na área de administração de empresas, considerado pela *Revista Você* S/A como o melhor curso particular do interior do Estado de São Paulo.

No campo da formação profissional técnica, a cidade dispõe da Escola Senai Ítalo Bolonha, com uma ampla gama de cursos técnicos, equipada com máquinas CNC. Existe ainda a Escola Martinho Di Ciero, administrada pelo Centro Estadual de Educação Paula Souza, que oferece cursos técnicos nas áreas de turismo e agricultura.

1.7 Matriz SWOT

1.7.1 Análise do ambiente externo

Oportunidades identificadas:

1. Falta de cursos de curta duração sobre empreendedorismo na região, pois os cursos oferecidos atualmente não abordam este tema;
2. Não existe disponibilidade de espaço para a instalação de novas empresas com infraestrutura de apoio, suporte técnico-administrativo de parceiros com renome nacional e baixo custo de operação;

3. Dificuldades das micro e pequenas empresas se agruparem para acessar conjuntamente os programas de Certificação ISO 9000, oferecidos por parceiros, como o Sebrae;
4. Inexistência de promoções de rodas de negócios entre os empresários regionais;
5. Inexistência de um órgão integrador de negócios da região.

Ameaças identificadas:

1. Aparecimento de outra incubadora na região, prestando o mesmo tipo de serviço;
2. Instalação de cursos sobre empreendedorismo por outras entidades;
3. Entidades particulares passarem a oferecer os mesmos programas de capacitação, a preços mais convidativos;
4. Outras entidades passarem a realizar as rodas de negócios;
5. Outra entidade iniciar a integração de negócios na região e liderar o processo;
6. Mudanças no direcionamento político das entidades gestoras e parceiras.

1.7.2 Análise do ambiente interno

Pontos fortes do empreendimento:

1. Reputação da incubadora;
2. Qualidade do serviço;
3. Custo do serviço prestado;
4. Orientação empreendedora;
5. Habilidade/dedicação dos empregados.

Pontos fracos do empreendimento:

1. Fluxo de caixa;
2. Qualidade das instalações;
3. Eficácia da promoção;
4. Capacidade limitada de incubação, tanto pelo tamanho quanto pela quantidade de módulos disponíveis, que não atende à demanda local.

1.7.3 Fatores críticos de sucesso

Após o cruzamento de dados da análise ambiental, foram identificados os seguintes fatores, sendo que, na ausência destes, o empreendimento poderá ser comprometido:

1. Potencial empreendedor da região: existe o perigo latente da redução de pessoas com características empreendedoras na região, o que reduziria a procura pelos serviços prestados pela Incubadora, diminuindo a vitalidade do empreendimento e a taxa de ocupação.
2. Garantia de sucesso das empresas graduadas: essas empresas são o espelho da qualidade dos serviços prestados pela Incubadora, ou seja, pelos exemplos demonstrados por elas, o número de novos empreendedores que procurarão a Incubadora aumentará ou reduzirá.
3. Qualidade dos serviços prestados: os novos empreendedores devem procurar naturalmente a Incubadora, por acreditarem que ela seja uma referência de qualidade nos serviços prestados, e não somente pelo baixo custo de operacionalização oferecido para as empresas residentes.
4. Apoio das entidades gestoras: a Incubadora não é autossuficiente financeiramente e, para tanto, conta com o apoio das entidades gestoras. Assim, o aumento ou a redução do apoio é um fator decisivo para o sucesso do empreendimento. Normalmente, ambas as situações estão diretamente ligadas ao retorno de imagem que a Incubadora oferece à entidade, assim, será necessário sempre ressaltá-la em seus eventos.
5. Parcerias com institutos de pesquisa: no mundo globalizado, torna-se muito importante para qualquer empresa estar a par das últimas inovações tecnológicas, pois, caso contrário, poderá perder sua força competitiva em pouco tempo. A busca de apoio tecnológico junto aos institutos de pesquisa deverá ser um diferencial do serviço prestado pela Incubadora às empresas residentes.
6. Gestão do conhecimento: a capacidade de atender o empresário com informações consistentes é outro diferencial do serviço prestado pela Incubadora às empresas residentes. Assim, gerenciar um banco de dados com informações pertinentes aos negócios da região deverá ser decisivo para o sucesso da Incubadora.

1.8 Objetivos e metas

1.8.1 Objetivos específicos

1. Promover a formação de um pensamento empreendedor em Itu.
2. Auxiliar no desenvolvimento de novas empresas na cidade.
3. Desenvolver a capacitação tecnológica e empresarial da região.
4. Fomentar a geração de novos postos de trabalho localmente.
5. Integrar o comércio regional.

1.8.2 Metas

1. Promover o empreendedorismo por meio de um programa de treinamento mensal e consultoria contínua às micro e às pequenas empresas. Treinar 50 empreendedores até dezembro de 2010.
2. Desenvolver novas empresas em Itu, fomentando, assim, a geração de novos postos de trabalho. Graduar 3 empresas por ano, a partir de janeiro de 2009.
3. Fomentar a geração de empregos por meio do incentivo ao surgimento de novas empresas. Gerar 10 novos postos de trabalho por ano, a partir de julho de 2009.
4. Promover a capacitação tecnológica e administrativa por meio de um programa de treinamento mensal e pela oferta de serviços de apoio e consultoria às empresas. Treinar 100 pessoas até dezembro de 2010.
5. Integrar as empresas residentes no comércio regional, promovendo palestras e rodas de negócios com as grandes empresas da região. Promover 1 evento por trimestre, a partir de janeiro de 2009.
6. Elaborar e manter um banco de dados com informações sobre as oportunidades de negócio disponíveis na região. Executar pesquisa para a formação do banco de dados até julho de 2010.
7. Estabelecer parceria com uma das faculdades da cidade para integrar os estudantes, como estagiários, na realização da pesquisa que criará um banco de dados das oportunidades de negócios da região até setembro de 2008.
8. Implementar o Projeto Mandala, que consiste inicialmente no atendimento a 5 empresas graduadas, durante 6 meses, e ampliar posteriormente essa oferta para outras empresas da região, graduadas ou não, até dezembro de 2007.
9. Ampliar a capacidade de atendimento da Incubadora para 12 empresas residentes e 12 não residentes, a partir de janeiro de 2009.
10. Implementar o programa Ituiso, com um grupo de pelo menos 10 empresas participando do "Rumo à ISO 9000" do Sebrae, até junho de 2009.
11. Criar uma central de negócios na Incubadora para incrementar as vendas das empresas incubadas ou não residentes até dezembro de 2009
12. Criar um Hotel de Projetos que atenda a 4 projetos de estudantes das escolas conveniadas, até dezembro de 2009.

1.9 Estrutura legal

O Núcleo de Iniciação Empresarial de Itu é um projeto gerenciado pela Associação Comercial e Industrial de Itu (ACII), com o apoio do Sebrae e da Prefeitura Municipal da Estância Turística de Itu, não possui razão social própria, nem registro na Junta Comercial ou civil e, por conseguinte, não tem o cadastro no CNPJ. Sua atividade obedece a um regimento interno e a um termo de adesão devidamente assinados entre a empresa residente e a ACII – uma instituição privada sem fins lucrativos. Todas as atividades comerciais são realizadas pelo cadastramento da ACII.

1.10 Estrutura organizacional

A estrutura organizacional do Núcleo de Desenvolvimento Empresarial de Itu obedece ao organograma representado a seguir:

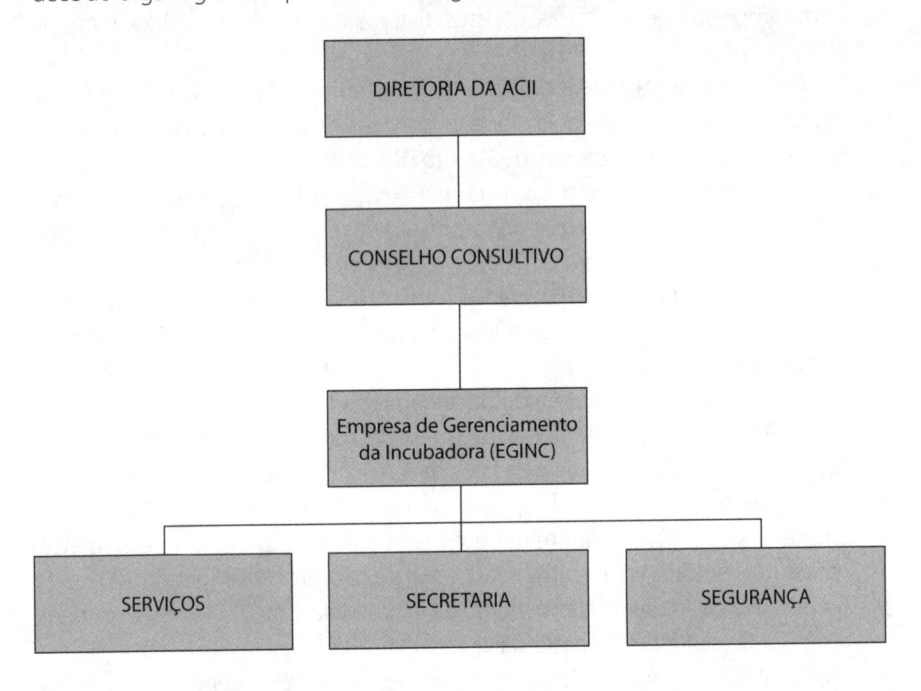

```
                    ┌─────────────────────┐
                    │  DIRETORIA DA ACII  │
                    └──────────┬──────────┘
                               │
                    ┌──────────┴──────────┐
                    │ CONSELHO CONSULTIVO │
                    └──────────┬──────────┘
                               │
                    ┌──────────┴──────────┐
                    │ Empresa de Gerencia-│
                    │ mento da Incubadora │
                    │       (EGINC)       │
                    └──────────┬──────────┘
              ┌────────────────┼────────────────┐
        ┌─────┴─────┐    ┌─────┴─────┐    ┌─────┴─────┐
        │ SERVIÇOS  │    │ SECRETARIA│    │ SEGURANÇA │
        └───────────┘    └───────────┘    └───────────┘
```

A estrutura gerencial da Incubadora é formada por apenas duas pessoas: o gerente, cargo ocupado atualmente pela Sra. Maria Rita Fairbanks Coelho Mendes Biagio, representando a empresa Intellecto Consultoria e Treinamento Ltda., e a secretária/recepcionista, cargo que, atualmente, encontra-se vago, porém deve ser ocupado por um(a) estagiário(a), pelo convênio Intellecto/Ceunsp/Ciee.

As atividades de gerenciamento são efetuadas segundo o Plano de Gerenciamento, sendo seus principais tópicos:

1. Providenciar o cálculo do rateio das despesas comuns para cada empresa da Incubadora;
2. Supervisionar os trabalhos dos funcionários de recepção, limpeza e vigilância;

3. Auxiliar o empresário a preencher os formulários de registro de informações econômico-financeiras e a folha de pesquisa de indicadores de produtividade;
4. Visitar periodicamente as empresas para inteirar-se sobre as necessidades de cada uma e providenciar as soluções cabíveis;
5. Fazer contatos com entidades para auxiliar os empresários na solução de seus problemas;
6. Orientar o empresário sobre a documentação necessária para participar da Incubadora;
7. Orientar e acompanhar os empresários junto às instituições financeiras;
8. Fazer a aproximação entre os empresários e outras empresas;
9. Providenciar para que as empresas façam as avaliações de consultoria, treinamento e coordenação;
10. Providenciar para que sejam cumpridos os prazos de remessa de documentos à ACII (documentos dos empresários, avaliações, pesquisa de indicadores de produtividade, relatórios mensais de consultoria e treinamento, notas fiscais das despesas realizadas, etc.) com a chancela da coordenação, quando devido;
11. Inteirar-se, por meio dos relatórios mensais, sobre as atividades de consultoria e treinamento que estão sendo executadas em cada uma das empresas;
12. Acompanhar o desenvolvimento dos trabalhos de consultoria e treinamento, verificando, junto ao empresário, a aplicabilidade e o cumprimento das ações propostas, conforme descritas nos relatórios mensais de atividades;
13. Chancelar e arquivar na Incubadora os relatórios mensais de atividades de consultoria e treinamento;
14. Manter organizados e atualizados os arquivos da Incubadora;
15. Participar de atividades determinadas pelos parceiros (cursos, palestras, reuniões e seminários);
16. Providenciar a divulgação de informações sobre cursos, palestras, seminários, feiras, exposições e outras atividades de interesse das empresas incubadas;
17. Solicitar, quando necessário, a presença do técnico do Sebrae, via ER-Sorocaba.

1.11 Manutenção de registros

Os registros da evolução das empresas residentes, bem como do desempenho da própria Incubadora, são apresentados na planilha de informação geral e remetidos mensalmente à ACII.

As avaliações e os documentos utilizados na gestão do Núcleo de Desenvolvimento Empresarial de Itu obedecem ao manual de procedimentos.

1.12 Seguro

Foi programada para setembro de 2009 a renovação do plano de seguro das instalações prediais e dos equipamentos pertencentes ao projeto, ficando o seguro dos equipamentos pertencentes às empresas sob responsabilidade de cada uma delas. Caberá à Incubadora a auditoria sobre a situação desses planos de seguro, cuidando para que as empresas se mantenham sempre regularizadas, a fim de evitar quaisquer aborrecimentos futuros.

1.13 Segurança

A segurança está dividida em duas partes: segurança patrimonial e segurança no trabalho. A segurança patrimonial está a cargo da Guarda Municipal da Estância Turística de Itu – a corporação mantém um vigilante de plantão na Incubadora, durante 24 horas por dia, inclusive sábados, domingos e feriados. O vigilante mantém contato permanente, durante seu período de plantão, com o comando da corporação por telefone. A entrada e a saída de pessoas do prédio da Incubadora são controladas pelo serviço de recepção, por meio de um livro de assinaturas e um crachá de identificação.

Desde janeiro de 2009, foi implementado um programa de segurança do trabalho, buscando a conscientização do empresário quanto à necessidade do uso de equipamentos de proteção individual (EPI), sobre as questões de condições inseguras de trabalho, bem como as relativas ao registro dos empregados.

2. Serviços

2.1 Descrição

Atualmente, o Núcleo de Desenvolvimento Empresarial de Itu está capacitado a oferecer toda a infraestrutura básica para o desenvolvimento de uma pequena empresa nos seus primeiros anos de funcionamento. Dentro dessa gama de serviços, destacam-se:

1. Espaço de 45 a 60 m² com disponibilidade de energia elétrica de 50 kW;
2. Estrutura de comunicações dotada de fax, internet de alta velocidade e central telefônica com duas linhas-tronco e 12 ramais;
3. Serviço de recepção;
4. Serviço de segurança;
5. Serviço de copa;
6. Sala de reuniões;

7. Consultoria nas áreas de gerenciamento do negócio (análise de desempenho econômico da empresa, administração de pessoal, organização e apresentação da empresa, orientação para informática e orientação para saída), comercialização de produtos, gestão financeira e de custos (finanças, custos e formação de preço de venda), exportação, jurídica, busca de novas tecnologias e informações técnicas.

Em janeiro de 2009, com a ACII assumindo a gestão, novos produtos foram agregados aos já oferecidos, destacando-se:

1. Cursos de desenvolvimento de empreendedores;
2. Cursos de gestão empresarial;
3. Programa Ituiso, prevendo-se a certificação em grupos de empresas pelas normas ISO 9000, pelo programa de capacitação "Rumo à ISO 9000" do Sebrae;
4. Programa Itudesign, orientando as empresas residentes e apoiadas pela Incubadora sobre a importância do design, como apoio das áreas específicas do Sebrae;
5. Programa Ituexport, motivando as empresas residentes e apoiadas à exportação;
6. Programa Inovaitu, orientando as empresas residentes e apoiadas na utilização dos benefícios da Lei da Inovação;
7. Hotel de Projetos, utilizando ideias empreendedoras de estudantes das faculdades da cidade na geração de *spin-offs*.

É importante salientar que esses novos produtos estarão disponíveis não somente para as empresas incubadas, mas também para toda a comunidade empresarial da região.

A principal vantagem dos produtos e serviços oferecidos pelo Núcleo de Desenvolvimento Empresarial de Itu consiste no custo reduzido e na alta qualidade oferecida. Tal posicionamento é garantido pela parceria com o Sebrae-SP e pela tradição dos bons serviços prestados pela entidade gestora, a ACII.

Atualmente, as empresas participantes do projeto não efetuam nenhum tipo de pagamento pelos serviços prestados, com exceção da taxa de ocupação, cujos valores cobrem os custos do material gasto na limpeza das áreas e do material de escritório de uso comum, das despesas decorrentes da utilização de água e esgoto, do acesso à internet e uso do telefone da Incubadora, etc. O montante mensal é cobrado de cada empresa residente por um sistema de rateio pela área que cada uma ocupa.

Com a ampliação da Incubadora, será possível reestruturar a área administrativa e, consequentemente, implementar a sala de multimeios para treinamento. Um extenso programa de treinamento será implementado, não só para atender às empresas residentes, mas também a todas as empresas da região, principalmente aquelas que já foram graduadas. Os cursos na área de gestão empresarial e de empreendedorismo serão ministrados por consultores do Sebrae ou por contratados para fins específicos pela ACII. Enquanto a ampliação não for efetivada, a Incubadora poderá usar as instalações da Prefeitura Municipal da Estância Turística de Itu ou da própria gestora, a ACII.

2.2 Espaço físico e instalações

A Incubadora está instalada em um galpão de 600 m^2, localizado na Praça Gaspar Ricardo, nº 50, próximo ao centro da cidade. Antigamente, o referido galpão servia de armazém da Estrada de Ferro Sorocabana, tendo sido estrategicamente reformulado, sem perder sua arquitetura histórica. O prédio está dividido em 12 módulos, com dimensões variando entre 45 e 60 m^2 cada, sendo que um desses módulos é ocupado pela recepção e pela administração do projeto. O conjunto ainda é servido por uma copa, duas baterias de banheiros e uma sala de reuniões. A razão da escolha desse prédio deu-se em função da facilidade de acesso, boas condições de segurança e possibilidade de aproveitamento e conservação de um espaço histórico que se encontrava abandonado, após a desativação da linha de trens de passageiros na região. Dentro do requisito estrutura administrativa, as empresas participantes dispõem de serviço de fax, uma central telefônica com duas linhas-tronco e 12 ramais, serviço de bilhetagem de ligações externas, um microcomputador com impressora e acesso à internet, sala de reuniões e serviço de copa.

2.3 Equipamentos e materiais permanentes

A seguir, indica-se a relação de equipamentos, móveis e acessórios utilizados no funcionamento do empreendimento:

Descrição dos equipamentos/acessórios	Quant.
Microcomputador Pentium II – 500 Mhz, com vídeo 17", teclado ABNT, *mouse*, 32 Mb *ram*, *cd-Rom* 56x e 2 caixas acústicas	1
Microcomputador Pentium II – 400 Mhz, com vídeo 14", teclado ABNT, *mouse*, 64 Mb ram, gravador cd-rw	1
Impressora Hp 600 *deskjet*	1
Estabilizador de voltagem	2
Mesa para microcomputador	1
Cadeira giratória tipo secretária	1
Central telefônica com 2 linhas-tronco e 12 ramais – Nutron nt 412	1
Televisor a cores 20" – Mitsubishi	1
Videocassete JVC com quatro cabeças	1
Mesa para reuniões redonda – tampo azul	1
Cadeira comum preta – estofada	12
Escrivaninha com 3 gavetas	1
Escrivaninha com 2 gavetas	1
Arquivo de aço com 4 gavetas	1
Armário de aço com portas preto	1
Aparelho de fax – Milmar 3020	1
Aparelho telefônico	2
Fogão com quatro bocas – Semer mod. Nápoli	1
Refrigerador Cônsul 280 L	1
Bebedouro em aço inox	2
Display em aço com iluminação para exposições	2
Botijão de gás de cozinha 13 kg	2
Software Office Professional 2000	1
Software Windows 98	1
Software VirusScan	1
Software Empresário2 multiusuário	1

2.4 Fluxo do processo e seleção

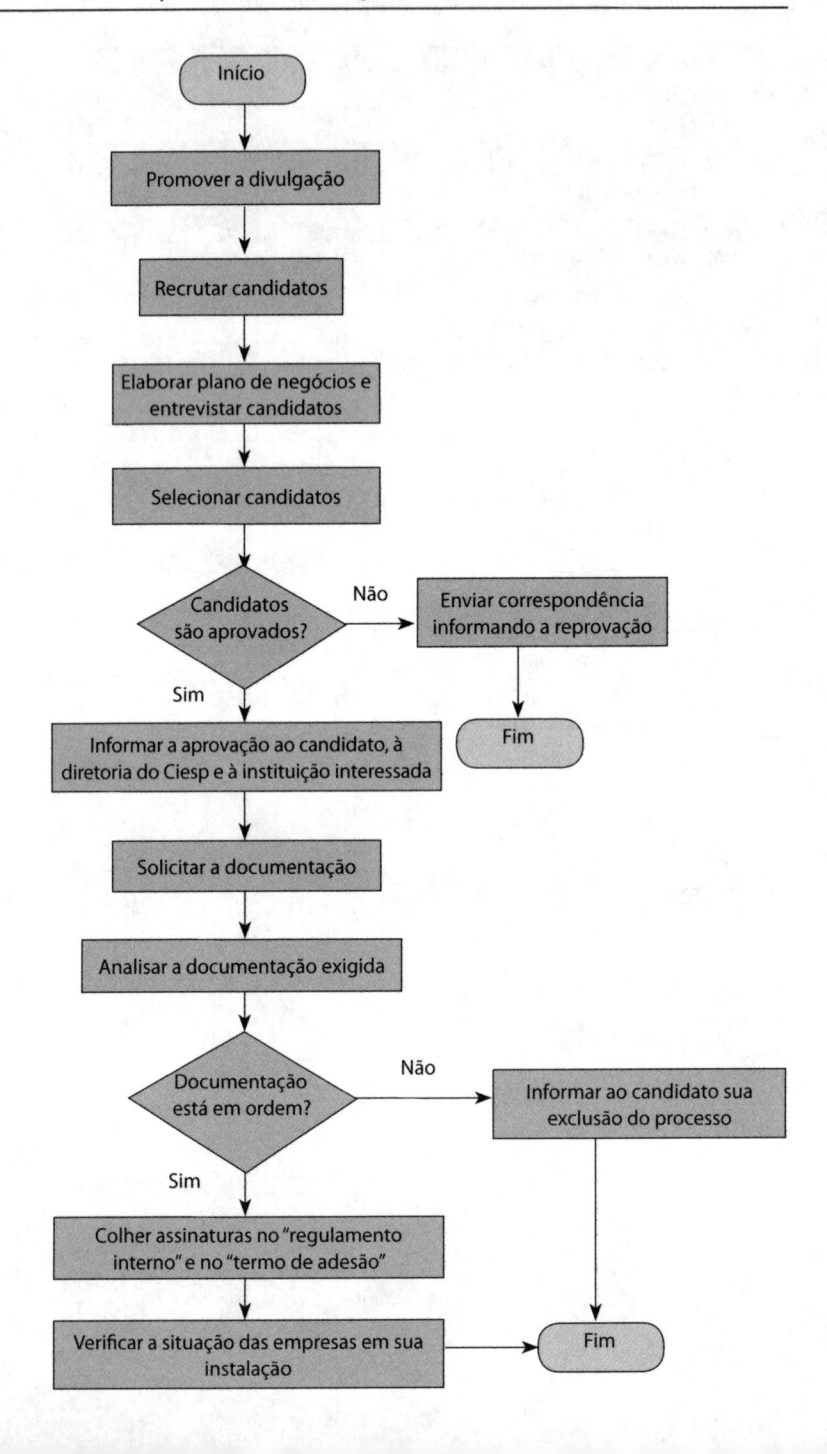

```
                    ┌─────────┐
                    │  Início │
                    └────┬────┘
                         ▼
              ┌──────────────────────┐
              │ Promover a divulgação│
              └──────────┬───────────┘
                         ▼
              ┌──────────────────────┐
              │  Recrutar candidatos │
              └──────────┬───────────┘
                         ▼
              ┌──────────────────────┐
              │ Elaborar plano de    │
              │ negócios e           │
              │ entrevistar candidatos│
              └──────────┬───────────┘
                         ▼
              ┌──────────────────────┐
              │ Selecionar candidatos│
              └──────────┬───────────┘
                         ▼
                    ◇─────────◇         Não      ┌──────────────────────────┐
                   Candidatos   ───────────────▶ │ Enviar correspondência   │
                 são aprovados?                   │ informando a reprovação  │
                    ◇─────────◇                   └────────────┬─────────────┘
                         │ Sim                                 ▼
                         ▼                                ┌─────────┐
        ┌────────────────────────────────┐                │   Fim   │
        │ Informar a aprovação ao         │               └─────────┘
        │ candidato, à diretoria do Ciesp │
        │ e à instituição interessada     │
        └───────────────┬─────────────────┘
                        ▼
              ┌──────────────────────┐
              │ Solicitar a documentação│
              └──────────┬───────────┘
                         ▼
              ┌──────────────────────────┐
              │ Analisar a documentação  │
              │ exigida                  │
              └──────────┬───────────────┘
                         ▼
                    ◇─────────◇       Não       ┌──────────────────────────┐
                  Documentação   ─────────────▶ │ Informar ao candidato sua│
                  está em ordem?                │ exclusão do processo     │
                    ◇─────────◇                 └────────────┬─────────────┘
                         │ Sim                               │
                         ▼                                   │
        ┌────────────────────────────────┐                   │
        │ Colher assinaturas no          │                   │
        │ "regulamento interno" e no     │                   │
        │ "termo de adesão"              │                   │
        └───────────────┬────────────────┘                   │
                        ▼                                    │
        ┌────────────────────────────────┐                   │
        │ Verificar a situação das       │         ┌─────────┐
        │ empresas em sua instalação     │────────▶│   Fim   │
        └────────────────────────────────┘         └─────────┘
```

3. Mercado

3.1 Análise do mercado consumidor

O Núcleo de Desenvolvimento Empresarial de Itu atua em uma região que apresenta um dos maiores índices de desenvolvimento urbano do Estado de São Paulo – o eixo Campinas-Sorocaba –, atendendo mais especificamente às cidades de Itu, Salto, Indaiatuba e Porto Feliz, o que não impede que empreendedores de outras regiões do Estado também possam ser assistidos pela Incubadora. Os municípios citados formam um mercado estimado de 420 mil pessoas, segundo dados do IBGE e apresentam a seguinte distribuição por faixa etária:

Faixa etária	%
0 a 4 anos	9,45
5 a 9 anos	9,56
10 a 14 anos	10,43
15 a 24 anos	19,50
25 a 39 anos	24,82
40 a 64 anos	20,62
65 anos ou mais	5,62

Fonte: Sebrae-SP/Proder.

A indústria de transformação, embora não seja o maior setor em número de estabelecimentos, estimado em 1.611, é o principal em geração de empregos, proporcionando 91.276 postos de trabalho. Dados da Jucesp indicam que 18,3% possuem de 1 a 9 empregados, o que representa 295 estabelecimentos industriais de micro e pequeno porte. Se forem considerados aqueles com até 50 empregados, esse número cresce para 752, ou seja, 46,77% do total.

Por outro lado, quanto às potencialidades empreendedoras da população, podem-se contabilizar cerca de 50 mil pessoas. Segundo os dados do Programa Brasil Empreendedor, 50% da população brasileira na faixa dos 25 aos 40 anos de idade pensa em abrir o próprio negócio. Como 12,25% das novas empresas da região pertencem ao setor da indústria de transformação, pode-se concluir que existem 6.126 potenciais empreendedores pensando em estabelecer-se no setor local.

Assim, pode-se definir o universo de clientes da Incubadora, segmentado em 3 categorias:

1. Empreendedores potenciais: pessoas que pensam em abrir seu próprio negócio no setor da indústria de transformação e necessitam de orientação para a ela-

boração de um planejamento efetivo, antes da abertura da empresa. Tamanho do mercado: 6.126 empreendedores.
2. Micro ou pequenas empresas nascentes: empresas que nasceram fora da Incubadora, estão em atividade há menos de 5 anos e possuem até 9 empregados. Essas empresas necessitam de apoio na área de gestão de negócios para poderem se desenvolver de maneira sólida no mercado. Tamanho do mercado: 295 empresas.
3. Micro ou pequenas empresas já estabelecidas: empresas que nasceram fora da Incubadora ou já graduadas, que tenham até 50 empregados. Essas empresas necessitam de orientação e acompanhamento para continuarem a se desenvolver de forma sólida e estável. Tamanho do mercado: 457 empresas.

As categorias 1 e 2 poderão usufruir de todos os serviços da Incubadora, ou seja, cursos para empreendedores, cursos em gestão de negócios, espaço físico e consultoria pontual, banco de dados com oportunidades da região e roda de negócios. Entre essas 2 categorias, serão escolhidas as empresas residentes da Incubadora. Já as empresas da categoria 3 não poderão usar o espaço físico, mas participarão dos cursos oferecidos e da roda de negócios.

3.2 Análise da concorrência

Pode-se afirmar que, na região, não existe nenhum núcleo de formação empresarial, nem mesmo um condomínio industrial, tampouco um centro de capacitação técnico-administrativa orientado para a gestão de micro e pequenas empresas. As escolas da região ainda não descobriram a importância do empreendedorismo no desenvolvimento econômico nacional e ainda não incluíram disciplinas relativas ao tema na grade curricular, exceção feita à Faculdade de Administração de Indaiatuba (Opec) que, no último ano do curso de administração de empresas, possui uma cadeira denominada empreendedorismo e gestão de negócios.

Entretanto, algumas iniciativas indicam que futuramente essa perspectiva tenderá à reversão. O Rotary Club de Itu já começou a promover um ciclo de palestras para jovens, ressaltando a importância do empreendedorismo. A Associação Comercial e Industrial de Itu também está preocupada com o tema e efetuou convênio com a agência Sebrae de Sorocaba para promover cursos de gestão empresarial na cidade de Itu. A Diretoria Regional do Ciesp de Indaiatuba engajou-se fortemente no programa Brasil Empreendedor, oferecendo a primeira etapa do treinamento para mais de 1.000 pessoas. A realização do I Evento de Negócios do Estado de São Paulo (I Enesp), na cidade de Indaiatuba, entre os dias 22 e 25 de maio de 2001, confirmam essa tendência.

A cidade de Salto passou a realizar anualmente a Ficat – uma feira de negócios de abrangência regional, organizada pelo Sebrae-SP, pela Associação das Indústrias de Salto (Assisa), pela Associação Comercial de Salto (ACIAS), pela Prefeitura da Estância Turística de Salto e pelo Centro Universitário Nossa Senhora do Patrocínio (Ceunsp). Nas duas edições (2006 e 2007), a Incubadora participou ativamente, não apenas com a exposição de produtos, mas também com a apresentação de palestras para os empresários da região, tornando cada vez mais perceptível o aumento do interesse pelas atividades empreendedoras.

4. Plano de *marketing*

4.1 Produtos

Produto	Incubadora de empresas
Características	Orientação na gestão de empresas durante os 2 primeiros anos de existência e serviço de infraestrutura administrativa básica, como descrito anteriormente
Vantagem competitiva	Relação custo × benefício para a manutenção de uma empresa no projeto, em comparação a no mercado normal – empresa formada a partir de uma escola de empresários
Aliança estratégica	Agência USP de Inovação; Design Inn – Incubadora de Design do Parqtec; Serviço Brasileiro de Apoio às Micro e Pequenas Empresas de São Paulo (Sebrae-SP)
Benefícios	Menor índice de "mortalidade infantil" de empresas; estrutura administrativa simplificada; grande liberdade de ação para o empresário; orientações na obtenção de financiamentos; serviço de consultoria especializada e treinamentos gratuitos
Produto	Cursos de desenvolvimento de empreendedores e de gestão empresarial
Características	Treinamento dirigido aos empresários ou ao pessoal técnico com curta duração, entre 8 e 16 horas. É importante lembrar que os treinamentos dividem espaço com a Sala de Multimeios para Treinamento, ficando a capacidade de atendimento restrita à promoção de 24 cursos por ano
Vantagem competitiva	Dispensa a necessidade de o profissional locomover-se aos grandes centros para aperfeiçoar-se; preços
Aliança estratégica	Sindicato do Comércio Varejista e Logista de Itu (Sincomércio); Serviço Brasileiro de Apoio às Micro e Pequenas Empresas de São Paulo (Sebrae-SP)
Benefícios	Confiabilidade, pois os cursos serão ministrados por profissionais indicados pelas entidades gestoras e pelas parceiras, cujo desempenho é reconhecido nacionalmente; localização; possibilidade de treinamento no período noturno e aos finais de semana
Produto	Consultoria pontual

(continua)

(continuação)

Produto	Incubadora de empresas
Características	Especialistas em diversas áreas de gerenciamento de negócios, contratados para dar suporte individualizado e customizado para os empresários residentes na Incubadora. Por suporte, entende-se orientações sobre o uso de ferramentas gerenciais, implementação, geração de relatórios e efetivo acompanhamento das ações
Vantagem competitiva	Relação custo × benefício
Aliança estratégica	Sindicato do Comércio Varejista e Logista de Itu (Sincomércio); Serviço Brasileiro de Apoio às Micro e Pequenas Empresas de São Paulo (Sebrae-SP); Secretaria de Educação da Estância Turística de Itu
Benefícios	Programa preparado especialmente para empresas residentes na Incubadora, consultores do Sebrae com ampla experiência nessa área

4.2 Preços

Os preços serão estabelecidos segundo valores percebidos pelo consumidor, levantados por meio de pesquisa efetuada na região durante o ano de 2007, comparando-se propostas oferecidas pelo mercado.

4.2.1 Incubadora de empresas

Os valores foram tomados como médias das despesas ocorridas pelas empresas que integraram o Núcleo de Desenvolvimento Empresarial de Itu, durante o ano de 2006. Não existe na região outro tipo de serviço parecido que possa ser enquadrado como concorrente – a Incubadora mais próxima está localizada apenas na cidade de Campinas – ou seja, não há, também, qualquer outro condomínio industrial, com administração privada ou não. Assim, não existe comparativo de preços de serviço para ser efetuado.

Preço apurado: R$ 5,01 por metro quadrado de área ocupada pela empresa residente.

4.2.2 Programa de capacitação de empreendedores e gestão de negócios

Notadamente, a região é carente quanto a programas de capacitação e as pessoas interessadas em aperfeiçoar-se profissionalmente precisam, em geral, locomover-se até São Paulo ou Campinas, onde a oferta desse tipo de serviço é maior. A proposta desse produto é explorar essa oportunidade de negócio, trazendo mais facilidade para quem busca tal tipo de curso.

O preço sugerido para esse produto é de R$ 80,00 por 8 horas de curso, incluindo certificado e apostilas.

4.2.3 Consultorias pontuais

Sugere-se a contratação de consultores que operem na própria região, evitando-se deslocamentos a grandes distâncias para reduzir o custo das consultorias. Esse tipo de profissional demandará outra vantagem competitiva quanto ao conhecimento das necessidades das empresas da região, além de conseguir disponibilizar um atendimento mais efetivo ao empresário. Esse serviço está disponível somente para as empresas residentes ou vinculadas à Incubadora.

Preço sugerido: R$ 80,00 por hora de consultoria.

4.3 Canais de distribuição

Para colocar os produtos à disposição do consumidor, utiliza-se o sistema de venda direta, realizado pelas pessoas encarregadas do serviço de recepção, podendo ser executado por contato telefônico, fax ou pessoalmente no balcão de atendimento da Incubadora.

4.4 Propaganda e promoção

A divulgação dos produtos será realizada por 4 canais: mala direta, telemarketing, *site* da Incubadora e propaganda em jornais e revistas regionais. Deve ser elaborada uma apresentação do projeto em multimídia para divulgação junto às associações e às entidades empresariais da região. Além disso, serão visitadas universidades e escolas técnicas locais, pois são possíveis focos de concentração de futuros empreendedores, com promoção de palestras e seminários sobre o pensamento empresarial e as vantagens dos produtos oferecidos pelo Núcleo de Desenvolvimento Empresarial de Itu.

5. Plano financeiro

Meses descrição	Jan	Fev	Mar	Abr	Mai	Jun	Jul	Ago	Set	Out	Nov	Dez	Total
Eginc	5.152,00	5.152,00	5.152,00	5.152,00	5.152,00	5.152,00	5.152,00	5.152,00	5.152,00	5.152,00	5.152,00	5.152,00	61.824,00
Salário da estagiária	560,00	560,00	560,00	560,00	560,00	560,00	560,00	560,00	560,00	560,00	560,00	560,00	6.720,00
Subtotal (1)	**5.712,00**	**5.712,00**	**5.712,00**	**5.712,00**	**5.712,00**	**5.712,00**	**5.712,00**	**5.712,00**	**5.712,00**	**5.712,00**	**5.712,00**	**5.712,00**	**68.544,00**
Água	110,00	110,00	110,00	110,00	110,00	110,00	110,00	110,00	110,00	110,00	110,00	110,00	1.540,00
Energia elétrica	80,00	80,00	80,00	80,00	80,00	80,00	80,00	80,00	80,00	80,00	80,00	80,00	1.120,00
Telefone/fax	400,00	400,00	400,00	400,00	400,00	400,00	400,00	400,00	400,00	400,00	400,00	400,00	5.600,00
Compras de supermercado	150,00	150,00	150,00	150,00	150,00	150,00	150,00	150,00	150,00	150,00	150,00	150,00	2.100,00
Assessoria contábil	450,00	450,00	450,00	450,00	450,00	450,00	450,00	450,00	450,00	450,00	450,00	450,00	5.400,00
Material de escritório	100,00	100,00	100,00	100,00	100,00	100,00	100,00	100,00	100,00	100,00	100,00	100,00	1.400,00
Despesas gerais	210,00	210,00	210,00	210,00	210,00	210,00	210,00	210,00	210,00	210,00	210,00	210,00	2.520,00
Serviço de vigilância e segurança	3.010,00	3.010,00	3.010,00	3.010,00	3.010,00	3.010,00	3.010,00	3.010,00	3.010,00	3.010,00	3.010,00	3.010,00	36.120,00
Serviço de copa/limpeza	1.090,00	1.090,00	1.090,00	1.090,00	1.090,00	1.090,00	1.090,00	1.090,00	1.090,00	1.090,00	1.090,00	1.090,00	13.080,00
Subtotal (2)	**5.600,00**	**5.600,00**	**5.600,00**	**5.600,00**	**5.600,00**	**5.600,00**	**5.600,00**	**5.600,00**	**5.600,00**	**5.600,00**	**5.600,00**	**5.600,00**	**67.200,00**
Viagens (transporte, refeições, etc.)	400,00	400,00	400,00	400,00	400,00	400,00	400,00	400,00	400,00	400,00	400,00	400,00	4.800,00

(continua)

Anexo 12

(continuação)

Meses descrição	Jan	Fev	Mar	Abr	Mai	Jun	Jul	Ago	Set	Out	Nov	Dez	Total
Capacitação da Eginc				1.000,00				1.000,00			1.000,00		3.000,00
Participação em eventos			1.500,00			1.500,00			1.500,00			1.500,00	6.000,00
Ações de mercado para empresas								3.584,00					3.584,00
Ações tecnológicas para empresas	2.880,00	2.880,00	2.880,00	2.880,00	2.880,00	2.880,00	2.880,00	2.880,00	2.880,00	2.880,00	2.880,00	2.880,00	34.560,00
Ações de gestão empresarial	3.840,00	3.840,00	3.840,00	3.840,00	3.840,00	3.840,00	3.840,00	3.840,00	3.840,00	3.840,00	3.840,00	3.840,00	46.080,00
Comunicação para empresas			2.250,00			2.250,00			2.250,00			2.250,00	9.000,00
Suprimentos de informática	300,00	300,00	300,00	300,00	300,00	300,00	300,00	300,00	300,00	300,00	300,00	300,00	3.600,00
Seguros de equipamentos									1.500,00				1.500,00
Comunicação para Incubadora		1.512,00		6.944,00				2.000,00				6.944,00	17.400,00
Biblioteca				3.368,00				2.408,00				2.408,00	8.184,00
Subtotal (3)	7.420,00	8.932,00	11.170,00	18.732,00	7.420,00	11.170,00	7.420,00	16.412,00	12.670,00	7.420,00	8.420,00	20.522,00	137.708,00
TOTAL	18.732,00	20.244,00	22.482,00	30.044,00	18.732,00	22.482,00	18.732,00	27.724,00	23.982,00	18.732,00	19.732,00	31.834,00	273.452,00

5.2 Fluxo de caixa

Meses Descrição	Jan	Fev	Mar	Abr	Mai	Jun
SALDO DO MÊS ANTERIOR	0,00	240,00	480,00	720,00	960,00	1.200,00
ENTRADAS	18.972,00	20.484,00	22.722,00	30.284,00	18.972,00	22.722,00
Taxa de ocupação	2.830,00	2.830,00	2.830,00	2.830,00	2.830,00	2.830,00
Entidade gestora - ACII	3.010,00	3.010,00	3.010,00	3.010,00	3.010,00	3.010,00
Sebrae-SP	13.132,00	14.644,00	16.882,00	24.444,00	13.132,00	16.882,00
SAÍDAS	18.732,00	20.244,00	22.482,00	30.044,00	18.732,00	22.482,00
Despesas operacionais	5.600,00	5.600,00	5.600,00	5.600,00	5.600,00	5.600,00
Salários	5.712,00	5.712,00	5.712,00	5.712,00	5.712,00	5.712,00
Investimentos em capacitação e apoio à gestão	7.420,00	8.932,00	11.170,00	18.732,00	7.420,00	11.170,00
SALDOS	240,00	480,00	720,00	960,00	1.200,00	1.440,00
Meses Descrição	Jul	Ago	Set	Out	Nov	Dez
SALDO MÊS ANTERIOR	1.440,00	1.500,00	2.340,00	1.080,00	1.320,00	1.560,00
ENTRADAS	18.972,00	28.564,00	22.722,00	18.972,00	19.972,00	32.074,00
Rateios	2.830,00	2.830,00	2.830,00	2.830,00	2.830,00	2.830,00
Entidade gestora - Parqtec	3.010,00	3.010,00	3.010,00	3.010,00	3.010,00	3.010,00
Sebrae-SP	13.132,00	22.124,00	16.882,00	13.132,00	14.132,00	26.234,00
SAÍDAS	18.732,00	27.724,00	23.982,00	18.732,00	19.732,00	31.834,00
Despesas operacionais	5.600,00	5.600,00	5.600,00	5.600,00	5.600,00	5.600,00
Salários	5.712,00	5.712,00	5.712,00	5.712,00	5.712,00	5.712,00
Investimentos em capacitação/ treinamento	7.420,00	16.412,00	12.670,00	7.420,00	8.420,00	20.522,00
SALDOS	1.500,00	2.340,00	1.080,00	1.320,00	1.560,00	1.800,00

Análise do plano de negócios da Incubadora de Itu

Uma análise do plano de negócios da organização objeto do estudo de caso permite tecer as seguintes conclusões:
1. A Incubadora de Itu não é uma empresa, mas um projeto gerenciado pela Fundação Parque Tecnológico de São Carlos e, neste caso, alguns itens não são tratados como acontece nas empresas comerciais, em que, por exemplo, há a questão da avaliação de retorno do investimento.
2. O plano de negócios foi elaborado para que a Incubadora participasse do edital do Sebrae-SP, principal fonte de recursos para a operacionalização da organização.
3. A organização está dispensada de apresentar receitas, demonstrativos de resultados e balanços. O que importa, neste caso, é como a Incubadora pretende aplicar os recursos oriundos do edital. Assim, o planejamento financeiro é restrito ao planejamento dos custos e despesas ao longo do tempo de duração do edital. Também é importante apresentar o fluxo de caixa.
4. O mais importante aqui é a organização demonstrar quais benefícios trará para a sociedade como um todo, a partir das suas ações e do uso dos recursos capitalizados do edital.
5. O histórico das ações da organização também é importante, pois pode ser um diferencial de credibilidade no plano de negócios, tanto pela eficiência da organização quanto pela capacidade de gerenciamento da equipe de trabalho.
6. Sob outro ponto de vista, é importante demonstrar que a região onde a organização está instalada, a demanda pelos serviços ofertados e as ações realizadas com os recursos do edital causam impactos significativos na economia regional, como geração de emprego e renda, de receita tributária, de conhecimento tecnológico ou gerencial, etc.

Anexo 13

Plano de Negócios para uma Empresa de Econegócios

ECOBRASIL SOLUÇÕES AMBIENTAIS

Rua Manoel Monteiro de Moraes, 1.207 – Jardim Olga Verone – Limeira/SP

Tel./fax: (19) 3838-3838 – e-mail: contato@ecobrasil.com

Site: www.ecobrasil.com.br

PLANO DE NEGÓCIOS

Elaborado por Emerson Luiz Neves

N. 001/Edição 01

Limeira – SP

Agosto/2008

Índice

Sumário executivo 000
Ecobrasil Soluções Ambientais 000

1. Descrição do empreendimento **000**
1.1. Histórico 000
1.2. Descrição da empresa 000
1.3. Estrutura gerencial 000

2. Planejamento estratégico **000**
2.1. Definição do negócio 000
2.2. Missão 000
2.3. Visão 000
2.4. Análise estratégica 000
    2.4.1. Cenário macroeconômico 000
    2.4.2. Cenário microeconômico 000
2.5. Matriz SWOT 000
    2.5.1. Análise do ambiente externo 000
    2.5.2. Análise do ambiente interno 000
2.6. Fatores críticos de sucesso 000
2.7. Cadeia de valores 000
2.8. Objetivos e metas 000
    2.8.1. Objetivos específicos 000
    2.8.2. Metas 000

3. Produtos e serviços 000
3.1. Introdução 000
3.2. Sistema de captação e manejo de águas pluviais 000
   3.2.1. Vantagens competitivas 000
3.3. Ciclo de vida dos produtos 000
3.4. Tecnologia 000
3.5. Conceito de inovação 000

4. Análise de mercado 000
4.1. Clientes 000
4.2. Concorrência 000
4.3 Fornecedores 000

5. Plano de *marketing* 000
5.1. Produtos e serviços 000
5.2. Preços 000
5.3. Canais de distribuição 000
5.4. Propaganda e promoção 000
5.5. Plano de ações de *marketing* 000

6. Plano operacional 000
6.1. Fluxograma do processo 000
6.2. Dimensionamento do sistema produtivo 000
6.3. *Layout* das instalações 000
6.4. Qualidade 000
6.5. Sistema de gestão 000

7. Plano financeiro 000
7.1. Pressupostos básicos 000
7.2. Premissas para projeções 000
7.3. Projeção de vendas 000
7.4. Projeção de salários 000
7.5. Projeção dos investimentos 000
7.6. Projeção da depreciação 000
7.7. Estimativa das despesas fixas 000
7.8. Estimativa das despesas variáveis 000
7.9. Demonstrativo de resultados 000
7.10. Projeção do fluxo de caixa 000
7.11. Análise do investimento 000

8. Análise do plano de negócios da Ecobrasil Soluções Ambientais Ltda. 000

Sumário executivo

Ecobrasil Soluções Ambientais

A Ecobrasil Soluções Ambientais é uma empresa orientada para o desenvolvimento e a produção de soluções ambientais, atuando na área de captação e manejo de águas pluviais, fundada em julho de 2008. O empreendimento está localizado na Incubadora de Empresas de Limeira, na Rua Manoel Monteiro de Moraes, nº 1.207, Jardim Olga Verone, Limeira/SP.

O empreendimento pretende ser reconhecido por excelência e qualidade no setor de soluções ambientais aplicadas na captação e manejo de águas pluviais pela utilização de métodos ambientalmente corretos. Para tanto, sua missão é ser uma empresa com tecnologia de ponta e com qualidade no desenvolvimento e produção de soluções ambientais, que promovam a conservação das reservas de água no planeta e que causem grande impacto nas expectativas dos clientes.

No cumprimento da sua missão, a Ecobrasil Soluções Ambientais está expandindo suas atividades e abrindo novas áreas de negócios. A empresa identificou um forte potencial de mercado na captação das águas da chuva, manejo e utilização para fins domésticos, atividade para a qual detém *know-how* suficientemente desenvolvido, capaz de realizá-la com retorno financeiro amplamente positivo.

A Ecobrasil Soluções Ambientais elaborou este plano de negócios para buscar um parceiro comercial que, por meio de aportes financeiros, possa acelerar a exploração da oportunidade de mercado identificada e, assim, solidificar sua presença no mercado, atingindo, em 5 anos, um crescimento de 150% no faturamento, com uma lucratividade líquida de 40% ao ano, o que permitiria um reinvestimento sustentável no negócio e, dessa forma, a consolidação de seus objetivos estratégicos.

A análise de mercado indica que existe demanda para os produtos e os serviços, não só no plano nacional, mas também com vistas à exportação para qualquer outra região onde a água é tratada como imprescindível para a sobrevivência humana, seja para consumo próprio ou para irrigação de áreas cultiváveis.

Emerson Luiz Neves

1. Descrição do empreendimento

1.1 Histórico

A Ecobrasil Soluções Ambientais foi fundada em julho de 2008, a partir do conhecimento técnico-mercadológico adquirido pelos empreendedores, Srs. Gláucio Lima e Emerson Luiz Neves, que possuem mais de 10 anos de experiência em administração de empresas ligadas ao meio ambiente. Desde o princípio, em sua atividade profissional, o Sr. Gláucio Lima buscou a diferenciação dos demais profissionais da área, pesquisando e desenvolvendo soluções para captação e manejo de água da chuva, plenamente identificadas com a conservação do meio ambiente e do ecossistema, e ofertando um produto personalizado e exclusivo para seus clientes e consumidores. Sr. Emerson Luiz Neves, por sua vez, ocupava-se da prospecção de ecomercados ou oportunidades de negócios ecologicamente corretas.

Os dois empreendedores atuaram como consultores na implantação de soluções ambientais, tanto para uso urbano quanto para uso rural. Em junho de 2008, resolveram investir em seu próprio negócio, transformando a Ecobrasil Soluções Ambientais em uma empresa capaz de desenvolver soluções e implementá-las.

Para levar adiante o projeto, os empreendedores procuraram apoio no Núcleo de Desenvolvimento Empresarial – Incubadora de Limeira, onde, após terem a proposta analisada e aprovada, passaram a ocupar o Box 29.

Dentro da Incubadora de Limeira, a empresa Ecobrasil Soluções Ambientais encontrou suporte para desenvolver seus projetos, além de uma estrutura empresarial compartilhada com as demais residentes, tais como: sala de reuniões, sala de treinamento, estacionamento, serviços de copa e limpeza, assessoria gerencial, assessoria na elaboração de projetos de fomento ou financiamento, etc.

1.2 Descrição da empresa

A Ecobrasil Soluções Ambientais é uma empresa com atividades tipicamente voltadas para o desenvolvimento, a produção e a implementação de soluções para a captação e o manejo de águas pluviais, atuando na área de econegócios, caracterizada pela preocupação com a conservação do meio ambiente e do ecossistema. A empresa utiliza como nome fantasia a denominação Ecobrasil, cujo registro junto ao Instituto Nacional da Propriedade Industrial (INPI) está em processo de elaboração. Também possui um site na internet, devidamente registrado sob o endereço: www.ecobrasil.com.br.

A Ecobrasil é uma sociedade por cotas de responsabilidade limitada, sendo assim constituída em função da orientação dada pelo serviço de contabilidade contratado.

O empreendimento está localizado na Rua Manoel Monteiro de Moraes, nº 1.207, Box 29, Jardim Olga Verone, Limeira/SP, nas dependências da Incubadora de Empresas de Limeira, um projeto gerido pela Associação Comercial e Industrial de Limeira (ACIL), com o apoio do Sebrae-SP e da Prefeitura Municipal de Limeira, em uma área de 200 m². Essa localização foi escolhida em função do apoio oferecido pela Incubadora de Empresas e pela posição estratégica ocupada, junto à Rodovia Anhanguera, de fácil acesso.

O local conta com as seguintes facilidades: correio, telefone, serviço de cópias, água tratada, serviço de despachos, iluminação pública, transporte coletivo, estacionamento para visitantes, banheiros, vestiários, além de linhas de alta tensão de 22.000 V, por ser uma zona industrial. Foi plenamente aprovado pela Cetesb, Corpo de Bombeiros, Vigilância Sanitária e Prefeitura do Município de Limeira.

A Ecobrasil utiliza assessoria contábil da empresa Evolução Contábil, que é a responsável pela geração dos registros e apresentação dos relatórios de resultados mensais, além da devida identificação e arquivamento dos documentos fiscais por um prazo de 10 anos.

Os registros da Ecobrasil, tanto os de origem fiscal quanto os relatórios operacionais e financeiros, são arquivados mensalmente em caixas de arquivo morto e separados por tipo de documento.

Todo o patrimônio da empresa, incluindo equipamentos, veículos e instalações prediais, está protegido por seguro. A empresa adota a estratégia de avaliar a melhor proposta em cada renovação, e assim não concentra a proteção somente em uma empresa seguradora.

O trabalho desenvolvido pela Ecobrasil está classificado como de risco baixo. Para levar adiante os programas de segurança no trabalho, a Ecobrasil cuida para que todos os funcionários utilizem os equipamentos de proteção individual (EPI), conforme legislação vigente, além de um programa de treinamento oferecido pela Incubadora de Empresas em parceria com o Senai.

1.3 Estrutura gerencial

Nome	Função	Responsabilidades
Emerson Luiz Neves	Sócio-gerente	*Marketing* e vendas
Gláucio Lima	Sócio-gerente	Administração geral, produção e desenvolvimento de produtos

As qualificações da equipe gerencial são as seguintes:

1. Sócio-gerente de *marketing* e vendas:
   • Nome: Emerson Luiz Neves.

- Idade: 42 anos.
- Endereço: Avenida Central, nº 312, apto. 71, Centro, Limeira/SP.
- Escolaridade: Engenharia Ambiental com MBA em *Marketing*.
- Experiência profissional: 15 anos em vendas de equipamentos para tratamentos de efluentes.

2. Sócio-gerente de administração geral, produção e desenvolvimento de produtos:
   - Nome: Gláucio Lima.
   - Idade: 37 anos.
   - Endereço: Alameda das Hortências, nº 9, Condomínio Vila Real, Limeira/SP.
   - Escolaridade: Engenharia Ambiental.
   - Experiência profissional: 10 anos em projetos de controle ambiental.

A Ecobrasil opera com uma estrutura de pessoal simplificada, totalmente informatizada, com controles nas áreas de contabilidade, contas a pagar e receber, faturamento e estoque.

2. Planejamento estratégico

2.1 Definição do negócio

A Ecobrasil atua no desenvolvimento, na produção e na implantação de projetos ambientais, especificamente na captação e no manejo de águas pluviais: com o projeto e a instalação de sistemas de captação e manejo de água da chuva e os serviços de manutenção dos sistemas implantados.

A distribuição de seus produtos e serviços é feita por meio de visita técnica de representante qualificado pela empresa, que realiza as seguintes atividades para a solução dos problemas:

- inspeção do imóvel na companhia do cliente em data e horário previamente agendados;
- elaboração de diagnóstico;
- descrição dos equipamentos que serão utilizados;
- emissão de proposta/projeto, totalmente customizada.

2.2 Missão

Ser uma empresa com tecnologia de ponta e com qualidade no desenvolvimento e na produção de soluções ambientais, que promovam a proteção do meio ambiente e a conservação do ecossistema, e que causem grande impacto nas expectativas dos clientes e da sociedade.

2.3 Visão

Ter a marca reconhecida internacionalmente por excelência e qualidade no setor de soluções ambientais.

2.4 Análise estratégica

2.4.1 Cenário macroeconômico

Os negócios focados nas questões ambientais estão em alta junto à sociedade, e o tema passou a ser de interesse da mídia nos últimos 10 anos. Uma prova disso é que, ao fazer uma pesquisa em um *site* de busca rápida utilizando o termo meio ambiente como palavra-chave, obtêm-se, em segundos, mais de 2,2 milhões de referências.

As empresas que operam em conjunto com a proteção ou a conservação ambiental ganham destaque diariamente nos meios de comunicação.

No caso específico do aproveitamento de água, pode-se afirmar que o mercado vem alcançando crescimentos expressivos nos últimos anos, motivado pelas pesquisas que apontam problemas para as reservas de água potável a médio prazo.

Os reservatórios de água vêm sendo afetados pelo crescimento desordenado de áreas urbanas, acompanhado pelo desmatamento e pela ocupação de áreas ribeirinhas. Nos grandes centros urbanos, a impermeabilização do solo e a dificuldade de escoamento da água da chuva provocam enchentes e alagamentos nas áreas mais baixas. Com a utilização, em larga escala, do sistema de captação e manejo das águas de chuva da Ecobrasil, esse problema pode ser controlado, já que o sistema direcionará a utilização da água para fins de necessidades básicas.

Um fato a ser observado é que as reservas mundiais de água não têm aumentado, pois estudos apontam que a quantidade existente atualmente é a mesma que havia no início da formação do planeta. O aumento da população mundial contribuiu para a inutilização da água para uso dos seres vivos. Por outro lado, a pouca água ainda considerada boa para o consumo localiza-se em pontos de difícil acesso e está distribuída de forma desigual entre as diversas regiões do planeta.

Estima-se que o Brasil possua em torno de 12 a 13% da reserva hídrica mundial, com vazão disponível de aproximadamente 182.633 m^3/s, divididos entre a superfície (bacias hidrográficas do Amazonas e do Paraná) e o subterrâneo (bacias sedimentares do Paraná, Piauí e Maranhão).

Todavia, o país, mesmo com todo o potencial hídrico apresentado, sofre pela escassez de água, em primeiro lugar, pela irregularidade da distribuição (78% na região Amazônica); em segundo lugar, pela degradação dos recursos naturais, ocasionada nas áreas urbanas pela baixa cobertura dos sistemas de saneamento básico (80% do esgoto doméstico coletado não é tratado) e pela ineficiência do sistema de distribuição, no qual apenas 50% do total de água captada nos rios chega aos consumidores.

A disponibilidade de água potável depende inteiramente da precipitação de chuvas, da formação e do tamanho das bacias hidrográficas. No Brasil, a incidência de chuvas é de 1.800 mm (média por ano), variando de 600 mm no Nordeste a 2.700 mm na Amazônia. Contudo, os lugares onde mais chove no Brasil estão na Serra do Mar, nos estados de São Paulo e Paraná, com índices de 4.000 mm em Ubatuba (SP), e 5.000 mm no pico do Marumbi (PR). Na região nordeste, ocorre um fenômeno inverso, como é o caso de Picuí, no estado da Paraíba, onde chove menos de 300 mm/ano. Outro problema do semiárido brasileiro é a variabilidade interanual das chuvas, pois é comum chover metade da média pluviométrica, com uma demanda evaporativa superior a 3.000 mm, o que seria suficiente para consumir toda a incidência da chuva anual.

No *ranking* da Unesco, envolvendo a quantidade de água disponível *per capita*, o Brasil ocupa a 25ª posição, com 48.314 m^3/hab./ano. As situações mais críticas estão nas bacias litorâneas do nordeste e no Alto Tietê, onde está a cidade de São Paulo, com disponibilidades inferiores a 700 m^3/hab./ano.

2.4.2 Cenário microeconômico

A Ecobrasil instalou sua empresa na Incubadora de Empresas de Limeira na cidade de Limeira/SP para poder contar com o apoio proporcionado pela instituição no desenvolvimento do negócio nos anos iniciais da atividade, além do benefício de sua posição logística estratégica frente aos concorrentes mais próximos.

Limeira é caracterizada pelo movimento das indústrias em direção aos certificados de qualidade internacional, pelos processos de verticalização e geração de novas empresas fornecedoras de serviços, especialmente a partir da década de 1990. Além disso, o município pode ser considerado, também, a porta de entrada da área de cultivo da cana-de-açúcar no estado de São Paulo, já que é por meio das rodovias de entorno à cidade que passa toda a logística de distribuição dos produtos derivados da cana-de-açúcar.

O setor industrial da cidade responde por aproximadamente 50% dos empregos registrados nela. Dessa forma, Limeira assumiu sua vocação industrial, o que norteou o desenvolvimento e a implantação do parque industrial atual.

A região conta com uma série de fatores condicionantes favoráveis ao seu desenvolvimento, tais como o prolongamento da Rodovia dos Bandeirantes, a integração dos mercados pela implantação da hidrovia Tietê-Paraná e a instalação do gasoduto Brasil-Bolívia.

Esses fatores, associados às suas potencialidades e possibilidades, podem indicar diversos caminhos para o desenvolvimento do setor industrial do município.

Limeira está inserida na região de Campinas, marcada pela forte concentração industrial e que possui um PIB maior que o de muitos estados importantes do país, como Minas Gerais ou Rio Grande do Sul, por exemplo. Na economia formal, possui aproximadamente 1.300 indústrias, que empregam mais de 22 mil funcionários registrados, com uma significativa parcela de mão de obra especializada.

O tamanho das empresas é bem diversificado, com uma produção bastante variada, desde sistemas de freios, rodas automotivas, escapamentos, produtos metalúrgicos, máquinas para beneficiamento de produtos agrícolas, até fábricas de papel e papelão, embalagens, chapéus, entre outros. Limeira tem ainda a maior concentração de produção de máquinas-ferramentas da América Latina e a maior indústria refinadora de açúcar da América do Sul; porém, um segmento que vem se destacando a partir da década de 1990 é o de bijuterias e lapidação de pedras, constituído basicamente de empresas de micro e pequeno porte, com estrutura de capital social familiar.

Comercialmente, o potencial de crescimento da Ecobrasil é significativo, pois o mercado está valorizando cada vez mais o uso de sistemas e equipamentos que preservem os recursos naturais, especialmente a água, criando um ciclo de alta produtividade que se estenderá às demais regiões do país e do mundo, por meio da rede de representantes técnicos habilitados pela empresa.

2.5 Matriz SWOT

2.5.1 Análise do ambiente externo

Oportunidades identificadas:

- crescimento em ritmo acelerado do custo da água tratada para fins domésticos;
- ampliação da procura por produtos ecologicamente corretos;
- possibilidades de exportação;
- concorrentes incapazes de atender à demanda.

Ameaças identificadas:

- alto custo para captação de capital de giro;
- dificuldade na penetração no mercado;
- concorrentes com produtos mais conhecidos e preços mais baixos.

2.5.2 Análise do ambiente interno

Pontos fortes do empreendimento:

- apoio de parceiros reconhecidos nacional e localmente, como Sebrae e ACIL;
- qualidade do produto e do serviço;
- parcerias fortes com instituições de pesquisa, como a Ufscar;
- projetos flexíveis e customizados, peculiares das pequenas empresas;
- conhecimento da tecnologia empregada.

Pontos fracos do empreendimento:

- capacidade de investimento;
- vulnerabilidade às investidas de grandes empresas;
- eficácia da promoção.

2.6 Fatores críticos de sucesso

Cruzando-se dados da análise ambiental, identificam-se os seguintes fatores, na ausência dos quais o empreendimento poderá ser comprometido:

1. Qualidade dos produtos: os clientes devem procurar naturalmente a Ecobrasil, por esta ser uma referência de qualidade nos produtos e serviços oferecidos. A maior parte do sucesso neste item vem da propaganda boca a boca entre os clientes diretos.
2. Utilização de sistemas ecologicamente corretos: a Ecobrasil necessita desenvolver um trabalho de relacionamento junto aos meios de comunicação, com o intuito de solidificar a marca na mente do cliente de uma empresa ecologicamente correta.
3. Parcerias com grandes empresas: a Ecobrasil, pelo porte, poderá ter dificuldade na penetração do mercado, especialmente em áreas distantes das suas instalações. Ela necessita de uma forte parceria com grandes construtoras, especialmente aquelas que já estão propensas a ampliar o portfólio de produtos.

2.7 Cadeia de valores

A cadeia de valores da Ecobrasil é formada por atividades que efetivamente são valorizadas pelos clientes como diferenciais competitivos, sendo representada esquematicamente pelo diagrama a seguir:

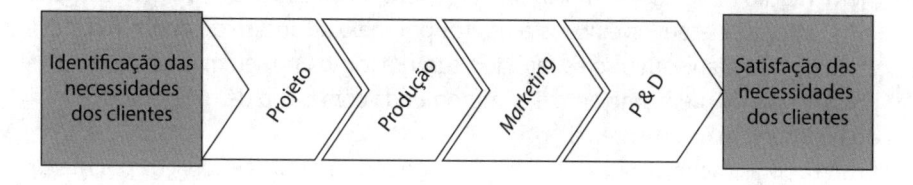

| Identificação das necessidades dos clientes | Projeto | Produção | Marketing | P&D | Satisfação das necessidades dos clientes |

2.8 Objetivos e metas

2.8.1 Objetivos específicos

1. Ser líder, no Brasil, da produção de sistemas para captação e manejo de águas de chuva.
2. Desenvolver uma rede comercial na América Latina e Central.
3. Ser vista pela sociedade como uma empresa ecologicamente correta, de referência nacional.

2.8.2 Metas

1. Elevar o faturamento bruto para R$ 3,6 milhões até 2013.
2. Obter lucratividade líquida operacional de 18% até 2013.
3. Atingir uma participação de 15% do mercado nacional de sistemas de captação e manejo de águas da chuva.
4. Implantar representação comercial em 15 capitais dos estados brasileiros até 2013 e 3 capitais de países latino-americanos.
5. Obter a certificação ISO 14000 até 2010.

3. Produtos e serviços

3.1 Introdução

A Ecobrasil possui, como área de negócios, o desenvolvimento, a produção e a implementação de soluções ambientais para captação e manejo de águas da chuva.

A empresa desenvolve novos produtos por meio da análise de oportunidades efetuadas no planejamento estratégico, sempre focada no seu maior propósito a preservação do meio ambiente e comprometida com o uso de meios produtivos que conservem o ecossistema.

A Ecobrasil acompanha o desempenho de seus produtos e serviços por meio de pesquisas de mensuração de satisfação dos clientes.

3.2 Sistema de captação e manejo de águas pluviais

A Ecobrasil oferece serviços de desenvolvimento de projetos e instalação de equipamentos para captação e manejo de águas pluviais, desde a elaboração de estudos customizados até a manutenção pós-venda, sempre consoante com a condição de ser uma empresa ecologicamente correta.

Em uma residência familiar, a água pluvial substitui a água tratada da rede pública nas seguintes aplicações: vasos sanitários, máquinas de lavar, irrigação de jardins, lavagens de carros, limpeza de pisos e piscinas, etc. Representa em média uma economia de 50% do volume de água consumida diariamente, conforme tabela a seguir:

Uso interno	% do consumo	Água de chuva
Descargas nas bacias sanitárias	20 a 25	Sim
Chuveiros e banheiras	15 a 20	Não
Máquinas de lavar roupas	10 a 15	Sim
Máquinas de lavar pratos	2 a 5	Não
Torneiras internas	5 a 10	Não
Uso externo		
Jardim	25 a 30	Sim
Piscina	0 a 5	Sim
Lavagem de carro	0 a 5	Sim
Lavagem de área externa	0 a 2	Sim

A venda dos produtos Ecobrasil é realizada por meio de representantes técnicos habilitados pela empresa, que visitam o local de instalação, elaboram diagnósticos, desenvolvem a melhor alternativa de captação das águas e apresentam a proposta customizada.

A Ecobrasil também mantém parcerias com grandes construtoras, que operam em diversos condomínios residenciais, no Brasil ou no exterior, atuando com revenda e incluindo mais produtos no portfólio.

3.2.1 Vantagens competitivas

Itens	Ecobrasil	Poços artesianos	Cias. municipais
Prestação de serviço e assistência técnica pós-venda	Elaboração do projeto e implementação de proposta customizada, com contrato de manutenção agregado	Sem informação	Reparo da rede, troca de hidrômetros e consertos de ramais, incluso nos valores mensais
Prazo de entrega	De 7 a 20 dias, conforme a área de captação e a unidade de armazenamento	De 10 a 15 dias, podendo variar conforme o tipo de terreno	Depende da adesão dos moradores ou projetos de expansão da rede
Preços	De R$ 7,5 mil a R$ 45 mil, dependendo da área de captação e do índice pluviométrico da região	De R$ 17,6 mil a R$ 75,3 mil, conforme a profundidade e a vazão	Depende dos subsídios municipais
Qualidade	Segue os padrões da ABNT. A água só pode ser utilizada para fins não potáveis	Precisa garantir os padrões de qualidade da água, conforme Portaria n. 518 do MS	Em geral, certificadas pela ISO 9000 e ISO 14000
Condições de pagamento	50% de entrada, 25% para 30 dias, 25% para 60 dias	50% de entrada, 50% parcelado em 12 meses, com juros de 2% a.m.	Fatura mensal de consumo medido pelo hidrômetro
Método de venda	Internet, revistas especializadas, venda direta por representantes técnicos e exposições em condomínios	Internet, venda direta por representantes técnicos e revistas especializadas	Interesse do usuário, não existe venda direta

3.3 Ciclo de vida dos produtos

Produtos	Etapas	Características
Sistema de captação e manejo de águas pluviais	Crescimento	A taxa de crescimento nas vendas vem pelo aumento do mercado e pela incorporação de novos produtos Os custos fixos estão estáveis em função da racionalização da estrutura comercial Investimento em *marketing*

3.4 Tecnologia

O momento ideal para a instalação é a fase de construção da residência, o que permitirá maior integração do sistema Ecobrasil com a água fornecida pela concessionária municipal. Isso não impede a instalação do sistema nas residências horizontais e verticais já construídas, podendo atender também as áreas de maior captação.

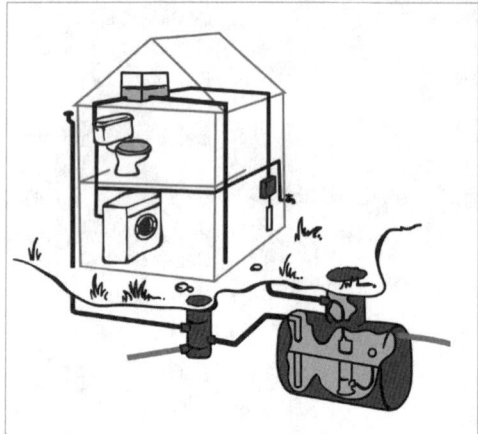

1. Filtro principal
2. Redutor de vazão
3. Bomba submersível
4. Filtro flutuante
5. Central de controle/interligação com a rede pública
6. Multissifão
7. Boia de nível
8. Alimentação dos pontos de consumo a partir da caixa d'água superior

3.5 Conceito de inovação

A maior inovação da Ecobrasil é o conhecimento da técnica de projeto e implantação do sistema de captação e manejo de água de chuva elevado ao estado da arte. Esse conhecimento, que é transmitido aos clientes, é um diferencial em relação aos concorrentes, porque permite também o desenvolvimento de novos produtos personalizados.

4. Análise do mercado

Em se tratando de projetos, fabricação e instalação de sistemas para manejo e captação de águas pluviais, especificamente para uso residencial, os principais pontos de distribuição são as empresas de construção civil, dedicadas a residências familiares para um público de alto poder aquisitivo. Esse tipo de empresa concentra-se em maior número nos estados do Sudeste e do Centro-Oeste, representando 85% do mercado, e nos estados do Nordeste, os demais 15%.

4.1 Clientes

A carteira de clientes da Ecobrasil será composta especificamente de empresas de construção civil e consumidores finais que pretendam utilizar as mais modernas tecnologias de conservação dos recursos naturais.

A maioria dos clientes não define o preço como o fator mais importante ou motivador da compra, pois, em virtude da tecnologia empregada, o conhecimento técnico e o atendimento são mais privilegiados – e é para esse tipo de cliente que estão voltados os esforços. A Ecobrasil procura definir uma carteira de clientes fiéis, que só comprem os seus produtos, fugindo daqueles que buscam somente preços mais baixos que a concorrência. O esforço comercial está em fidelizar cada vez mais clientes.

4.2 Concorrência

No mercado de produção de equipamentos para captação e manejo de águas pluviais, existe um incontável número de pequenos fabricantes com ação regional, alguns com sistemas produtivos ainda em condições artesanais e outros com a produção restrita a laboratórios de pesquisa, sendo, neste caso, aliados a institutos de pesquisas e a universidades.

Entre os principais concorrentes, atuando com um sistema de produção industrial, estão:

Empresa	Localização	Porte
Ecoracional	Londrina (PR)	Médio
Bella Calha	Florianópolis (SC)	Médio
Idhea	São Paulo (SP)	Médio
Acqua Brasilis	São Paulo (SP)	Grande

Estima-se a existência de 300 concorrentes, entre diretos, indiretos e substitutos, em todo o território nacional, o que torna o mercado relativamente competitivo; porém, existe uma demanda reprimida persistente e, à medida que as pessoas se conscientizam dos problemas do uso da água, o espaço para a realização de um trabalho diferenciado é ampliado em uma escala exponencial.

Nenhum dos concorrentes pesquisados apresenta projetos customizados de implantação do processo de captação e manejo de águas pluviais, conforme pretende atuar a Ecobrasil.

Os concorrentes estão instalados, em sua maior parte, nos estados da região Sul e Sudeste. No entanto, todos procuram atuar em todo o território nacional, especialmente nas regiões mais castigadas por longos períodos de secas.

O setor tem operado com uma lucratividade média de 25%, o que o torna muito atrativo a novos investidores, pois fica acima da média da lucratividade industrial.

4.3 Fornecedores

Para manter a qualidade final de seus produtos, a Ecobrasil está perfeitamente sincronizada com seus fornecedores. Estima-se a existência de aproximadamente 50 fornecedores no interior do Estado de São Paulo, entre os fabricantes de equipamentos hidráulicos, tubulações e caixas de água.

Os maiores riscos do fornecimento estão nos prestadores de serviços de instalação, que utilizam mão de obra pouco qualificada em função de custos.

Na tabela a seguir, são apresentados os principais fornecedores da Ecobrasil:

Fornecedor	Material/Insumos	Localização	Class.	Condições de fornecimento	
				Prazo de entrega	Condições de pagto.
Tubos Tigre	Calhas e tubos	Indaiatuba	A	15 dias	28 dias
Água Azul	Bombas e válvulas	Sorocaba	B	30 dias	30 dias
Aquaplas	Caixas de água	Sorocaba	A	30 dias	30 dias
Eletromar	Material elétrico	São Paulo	B	Imediato	À vista
Montcalm	Montagens	Limeira	C	Cronograma	30 ddl

5. Plano de *marketing*

5.1 Produtos e serviços

Produto	Sistema de captação e manejo de água da chuva
Características	Equipamentos customizados, construídos de acordo com a norma NBR 15.527. A água é captada do telhado por um conjunto de calhas e condutores, sendo levada para um processo de filtragem, no qual os detritos são separados e despejados no esgoto pluvial. A água segue para uma cisterna, onde, depois de passar por um redutor de velocidade, fica armazenada aguardando o consumo. O sistema é dotado ainda de um conjunto de boias que acionam o bombeamento e um conjunto de sifão/ladrão que limita o volume armazenado
Vantagem competitiva	Qualidade dos produtos, tecnologia empregada e integração de serviços
Aliança estratégica	Incubadora de Empresas de Limeira, Unicamp e Sebrae-SP

(continua)

(continuação)

Produto	Manutenção dos sistemas instalados
Características	Equipe de manutenção preventiva ou corretiva, à disposição 24 horas por dia, para atender os clientes em caráter emergencial ou planejado
Vantagem competitiva	Qualidade dos produtos, tecnologia empregada e integração de serviços
Aliança estratégica	Incubadora de Empresas de Limeira, Unicamp e Sebrae-SP

5.2 Preços

Os preços são estabelecidos segundo valores percebidos pelo consumidor, levantados por meio de pesquisa efetuada na região durante o ano de 2007, comparando-se propostas oferecidas pelo mercado.

Nesse mesmo sentido, um conjunto de ações que visam à formação de preços de venda por *mark-up*, baseado na composição de custos, que, comparados aos preços praticados pelo mercado, serve como referência para garantir a manutenção da margem de lucro.

Atualmente, o mercado está praticando o preço médio de venda de R$ 90,00 para cada metro quadrado de telhado construído.

5.3 Canais de distribuição

A forma utilizada para colocar os produtos e serviços à disposição do consumidor é o sistema de venda direta, realizada por representantes técnicos habilitados pela Ecobrasil na elaboração de diagnósticos, preparação de propostas e prestação de serviços de acompanhamento e consultoria na implementação. A Ecobrasil atende grandes clientes diretamente na empresa. O site www.ecobrasil.com.br é utilizado como um canal permanente de vendas e a empresa está pensando em criar uma área de telemarketing para impulsionar a venda para clientes cadastrados.

5.4 Propaganda e promoção

A divulgação dos produtos é realizada por 4 canais: feiras e exposições, mala direta informatizada, site da empresa e catálogo impresso completo de produtos. Também está sendo preparada uma parceria com revistas especializadas na área, em que serão veiculados anúncios da empresa a partir do 1º semestre de 2010.

A Ecobrasil está programando o lançamento de um boletim para seus clientes cadastrados sobre as novidades no setor, o que será um ótimo veículo de divulgação e promoção das atividades da empresa.

5.5 Plano de ações de marketing

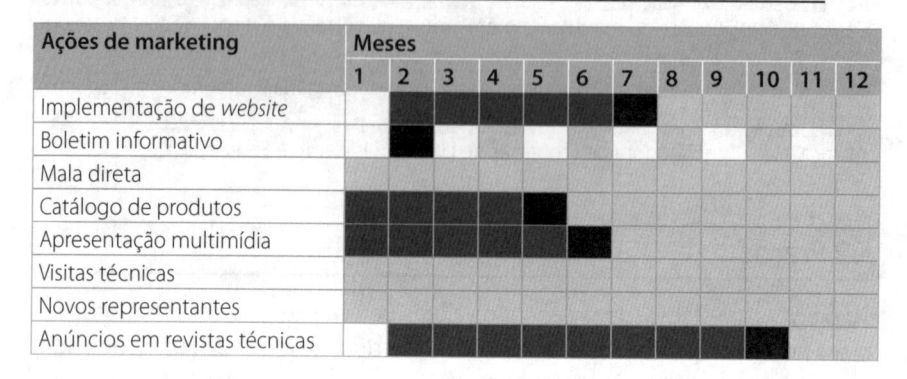

Ações de marketing	Meses											
	1	2	3	4	5	6	7	8	9	10	11	12
Implementação de *website*		■	■	■	■	■	■					
Boletim informativo		■										
Mala direta												
Catálogo de produtos		■	■	■	■	■						
Apresentação multimídia		■	■	■	■	■	■					
Visitas técnicas												
Novos representantes												
Anúncios em revistas técnicas		■	■	■	■	■	■	■	■	■		

■ Período de planejamento e criação da ação
▨ Período de implementação e manutenção da ação
■ Prazo final para a implementação da ação

6. Plano operacional

A produção da Ecobrasil é caracterizada como um processo industrial sob projeto ou encomenda. A maior parte do trabalho da empresa é realizada em campo, junto às instalações do cliente. Portanto, as instalações da Ecobrasil resumem-se ao escritório de projetos, à oficina para montagem e testes dos equipamentos e ao almoxarifado de componentes.

6.1 Fluxograma do processo

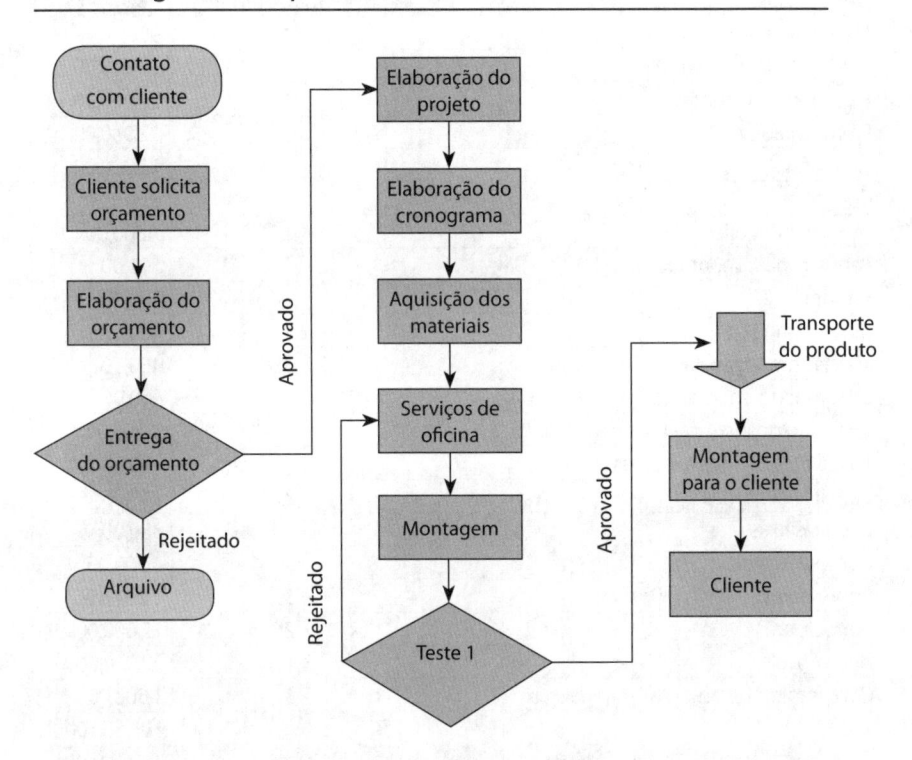

[Fluxograma: Contato com cliente → Cliente solicita orçamento → Elaboração do orçamento → Entrega do orçamento (Rejeitado → Arquivo; Aprovado → Elaboração do projeto) → Elaboração do cronograma → Aquisição dos materiais → Serviços de oficina → Montagem → Teste 1 (Rejeitado → Serviços de oficina; Aprovado → Transporte do produto) → Montagem para o cliente → Cliente]

6.2 Dimensionamento do sistema produtivo

	Unidade	R$
1. Instalações e equipamentos		
Serra circular	1	3.000,00
Esmerilhadeira de coluna	1	1.500,00
Furadeira de coluna	1	3.000,00
Lixadeira	1	1.500,00
Traçador	1	1.000,00
Tesourão	1	700,00
Maçarico	1	500,00
Furadeira manual	3	1.500,00
Furadeira de bancada	1	1.500,00
Bancada	1	500,00
Mesa de corte	1	500,00
Máquina de solda elétrica	1	700,00

(continua)

(continuação)

	Unidade	R$
Máquina de solda oxiacetileno	1	900,00
Torno paralelo universal	1	15.000,00
Fresadora universal	1	20.000,00
Prensa viradeira	1	12.000,00
Guilhotina	1	12.000,00
Compressor	1	3.000,00
Macaco hidráulico	1	1.500,00
Bancada para montagem	1	500,00
Estantes	2	300,00
Mesas com 3 gavetas	2	400,00
Mesas com 2 gavetas	3	450,00
Desempeno em granito	1	600,00
Conjunto de instrumentos de medição	1	5.000,00
Arquivo de aço com 4 gavetas	2	300,00
Cadeiras giratórias	3	240,00
Cadeiras fixas	6	360,00
Computadores	3	4.500,00
Impressoras	3	1.200,00
Motocicletas	2	12.000,00
Automóvel	1	22.000,00
Conjunto de ferramentas manuais	3	1.500,00
SUBTOTAL		129.650,00
2. Mão de obra anual com encargos		
Pedreiro	Técnico	1	1.800,00
Encanador	Técnico	2	3.600,00
Ajudantes	Ensino básico	4	4.600,00
Vendedores	Superior	2	7.000,00
Administradores (pró-labore)	Superior	2	5.000,00
Copeira/faxineira	Ensino básico	1	780,00
Assistente administrativo	Ensino médio	1	1.000,00
SUBTOTAL			23.780,00
3. Custo		
Amortização do investimento (5 anos)		25.930,00
Material de consumo anual		180.000,00
Energia elétrica		24.000,00
Combustível/manutenção de veículo (estimativa)		36.000,00
Mão de obra (incluindo pró-labore)		285.360,00
TOTAL		551.290,00
Capacidade de produção: projeto, fabricação e instalação de 10 sistemas por mês		
Custo unitário: R$ 4.594,00		

6.3 Layout das instalações

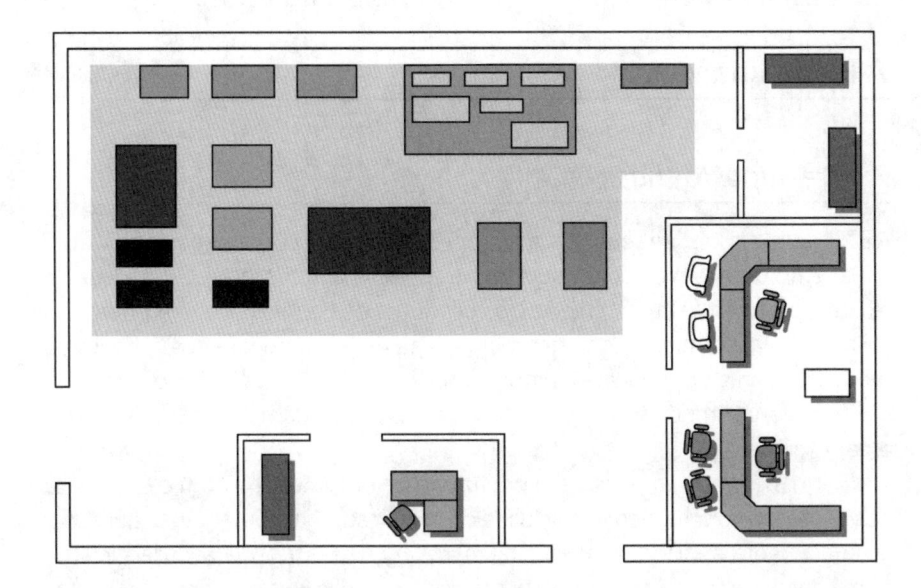

6.4 Qualidade

Na fase inicial das atividades, a Ecobrasil irá operar com inspeção volante e inspeção final, pois, no processo de produção do sistema de captação e manejo de água pluvial, a qualidade é definida por padrões de projeto, mais especificamente pela eficiência e capacidade de captação do sistema.

A Ecobrasil receberá apoio do Instituto de Pesquisas Tecnológicas (IPT), por intermédio de um programa do Sebrae-SP, no desenvolvimento da formulação e na elaboração dos testes necessários para homologação dos produtos junto aos órgãos fiscalizadores.

A Ecobrasil certificará seu processo na norma ISO 14000 até o ano de 2010, conforme indicado em seu planejamento estratégico.

6.5 Sistema de gestão

Será implantado na Ecobrasil, ainda durante o período de residência na Incubadora, um sistema de gerenciamento baseado em planilhas do *software* Excel, que servirá para apurar os custos de operação, além de gerar os relatórios financeiros para a tomada de decisão.

O planejamento e o controle de produção são realizados via emissão de ordens de serviços, devidamente numeradas, aprazadas e enviadas para o setor de acordo com o plano mestre de produção, extraído da previsão mensal de vendas.

7. Plano financeiro

7.1 Pressupostos básicos

A Ecobrasil atua em um setor que ainda apresenta pouca competição, restrita apenas às empresas com tecnologia disponível, porém há uma grande capacidade de expansão. Por essas características, os produtos da Ecobrasil devem priorizar a customização, permitindo grandes margens de lucro com pequenos volumes de produção. Diante dos benefícios proporcionados ao cliente, os custos dos produtos não têm grande importância na composição dos preços de venda, dos custos fixos ou dos variáveis.

Dada essa estrutura, a empresa priorizará, nos próximos anos, um crescimento de vendas em volume e em capacidade de produção, com consequente aumento no faturamento, apoiado pelo plano de *marketing*. Essa estratégia valoriza a melhor forma de utilização de sua estrutura, porém isso implicará o aumento dos custos fixos, já que, para o crescimento das vendas e, consequentemente, da capacidade produtiva, é necessário um aumento dos ativos na mesma proporção.

Neste caso, a Ecobrasil tomou como premissa um acréscimo nas vendas da área comercial de 40% ao ano nos próximos 5 anos. Há que se considerar ainda que o mercado crescerá em torno de 25% ao ano, impulsionado pela expansão da consciência ambiental, sendo que, do primeiro para o segundo ano de atuação, as vendas aumentarão 80% em função do lançamento do produto. Considera-se também um crescimento da inflação de 4% ao ano.

A principal premissa utilizada para a projeção dos relatórios financeiros foi a meta de ampliação do faturamento para R$ 3,6 milhões até o 5º ano, obtendo uma lucratividade líquida de 18% ao ano, conforme já determinado no planejamento estratégico.

7.2 Premissas para projeções

Premissas do negócio	Percentuais
Crescimento do mercado	25
Taxa de inflação anual	4
Crescimento do *market-share*	11
Custo do capital	3
Custo de oportunidade	8
Lucratividade líquida	18
Comissões para vendedores	5
Investimentos em P&D	2
Reserva de capital	0
Despesas financeiras	2
Custo de matéria-prima	15
Crescimento das vendas no 1º ano	80
Encargos sociais + benefícios	65

Impostos	
Simples (tabela progressiva federal)	8,10%
ICMS (variável de acordo com cada estado)	
PIS	0,65%
Cofins	3%
Adicional IRPJ	10%
ISS (variável de acordo com o município)	
IPI (variável de acordo com o produto)	
CSL	9%
IRRF – Prestação de serviços	1,5%

Depreciação		
Recursos	Vida útil	Taxa
1. Máquinas	5 anos	20%
2. Instalações	10 anos	10%
3. Imóveis (obras civis)	25 anos	4%
4. Móveis e utensílios	10 anos	10%
5. Equipamentos	5 anos	20%
6. Veículos	5 anos	20%
7. Computadores e *softwares*	4 anos	25%

7.3 Projeção de vendas

Descrição	Base	Ano I	Ano II	Ano III	Ano IV	Ano V
Sistema de captação e manejo de água pluvial	R$	639.000,00	1.335.510,00	1.869.714,00	2.617.599,60	3.664.639,44
	Un.	71				
	R$	0,00	0,00	0,00	0,00	0,00
	Un.	0				
	R$	0,00	0,00	0,00	0,00	0,00
	Un.	0				
	R$	0,00	0,00	0,00	0,00	0,00
	Un.	0				
	R$	0,00	0,00	0,00	0,00	0,00
	Un.	0				
	R$	0,00	0,00	0,00	0,00	0,00
	Un.	0				
Total das vendas dos produtos		639.000,00	1.335.510,00	1.869.714,00	2.617.599,60	3.664.639,44

(continua)

(continuação)

Descrição	Base	Ano I	Ano II	Ano III	Ano IV	Ano V
Manutenção em sistema de captação e manejo de água pluvial	R$	22.000,00	45.980,00	64.372,00	90.120,80	126.169,12
	Hs	110				
	R$	0,00	0,00	0,00	0,00	0,00
	Hs	0				
	R$	0,00	0,00	0,00	0,00	0,00
	Hs	0				
	R$	0,00	0,00	0,00	0,00	0,00
	Hs	0				
	R$	0,00	0,00	0,00	0,00	0,00
	Hs	0				
Total das vendas de serviços		22.000,00	45.980,00	64.372,00	90.120,80	126.169,12
	R$	0,00	0,00	0,00	0,00	0,00
	Un.	0				
	R$	0,00	0,00	0,00	0,00	0,00
	Un.	0				
	R$	0,00	0,00	0,00	0,00	0,00
	Un.	0				
Total de outras vendas		0,00	0,00	0,00	0,00	0,00
Total das vendas projetadas		661.000,00	1.381.490,00	1.934.086,00	2.707.720,40	3.790.808,56

Hs: horas; Un.: unidade.

7.4 Projeção de salários

Descrição	Base	Ano I	Ano II	Ano III	Ano IV	Ano V
Pró-labore		55.200,00	57.408,00	59.704,32	62.092,49	64.576,19
Nº de sócios	Un.	2	2	2	2	2
Retirada mensal	R$	2.000,00	2.080,00	2.163,20	2.249,73	2.339,72
Encargos sociais e benefícios	R$	300,00	312,00	324,48	337,46	350,96
Administração		25.740,00	26.769,60	27.840,38	28.954,00	30.112,16
Nº de pessoas	Un.	2	2	2	2	2
Salário médio mensal	R$	650,00	676,00	703,04	731,16	760,41
Encargos sociais e benefícios	R$	422,50	439,40	456,98	475,26	494,27
Produção/operações		130.284,00	283.185,30	412.317,80	600.334,72	874.087,35
Nº de pessoas	Un.	7	15	20	29	40
Salário médio mensal	R$	940,00	977,60	1.016,70	1.057,37	1.099,67
Encargos sociais e benefícios	R$	611,00	635,44	660,86	687,29	714,78
Vendas		79.200,00	172.149,12	250.649,12	364.945,12	638.653,95
Nº de pessoas	Un.	2	4	6	8	11
Salário médio mensal	R$	2.000,00	2.080,00	2.163,20	2.249,73	2.812,16
Encargos sociais e benefícios	R$	1.300,00	1.352,00	1.406,08	1.462,32	1.827,90
Total mensal		**290.424,00**	**539.512,02**	**750.511,62**	**1.056.326,33**	**1.607.429,65**

7.5 Projeção dos investimentos

Descrição dos investimentos	Ano I	Ano II	Ano III	Ano IV	Ano V
Investimentos pré-operacionais	8.000,00	0,00	0,00	0,00	0,00
1. Projetos	5.000,00				
2. Registros	3.000,00				
Investimentos fixos	129.650,00	0,00	0,00	0,00	0,00
1. Máquinas	77.800,00				
2. Instalações	0,00				
3. Imóveis (obras civis)	0,00				
4. Móveis e utensílios	2.050,00				
5. Equipamentos e ferramentas	10.100,00				
6. Veículos	34.000,00				
7. Computadores e softwares	5.700,00				
Capital de giro	20.000,00				
Capacitação de pessoal	4.000,00				
Total dos investimentos	**161.650,00**	**0,00**	**0,00**	**0,00**	**0,00**

7.6 Projeção da depreciação

Ativos imobilizados	Taxa	Ano I	Ano II	Ano III	Ano IV	Ano V
1. Máquinas	20%	15.560,00	15.560,00	15.560,00	15.560,00	15.560,00
2. Instalações	10%	0,00	0,00	0,00	0,00	0,00
3. Imóveis (obras civis)	4%	0,00	0,00	0,00	0,00	0,00
4. Móveis e utensílios	10%	205,00	205,00	205,00	205,00	205,00
5. Equipamentos e ferramentas	20%	1.851,67	1.851,67	1.851,67	1.851,67	1.851,67
6. Veículos	20%	6.233,33	6.233,33	6.233,33	6.233,33	6.233,33
7. Computadores e softwares	25%	1.306,25	1.306,25	1.306,25	1.306,25	1.306,25
Depreciação total		**25.156,25**	**25.156,25**	**25.156,25**	**25.156,25**	**25.156,25**

7.7 Estimativa das despesas fixas

Discriminação	Ano I	Ano II	Ano III	Ano IV	Ano V
Água	1.800,00	1.872,00	1.946,88	2.024,76	2.105,75
Energia elétrica	24.000,00	24.960,00	25.958,40	26.996,74	28.076,61
Manutenção e reparos	960,00	998,40	1.038,34	1.079,87	1.123,06
Seguros	1.200,00	1.248,00	1.297,92	1.349,84	1.403,83
Materiais auxiliares e de consumo	3.600,00	3.744,00	3.893,76	4.049,51	4.211,49
Materiais de limpeza	1.800,00	1.872,00	1.946,88	2.024,76	2.105,75
Taxas e impostos fixos	600,00	624,00	648,96	674,92	701,92
Leasing de equipamentos	0,00	0,00	0,00	0,00	0,00
Manutenção de veículos	2.400,00	2.496,00	2.595,84	2.699,67	2.807,66
Despesas com combustíveis	33.600,00	34.944,00	36.341,76	37.795,43	39.307,25
Material de escritório e impressos	3.000,00	3.120,00	3.244,80	3.374,59	3.509,58
Telefone, fax e taxas postais	9.600,00	9.984,00	10.383,36	10.798,69	11.230,64
Publicidade e propagandas	15.500,00	16.120,00	16.764,80	17.435,39	18.132,81
Associação e sindicato patronal	600,00	624,00	648,96	674,92	701,92

(continua)

(continuação)

Discriminação	Ano I	Ano II	Ano III	Ano IV	Ano V
Despesas de viagens	3.600,00	3.744,00	3.893,76	4.049,51	4.211,49
Aluguel de imóveis	14.400,00	14.976,00	15.575,04	16.198,04	16.845,96
Despesas com lanches e refeições	0,00	0,00	0,00	0,00	0,00
Discriminação	Ano I	Ano II	Ano III	Ano IV	Ano V
Despesas bancárias	600,00	624,00	648,96	674,92	701,92
Internet/hospedagem de site	390,00	405,60	421,82	438,70	456,24
Rateio da incubadora	0,00	0,00	0,00	0,00	0,00
Investimentos não depreciáveis	12.000,00	12.480,00	12.979,20	13.498,37	14.038,30
Honorário de escritório contábil	4.200,00	4.368,00	4.542,72	4.724,43	4.913,41
Assinaturas de jornais e revistas	1.000,00	1.040,00	1.081,60	1.124,86	1.169,86
Fretes e reposições	18.000,00	18.720,00	19.468,80	20.247,55	21.057,45
Despesas de RH	0,00	0,00	0,00	0,00	0,00
Serviços de terceiros	48.000,00	49.920,00	51.916,80	53.993,47	56.153,21
Total	**200.850,00**	**208.884,00**	**217.239,36**	**225.928,93**	**234.966,09**

7.8 Estimativa das despesas variáveis

Descrição	Base	Ano I	Ano II	Ano III	Ano IV	Ano V
1. Impostos sobre vendas		53.541,00	111.900,69	156.660,97	219.325,35	307.055,49
Simples	8,10%	53.541,00	111.900,69	156.660,97	219.325,35	307.055,49
IPI	0%	0,00	0,00	0,00	0,00	0,00
ICMS	0%	0,00	0,00	0,00	0,00	0,00
ISS	0%	0,00	0,00	0,00	0,00	0,00
PIS	0%	0,00	0,00	0,00	0,00	0,00
Cofins	0%	0,00	0,00	0,00	0,00	0,00
2. Comissões para vendedores	5%	33.050,00	69.074,50	96.704,30	135.386,02	189.540,43
3. Despesas financeiras	2%	13.220,00	27.629,80	38.681,72	54.154,41	75.816,17
4. Matéria-prima	15%	95.850,00	200.326,50	280.457,10	392.639,94	549.695,92
Total		195.661,00	408.931,49	572.504,09	801.505,72	1.122.108,01

7.9 Demonstrativo de resultados

Descrição	Ano I	Ano II	Ano III	Ano IV	Ano V
Receita bruta de vendas	661.000,00	1.381.490,00	1.934.086,00	2.707.720,40	3.790.808,56
Custos variáveis	195.661,00	408.931,49	572.504,09	801.505,72	1.122.108,01
Margem de contribuição	465.339,00	972.558,51	1.361.581,91	1.906.214,68	2.668.700,55
Despesas fixas	200.850,00	208.884,00	217.239,36	225.928,93	234.966,09
Despesas com pessoal	290.424,00	539.512,02	750.511,62	1.056.326,33	1.607.429,65
Depreciação	25.156,25	25.156,25	25.156,25	25.156,25	25.156,25
Custos fixos	516.430,25	773.552,27	992.907,23	1.307.411,51	1.867.552,00
Resultado operacional	(-51.091,25)	199.006,24	368.674,68	598.803,17	801.148,56
Lucro bruto antes do IR	(-51.091,25)	199.006,24	368.674,68	598.803,17	801.148,56
Provisão para IR 15%	(-7.663,69)	29.850,94	55.301,20	89.820,48	120.172,28
Lucro líquido	(-43.427,56)	169.155,30	313.373,48	508.982,69	680.976,27
Investimento total	149.650,00	0,00	0,00	0,00	0,00

7.10 Projeção do fluxo de caixa

Descrição	Ano I	Ano II	Ano III	Ano IV	Ano V
Saldo inicial de caixa	0,00	(-31.491,31)	190.197,63	595.659,34	1.240.933,10
Entradas	661.000,00	1.381.490,00	1.934.086,00	2.707.720,40	3.790.808,56
Receitas de vendas	661.000,00	1.381.490,00	1.934.086,00	2.707.720,40	3.790.808,56
Receitas financeiras	0,00				
Empréstimos	0,00				
Saídas	704.427,56	1.182.483,76	1.565.411,32	2.108.917,23	2.989.660,00
Salários e encargos (inclui pró-labore)	290.424,00	539.512,02	750.511,62	1.056.326,33	1.607.429,65
Amortizações	0,00				
Depreciação	25.156,25	25.156,25	25.156,25	25.156,25	25.156,25
Despesas financeiras	13.220,00	27.629,80	38.681,72	54.154,41	75.816,17
Comissões	33.050,00	69.074,50	96.704,30	135.386,02	189.540,43
Impostos	45.877,31	111.900,69	156.660,97	219.325,35	307.055,49
Pagamentos de fornecedores	296.700,00	409.210,50	497.696,46	618.568,87	784.662,01
Saldo no período	(-43.427,56)	199.006,24	368.674,68	598.803,17	801.148,56
Depreciação	25.156,25	50.312,50	75.468,75	100.625,00	125.781,25
Investimento em P&D	13.220,00	27.629,80	38.681,72	54.154,41	75.816,17
Reserva de capital	0,00	0,00	0,00	0,00	0,00
Fluxo líquido de caixa	(-31.491,31)	190.197,63	595.659,34	1.240.933,10	2.092.046,73

7.11 Análise do investimento

Indicadores de viabilidade econômica						
Descrição		Ano I	Ano II	Ano III	Ano IV	Ano V
Retorno do investimento (pay back)	Meses	12				
Ponto de equilíbrio	R$	733.573,58	1.098.807,65	1.410.394,75	1.857.138,58	2.652.801,23
Valor presente líquido (VPL)	R$	3.092.343,49				
Fluxo de caixa líquido	R$	(-31.491,31)	190.197,63	595.659,34	1.240.933,10	2.092.046,73
Fluxo de caixa acumulado	R$	(-181.141,31)	9.056,31	604.715,65	1.845.648,75	3.937.695,48
Peak funding	R$	(-181.141,31)				
Taxa interna de retorno (TIR)	% a.a.	129%				

8. Análise do plano de negócios da Ecobrasil Soluções Ambientais Ltda.

Uma análise do plano de negócios da empresa objeto do estudo de caso permite tecer as seguintes conclusões:

1. O plano de negócios da empresa foi elaborado visando a buscar recursos de subvenção econômica junto a fontes de fomento e, nesses casos, o principal ponto do plano de negócios a ser observado é o planejamento financeiro, especialmente a "análise de viabilidade econômica". Nesse quesito, a empresa Ecobrasil conseguiu obter o retorno do investimento em 12 meses, o que é considerado excelente para este tipo de atividade.
2. A empresa não possui Certificação ISO 14000, porém estabelece a busca da certificação como uma de suas metas. É importante salientar que a empresa perde excelentes oportunidades de *marketing* e de alavancar negócios por falta desse tipo de certificação.
3. A empresa não possui patente do processo ou do produto. Esse problema causa má impressão junto às agências de fomento, por demonstrar que a empresa não está preparada para gerenciar o capital intelectual e tampouco para desenvolver pesquisa tecnológica voltada à inovação. Nesse mercado, empresas que não inovam estão condenadas a deixar o mercado em pouco tempo.
4. A empresa demonstra pleno conhecimento de suas forças competitivas e de suas fraquezas, e possui um firme propósito social, tanto no relacionamento com seus empregados quanto no relacionamento com a comunidade onde está inserida.
5. A empresa se posiciona principalmente como prestadora de serviços, e não possui um plano de investimentos em P&D (pesquisa e desenvolvimento), nem conta com o apoio estratégico de um instituto de pesquisa no desenvolvimento de seus produtos.
6. A empresa conta com o apoio da Incubadora de Empresas de Limeira, o que transmite confiabilidade aos seus potenciais investidores, já que o acompanhamento do gerenciamento e das aplicações dos recursos está garantido.
7. A empresa conhece somente o mercado nacional e não dispõe de nenhuma estratégia para exportação; este produto apresenta um excelente potencial de exportação, especialmente para outros países do chamado BRICs (bloco de países em desenvolvimento, formado por Brasil, Rússia, Índia e China).
8. A situação financeira da empresa é estável, com baixo índice de endividamento e excelente liquidez seca.

Índice Remissivo

A

administração estratégica 2, 31
análise ambiental 60, 217
análise da concorrência 124
análise de mercado 4, 9, 113

B

balanço 191
benchmarking 55
brainstorm 2
burocracia 22

C

campo empresarial 1
capital 3, 20, 46, 60
cliente 101
cliente-alvo 4
competência 55
comportamento estratégico 1
comunicação 36
concorrência 106, 113, 121
concorrentes 38
consumidor 136
controle financeiro 189

D

desempenho financeiro 194
dinamismo 189
direitos trabalhistas 166

E

empreendedores 1

empreendimento 22
estabilidade 25, 190
estratégia 1
estratégia de comunicação 128
estratégia de marketing 9
estrutura legal 20

F

flexibilidade 191
fluxo de caixa 24, 199
foco 92

G

gestão 39
gestão empresarial 5
gestão estratégica 3
globalização 2

I

integração 2
interação ambiental 2
investidor 20, 161

L

linguagem empresarial 15
logística 9
logomarca 11, 129
lucratividade 4, 46

M

mercado 3, 35, 51, 91, 110, 146
metas 89, 190

metodologia 2, 52, 178
missão da empresa 15
modelo de negócio 34, 35, 40
multifuncionalidade 2

O

operações comerciais 49
organograma 162

P

parcerias 38
planejamento estratégico 3, 31, 41, 63
plano de investimentos 205
plano de marketing 127
plano de negócios 2, 6, 9, 19, 97, 101, 113, 161, 181, 192, 217
plano financeiro 190
prioridade 72
produção 24, 173
produtividade 4
produtos 101, 128, 161
promoção 136
propaganda 138
propriedade intelectual 37

público-alvo 15
público consumidor 2

R

recursos financeiros 200
registro 25
relações hierárquicas 161
risco 72

S

satisfação 185
segmentação de mercado 114
serviços 101, 161
sistema de gestão 183
sociedade 40

T

tecnologia 49, 107

V

valor 48
vantagem competitiva 34, 48, 108
visão organizacional 45